J. Felisch

**Was in der Luft vorgeht**

J. Felisch

**Was in der Luft vorgeht**

ISBN/EAN: 9783743382671

Hergestellt in Europa, USA, Kanada, Australien, Japan

Cover: Foto ©Andreas Hilbeck / pixelio.de

Manufactured and distributed by brebook publishing software (www.brebook.com)

J. Felisch

**Was in der Luft vorgeht**

# Was in der Luft vorgeht.

## Populäre Vorträge

über

## Luftdruck, Luftschifffahrt und Meteorologie

mit Berücksichtigung

der Höhenverhältnisse der verschiedenen Länder.

Von

### J. Felisch.

Mit einer Regen- und Windkarte.

Berlin, 1866.
Verlag von Julius Springer
Monbijouplatz 3.

Dem

Regierungs= und Medicinalrathe

# Herrn Dr. Leviseur

in Posen

in Freundschaft und Verehrung gewidmet

vom Verfasser.

# Vorwort.

Seit längerer Zeit in meinen wenigen Mußestunden mit Abfassung eines größeren physikalischen Lehrbuchs beschäftigt, fand ich mannigfache Gelegenheit, von den Studien, zu denen ich dabei veranlaßt wurde, sofortige praktische Anwendung in einem Vereine zu machen, der — wie ähnliche Vereine in neuerer Zeit in fast allen Städten entstanden sind — schon seit einer Reihe von Jahren den Zweck verfolgt, nützliche Kenntnisse unter seinen Mitgliedern zu verbreiten, und an welchem Zuhörer von dem verschiedensten Bildungsgrade Theil nehmen. Die folgenden Vorträge verdanken dieser Veranlassung ihre Entstehung. Wie sie für eine gemischte Zuhörerschaft ausgearbeitet waren, so hoffe ich, daß sie in der Gestalt, wie sie jetzt erscheinen, auch Leser aus den verschiedensten Ständen — und auch Leserinnen, denke ich, sollen nicht fehlen — befriedigen werden. Ich habe mich bemüht, ihnen eine solche Form zu geben, daß sowohl gebildete Laien sie mit Interesse lesen, als auch Männer aus den weniger gebildeten Ständen sie verstehen können, wenn sie nur einiges Nachdenken nicht scheuen. Ohne letzteres ist es freilich nicht möglich, sich ein wahres Verständniß für Gegenstände der Naturkunde zu verschaffen, und es ist wahrlich ein eitles, wenn auch nicht unversuchtes Bemühen, dergleichen Vorträge so mundrecht zu machen, daß man sie mit der Leichtigkeit hören oder lesen könne, mit der man etwa einer Geschichtserzählung folgt. Wer blos leichte Unterhaltung sucht, der muß überhaupt von der Naturkunde fern bleiben.

Gewiß aber sind für die Vereine, die jetzt ein so geeignetes Mittel werden, die Volksbildung zu fördern, gerade Vorträge naturwissenschaftlichen Inhalts von besonderer Wichtigkeit. Abgesehen davon, daß die Errungenschaften der Naturwissenschaft jetzt schon fast in jedes Gewerbe so eingreifen, daß man ein solches ohne einige Kenntniß der Naturkunde kaum noch mit rechtem Verständniß betreiben kann, so bietet auch die Beschäftigung mit diesen Gegenständen durch die geistige Anspannung, die sie fordert, durch die interessanten Conjecturen und Versuche, zu denen sie fortwährend anregt, und dann auch durch die Einblicke in die strenge Gesetzmäßigkeit und das überraschende Zusammenwirken der kleinsten Einzelheiten, sowie in die wunderbare Oekonomie der Natur so viel Nahrung für Geist und Herz, daß sie schon darum als eins der vorzüglichsten Bildungsmittel gelten muß. Dazu kommt, daß gerade auf diesem Felde die Vorträge fast eine nothwendige Ergänzung zu der Lectüre sind. Populäre naturwissenschaftliche Bücher

zu lesen ist gewiß erforderlich, um sich mit der Naturkunde
genügend bekannt zu machen und in Bekanntschaft darin
zu erhalten. Aber für gar Viele wird dies nicht genügen.
Die Lehren der Naturkunde lassen sich zum großen Theil
nur durch Apparate und Experimente zum recht anschau-
lichen Verständniß bringen. Bloße Figuren bleiben Manchem unverständlich, und das Aufsuchen der Buchstaben
bei denselben wird Vielen zu mühsam. Da müssen denn
Vorträge, bei welchen den Zuhörern gleich das Nöthige
vorgezeigt wird, die Lectüre ergänzen. Gerade hierin sind
Vorträge nothwendiger und lassen sich nicht so durch Lectüre ersetzen, als in allen andern Gegenständen. Es fühlt
wohl Jeder, der Darstellungen aus der Naturwissenschaft
dem lesenden Publicum übergiebt, die Unzulänglichkeit, welcher Professor Schleiden in seinem bekannten Buche über
das Leben der Pflanze einen Ausdruck gegeben hat, indem
er sagt: „Der Reiz, den eine Unterhaltung hat, in welcher
man alle Thatsachen selbst sieht, und indem man gleichzeitig
dem Vortrage folgt, die Sätze der Wissenschaft selbst aus
den Beobachtungen abgeleitet zu haben meint, dieser Reiz
fällt bei der Lesung eines solchen Vortrags (dem man die
Experimente nicht mitgeben kann) nothwendig weg, da auch
die beste Beschreibung die Anschauung nicht ersetzen kann.“

Die vorliegenden Vorträge bewegen sich in einem Kreise,
in welchem Experimente weniger zum Verständniß nothwendig sind; und doch hätte ich noch gern Manches hinzugefügt, Manches auch mehr begründet und ausführlicher

behandelt, wenn ich dem Leser hätte die Anschauung des Experiments mitgeben können, und wenn ich nicht hätte fürchten müssen, durch Erklärung von mehrfachen Figuren zu ermüden. Ich darf aber hoffen, daß diese Vorträge, abgesehen von dem allgemeinern Zweck, auch Manchem, der sich bei den gedachten Vereinen thätig betheiligen will, ein willkommenes Material bieten, und daß es ihm dann auch leicht werden wird, die besprochene Ergänzung hinzuzufügen.

Bei den letzten Vorträgen empfehle ich dringend die Benutzung einer Karte. Die beigegebene Regenkarte giebt ein anschauliches Bild von den Resultaten und erleichtert dadurch das Auffassen und Behalten. Beim Verfolg der Vorträge selbst nehme man eine größere Karte, auf welcher die Gebirgszüge und Flußgebiete verzeichnet sind. Eine solche findet sich ja fast in jedem Haushalte; es ist keine dergleichen beigefügt, um den Preis des Buches nicht zu erhöhen.

Sollten diese Vorträge die gewünschte Aufnahme finden, so gedenke ich deren noch mehrere folgen zu lassen.


### Der Verfasser.

# Inhalt.

# Erster Vortrag.

## Vom Druck der Luft.

———

Wenn ich die Reihe der Vorträge mit einer Betrachtung über den Druck der Luft beginne, um dadurch für das Verständniß der folgenden Vorträge einen sicherern Grund zu legen, so habe ich damit freilich einen Gegenstand gewählt, von dem ein Jeder das Nöthige schon zu wissen meint. Aber es geht damit wie mit so vielen Dingen, von denen man täglich wie von alten Bekannten redet, und die man doch blos dem Namen nach kennt; man hat sie nie von Angesicht gesehn, man hat noch kein freundliches oder verständiges Wort mit ihnen gewechselt, viel weniger sie nach ihrem Charakter und ihrer Eigenthümlichkeit kennen gelernt. Von dem Druck der Luft hat Jeder schon gehört, und es ist ihm auch schon als etwas Seltsames zu Ohren gekommen, daß die Stärke des Druckes, den die Luft auf den menschlichen Körper ausübt, viele Tausend Pfund beträgt; er hat sich anfangs darüber verwundert und hat es dann als etwas allgemein Bekanntes angenommen; eine Einsicht in die Sache hat er nicht gewonnen.

Freilich, wer eine ordentliche Schule der Physik durchgemacht hat, weiß wohl davon zu reden, und deren sind ja jetzt schon eine ziemlich große Zahl. Aber wie auch selbst solche, die sich eingehend mit Physik beschäftigen, gar verkehrte Vorstellungen vom Luftdruck haben können, das hat uns vor noch nicht zwei Jahrzehnten ein Herr von Drie-

berg gezeigt. Daß dieser zur Erklärung der Erscheinungen,
die man sonst allgemein als Wirkungen des Luftdrucks an-
sieht, eine andere Theorie aufstellte oder vielmehr aus dem
Alterthum aufbesserte, das mag man ihm gern zu Gute halten,
denn mit einer neuen Theorie aufzutreten und allgemein
geltende Ansichten als Vorurtheile nachzuweisen, hat ja
immerhin viel Verlockendes. Aber das kann man wenigstens von dem, der Solches beginnt, verlangen, daß er die
Ansicht, die er bekämpft, und die er lächerlich machen will,
genau kennt. Solche Bekanntschaft mit der Lehre vom
Luftdruck verräth sich nun freilich nicht, wenn derselbe
höhnend ausruft: „Nach dem weisen Rathschlusse der
Physikbeflissenen müssen wir armen Creaturen uns bekanntlich mit einer Luftlast von 30- bis 40tausend Pfund herum-
schleppen, und selbst die Tänzerin Elßler, wenn sie auf
der großen Zehe steht, trägt ihre 30tausend Pfündchen.“

Aber was reden wir von einem Namen, der auf diesem
Felde längst verschollen ist! Nun, er sollte uns nur als
Beispiel dazu dienen, mit welcher Unklarheit die Lehre vom
Luftdruck noch immer selbst von Gebildeten aufgefaßt wird;
denn allerdings hat Jener darin viele Bundesgenossen. Das
stellte sich damals klar heraus, als fast jede Zeitung ein
neues Experiment brachte, durch welches die Lehre vom
Luftdruck umgestoßen werden sollte. Damals hörte man
fast in allen Kreisen darüber schelten, daß die Physiker
von Fach so vornehm thäten und sich auf die Vertheidigung
der alten Lehre und auf Widerlegung der Drieberg'schen
Theorie auch nicht mit dem geringsten Versuche einließen.
Die aber, die auf eine Vertheidigung harrten, zeigten eben
nur, daß sie von dem Wesen des Luftdrucks keine klare
Anschauung hatten; und deren waren damals und sind
noch jetzt sehr viele. Und doch thut Klarheit hierin jetzt,

wo so vielfache Maschinen bereit sind, dem Menschen einen Theil seiner Arbeit abzunehmen, fast in jedem Gewerbe sehr noth; ist doch in sehr vielen Maschinen und gewerblichen Vorrichtungen der Luftdruck ein mitbetheiligter Factor. Und in dem Kreise, in welchem sich die meisten der folgenden Vorträge bewegen, ist er gradezu die Haupttriebfeder.

So mag dieser Vortrag denn zugleich als Einleitung zu den übrigen gelten, obwohl jeder derselben auch für sich allein Verständlichkeit anstrebt.

Daß die Luft auf alle Gegenstände der Erde und auch auf uns einen beträchtlichen Druck ausüben muß, das sollte uns schon eine einfache Vergleichung mit dem Meere sagen. Jeder Körper, der sich im Wasser befindet, erleidet durch das letztere von allen Seiten her einen Druck, der um so stärker ist, je tiefer der Körper seine Stelle unter der Oberfläche des Wassers hat. So wird ein Holz, das sonst leichten Sinnes genug ist, auf den Wasserwogen lustig umherzutanzen, wenn es eine Zeit lang in der Tiefe des Meeres festgehalten ist, dadurch viel schwerfälliger; der gewaltige Wasserdruck hat die Luft aus seinen Poren ausgetrieben und das Holz dichter gemacht, so daß es die Kunst, zu schwimmen, verlernt hat. Dieser Druck beträgt in einer Tiefe von 32 Fuß etwa 15 Pfund auf jeden Quadratzoll. Wie gewaltig muß dieser Druck an den tiefsten Stellen des Meergrundes sein, die man schon bis zu 26,000, ja im südlichen Theil des atlantischen Oceans bis zu 43,000 Fuß Tiefe gemessen hat!

Und sind wir nun nicht auch, auch wenn wir sichern Schritts auf der festen Erde wandeln, doch auf dem Grunde eines Meeres? Erhebt sich nicht hoch über uns das ganze gewaltige Luftmeer in ungemessener Höhe? Die Vögel

1 *

schwimmen darin umher und steigen auf und nieder, wie
die Fische in der See. Freilich, es ist ein leichteres Element als das Wasser; aber wir auf dem Grunde dieses
Luftmeers sind auch viel tiefer unter der Oberfläche desselben, als es im Wasser je möglich wäre; je tiefer aber,
desto stärker ist der Druck, denn alle Luft über uns vereinigt sich, solchen Druck auszuüben und zu verstärken. Und
diese Luft über uns, die sich an dem Druck betheiligt, reicht
gar hoch hinauf! Freilich, durchmessen hat noch Niemand
diese Höhe; wie der Fisch aus der Tiefe des Meeres zur
Oberfläche desselben steigt, um auch einmal zu sehen, wie
die Welt außerhalb seines Elements aussieht, nicht so vermag der Mensch oder irgend ein Vogel sich zur oberen
Grenze des Luftmeers zu erheben. Aber wohin der schwer-
fällige Körper nicht zu kommen vermag, dahin schwingt sich
leicht der rechnende Geist auf und kommt dann zurück von
dem Gedankenflug und giebt Maaß und Zahl an, als ob
er mit der Meßschnur in der Hand den Himmelsraum
durchschritten hätte. So hat man berechnet, daß das Luftmeer, welches die Erde umgiebt, oder die Atmosphäre eine
Höhe von ungefähr 10 Meilen hat. (Wie man zu diesem
Ergebniß gekommen ist, wird der folgende Vortrag dar-
thun). Eine solche 10 Meilen hohe Luftsäule erlaubt sich
also jeden Augenblick, uns mit ihrem Druck zu belästigen;
man sollte meinen, ein Menschenkind, das von Kindheit
an das ganze Leben hindurch unter solchem Druck einher-
gehen muß, das müßte sich auch an jeden andern beliebigen Druck gewöhnen lassen; mancher Staatsmann glaubt
das auch und verrechnet sich doch, weil er die Elasticität
des Geistes nicht in Anschlag bringt, der, wie jede elastische
Kraft, desto mächtigerern Gegendruck übt, je stärker er gedrückt wird. Wir werden diese revolutionaire Eigenschaft

jetzt auch an der Luft kennen lernen, und zwar grade als einen Hauptfactor des Druckes, den sie ausübt.

Die Luft nehmlich gehört zu den hochmüthigen Persönlichkeiten, die sich gern aufblähen und großmachen; sie ist durchaus nicht in Bescheidenheit mit einem kleinen Plätzchen zufrieden; zwar, wenn es ihr nicht größer geboten ist, so behilft sie sich auch zur Noth; wenn sie es aber haben kann, so macht sie sich breit und dehnt sich aus, so weit ihr nur immer Raum geboten wird.

Man kann sich das nach einer Hypothese, die durch die neuesten Untersuchungen von Redtenbacher *) die höchste Wahrscheinlichkeit gewonnen hat, in folgender Weise vorstellen. Die Luft besteht wie jeder Körper aus überaus kleinen materiellen Theilchen, Körperatome genannt, welche einander anziehen; diese Anziehung wirkt aber nur in nächster Nähe stark und nimmt bei der Entfernung der Atome von einander in hohem Grade ab. Der ganze Weltraum ist mit einem Aether erfüllt, der aus noch viel kleineren Aetheratomen besteht, die einander abstoßen, aber von den Körperatomen angezogen werden. Jedes Körperatom ist nun ringsum von Aetheratomen, wie von einer Hülle umgeben und wird mit seiner Aetherhülle eine Dynamide genannt, weil darin Alles enthalten ist, was zur Hervorbringung von dynamischen oder Kräfte-Wirkungen gehört. Diese Aetherhüllen, die einander abstoßen, haben das Bestreben, die Körperatome von einander zu entfernen; die Körperatome selbst aber, die einander anziehen, haben das Bestreben, sich einander zu nähern. Daraus ergeben sich drei verschiedene Zustände; es überwiegt nehmlich entweder die anziehende Kraft der Körper-

---

*) Das Dynamiden-System, Grundzüge rc. von Redtenbacher. Mannheim bei Bassermann.

atome, oder diese steht mit der abstoßenden Kraft der Aetherhüllen im Gleichgewicht, oder endlich letztere hat das Uebergewicht. Es entsprechen diese drei Verhältnisse den drei Aggregatzuständen, nehmlich dem Zustande der festen, flüssigen und luftförmigen Körper.

Bei den festen Körpern sind die Körperatome einander so nahe, daß sie durch die Anziehung fest zusammengehalten werden; bei den flüssigen Körpern sind diese Atome schon so weit getrennt, daß ihre gegenseitige Anziehung nicht mehr stärker ist, als die abstoßende Kraft der Aetherhüllen, so daß zwischen den materiellen Theilen weder Anziehung noch Abstoßung zur Geltung kommt, und sie sich leicht verschieben und trennen lassen. Bei den luftförmigen Körpern dagegen sind die Körperatome noch weiter von einander entfernt, so daß ihre Anziehungskraft ganz unwirksam wird, und sie durch die abstoßende Kraft der Aetherhüllen immer weiter von einander entfernt werden, soweit sich der Raum dazu bietet.

In diesem letzteren Falle befindet sich nun die atmosphärische Luft; in ihren Theilchen zeigt sich das Bestreben, sich immer weiter von einander zu entfernen. Man nennt diese Eigenschaft der Luft die Expansivkraft oder Spannkraft. Vermöge dieser Kraft dehnt sie sich immer weiter aus, wo sie Raum findet; und wie dünn sie auch schon geworden wäre, es kann sie doch nicht abhalten, wenn sie noch weitern Raum findet, auch diesen noch zu erfüllen und sich so immer weiter aufzublähen. So bringt sie denn überall hin, wo sie nur eine Oeffnung und ein Plätzchen findet; es ist kein Ort so tief oder so verborgen, wenn man ihn nicht fest vor ihr verschließt, wohin sie nicht mit ihrem neugierigen flatterhaften Sinn dränge. Ja, selbst wo einer ihrer Vettern, ein andres Gas, schon einen Raum ganz, erfüllt hat, weiß sie sich doch noch zwischen die Theilchen dieses Gases hineinzudrängen und ihrerseits eben so den Raum zu erfüllen, als ob dieser vorher ganz leer gewesen wäre, so recht zum Trotz des bekannten Satzes, daß in dem Raume, den der Eine einnimmt, nicht zugleich der Andre sein kann. So wäre der ganze Weltraum vor ihrem Besuch und vor ihrer Allgegenwart nicht sicher, denn die Thätigkeit dieser ausdehnenden Kraft kennt gar keine Grenzen, wenn ihr nicht anderswo Schranken gesetzt werden; und freilich für einen solchen Schlagbaum ist gesorgt; wir werden ihn nachher gleich kennen lernen.

Jetzt müssen wir erst zur Ehre der Luft eingestehen, daß sie sich auch in die Verhältnisse zu schicken weiß; wenn sie keine große Wohnung haben kann, so richtet sie sich auch mit einer kleinen ein. Wie sie sich nehmlich auszudehnen strebt, so läßt sie sich auch in einen immer engeren Raum zusammendrücken. Aber freilich zeigt sich hierbei ihr vorher erwähnter revolutionärer Sinn; je stärker sie zusammengedrückt wird, desto heftiger murrt sie dagegen und droht, ihre Schranken zu durchbrechen, d. h. ihre Spannkraft wird immer stärker. Wenn man ihre Theilchen nur so nahe zusammenbringen könnte, daß die Anziehungskraft dieser unter einander gegen die Abstoßungskraft der Aetherhüllen zur Geltung kommen könnte, dann wäre ihr rebellischer Sinn mit einem Mal gebrochen, die ganze Expansivkraft wäre gefesselt, von dem ausdehnsamen Widerstande wäre keine Spur mehr. Also nur keine halbe Arbeit; ernsten, ausdauernden, energischen Druck, dann wird es gehen! Bei etlichen Gasen gelingt es wirklich, aber bei der atmosphärischen Luft ist es noch keiner Gewalt je gelungen; sie ist und bleibt rebellisch.

Allerdings giebt es Gase, die in Flüssigkeit und selbst

in feste Körper verwandelt werden können; es wirkt
dazu theils Druck, theils Abkühlung. Das bekann-
teste Beispiel ist das Wassergas, das allzeit in größerer
oder geringerer Menge unsichtbar in der Atmosphäre enthalten ist. Wird dies erkaltet, so geht es in Wasser über,
wie jeder Deckel, den man über einen Topf kochenden
Wassers hält, an den Wassertropfen zeigt, die sich dort
aus dem aufsteigenden Wassergas bei der Abkühlung bilden und anhängen. Bei größerer Erkaltung erstarrt das
flüssige Wasser zum festen Eis. Es kommt bei diesen Vor-
gängen ja nur darauf an, die Körperatome des Gases näher
aneinander zu bringen, um das Gas zuerst flüssig und endlich auch fest zu machen. Diese größere Annäherung kann
durch Druck geschehen, hauptsächlich aber durch Wärmeentziehung. Die Wärme, die wohl nur ein eigenthümlicher
Bewegungs- oder Schwingungszustand des Aethers ist,
macht eben durch diese Bewegung die abstoßende Kraft des
Aethers so wirksam, daß dadurch die Körperatome immer
mehr von einander entfernt werden, und dadurch feste
Körper in flüssige und diese in luftförmige übergehen. Entzieht man einem Gase diese Wärme, oder was dasselbe
scheint, vermag man diesen Schwingungszustand des Aethers
in dem Gase wenigstens theilweise aufzuheben und dadurch
seine abstoßende Kraft zu schwächen, so wird man umgekehrt das luftförmige Gas flüssig und endlich auch fest
machen können. Also nur die Wärme der Begeisterung
entziehen oder sie gar nicht erst aufkommen lassen, so ist
jede widerstrebende Expansion verhindert!

Die Natur zeigt uns Jahr aus, Jahr ein im mannig-
fachen Spiel diese Umwandlungen an dem Wasser. Andre
Umwandlungen geschehen vielfach in der Gewerbthätigkeit;
Schwefel wird flüssig gemacht und in Gas verwandelt;

Metalle werden durch Wärme fließend und würden sich
gewiß auch in Gas auflösen, wenn wir die nöthige Hitze
schaffen könnten. Es ist darum wohl anzunehmen, daß
jeder Körper ohne Unterschied, so ihm nur im nöthigen
Maaße Wärme zugeführt oder entzogen wird, luftförmig,
flüssig oder fest erscheinen kann, also auch unsere atmosphärische Luft.

Werfen wir hierbei, um das Verhältniß der Atmosphäre
zu den übrigen Theilen der Erde klar anzuschauen, einen
kurzen Blick auf die Bildung der Erde, wie sie, freilich nur
als Hypothese, aufgestellt wird. Es ist das keine ungehörige Abschweifung; wir nehmen nur auf unserm Wege
zum allseitigen Verständniß des Luftdrucks etwas mit, was
wohl seitwärts liegt, uns aber doch für unser Ziel förderlich ist.

Man geht davon aus, daß einst alle Stoffe, welche
jetzt die Millionen Weltkörper bilden, sich aufgelöst in dem
Zustande eines sehr dünnen Gases befanden und den Weltraum erfüllten. Es war also ein Durcheinanderwogen der
verschiedensten Gase, z. B. Eisengas, Kupfergas, Schwefel-
gas, Wassergas. Diese Stoffe hatten die Kraft gegen-
seitiger Anziehung, wovon die Folge war, daß sich gewisse Mittelpunkte bildeten, um welche die übrige Gas-
masse sich bewegte. In Folge der Anziehung näherten sich
die Theilchen; aus dem Gas wurde ein Nebel, und der
Nebel schied sich in ebenso viele Abtheilungen, als es Mittelpunkte der Anziehung und Bewegung gab. So schieden
sich die verschiedenen Sonnensysteme. In diesen schieden
sich in ähnlicher Weise und in Folge der schnellen Bewegung die Planeten aus. So haben wir die Erde als einen
Nebelball, dessen Theile sich um einen bestimmten Mittelpunkt drehen; nach diesem Mittelpunkt hin wird Alles an-

gezogen, darum muß sich der Ball immer mehr verdichten.
Die Folge solcher Verdichtung oder Zusammenziehung ist
die Entwicklung einer großen Wärme. Wenn nämlich ir=
gend ein Körper stark zusammengepreßt wird, so wird er
warm; wenn man Luft in einer geschlossenen Glasröhre
schnell zusammenpreßt, so entsteht ein Lichtblitz und eine
Wärme, durch welche Schwamm angezündet werden kann
(das sogenannte pneumatische Feuerzeug). So mußte in
Folge dieser Zusammenziehung der ganze Erdball in Gluth=
hitze gerathen; man hat aus der mechanischen Kraft, die
bei dieser Zusammenziehung wirksam sein mußte, berechnet,
daß dadurch eine Hitze erzeugt werden mußte, von der ein
Theil schon hinreichend ist, alle Stoffe der Erde in gas=
förmigen Zustand aufzulösen. Diese Hitze fing nun all=
mählig an, in den Weltraum auszustrahlen; die Gase, die
durch die Anziehung verdichtet waren und durch Wärme=
ausstrahlung auch abgekühlt wurden, fingen nun an, in
den flüssigen Zustand überzugehen. Zunächst natürlich die
Stoffe, die am meisten Wärme gebrauchen, um sich in
gasförmigen Zustand darzustellen, also namentlich die Me=
talle und andere Mineralien; also etwa Platingas ging in
geschmolzenes, fließendes Platin über, sobald so viel Wärme
ausgestrahlt war, daß es nicht mehr gasförmig bleiben
konnte. So nach und nach die anderen Stoffe, die schon
bei geringerer Wärme gasförmig sind und also erst bei
größerer Wärmeentziehung flüssig werden. So war die
Erde eine glühende flüssige Kugel geworden, ein gewaltiger
Gluthtropfen, umgeben noch von einer Gashülle der Stoffe,
die auch bei größerer Abkühlung noch luftförmig bleiben.
Als die Erde nun immer mehr Wärme in den Weltraum
hinausstrahlte, wurden endlich mehrere Stoffe so weit ab=
gekühlt, daß sie auch nicht mehr flüssig bleiben konnten;

sie wurden fest, also namentlich Metalle und Erden; es
bildete sich eine feste Kruste um die Erde. Nun kam die
Reihe der Verwandlung auch an die Gase, denen es bisher immer noch zu warm war, um flüssig zu werden; sie
gingen nun auch in den tropfbaren Zustand über. Der
letzte dieser Stoffe war das Wassergas; so lange die Oberfläche der Erde noch eine Wärme von 80 Grad R. hatte,
konnte es nicht flüssig werden. In größerer Entfernung
von der starr gewordenen Oberfläche konnte es wohl mehr
abkühlen und verwandelte sich in Nebel und endlich in
Regen; große Regenmassen fielen nun wohl zur Erde
nieder, wurden aber, sobald sie nach der heißen Erde kamen,
gleich wieder in Dampf und Gas aufgelöst. So dauerte
dies Spiel der Verwandlung wohl lange Zeit, bis die
Oberfläche der Erde unter 80 Grad abgekühlt war und
sich das niederschlagende Wassergas zu Wasser ansammeln
konnte. „So ward geschieden das Wasser unter
der Veste von dem Wasser über der Veste." Und
diese Scheidung ist geblieben, es findet sich immer noch
Wasser über der Veste; denn dem Wassergas ist es immer
noch zu warm, um in seiner ganzen Masse flüssig zu bleiben; an der Oberfläche des Wassers verwandelt es sich noch
immer in Wassergas und steigt nach oben auf, wo es theils
unsichtbar ist, theils bei gehöriger Abkühlung in der Rück-
verwandlung begriffen, als Nebel und Wolken sichtbar wird.
So haben wir hierin einen Stoff, in welchem uns ein
Theil der Verwandlungsepoche noch erhalten ist und uns
täglich neu vor Augen tritt.

Einige wenige Stoffe aber sind noch, denen es auch
jetzt, selbst im härtesten Winter, noch viel zu warm ist, um
auch nur einen kleinen Versuch zu machen, sich statt des
gasförmigen Zustandes im flüssigen darzustellen. Das sind

namentlich die Gase, aus denen die atmosphärische Luft
zusammengesetzt ist, nehmlich Sauerstoff, Stickstoff
und Kohlensäure. Stickstoff ist die größere Menge,
nehmlich 79 Raumtheile, Sauerstoff nur 21; die Kohlensäure ist nur in sehr geringer Menge, etwa nur als der
zweitausendste Theil des Ganzen, und noch dazu in wechselnder Menge vorhanden, während Sauerstoff und Stickstoff überall in demselben Verhältniß zusammen sind.

Für diese Gase müßte sich die Erde noch viel mehr
abkühlen, wenn sie den andern in der Umwandlung
zum flüssigen Zustand nachfolgen sollten. Da aber die
Erde jetzt durch die Sonne so viel Wärme empfängt, als
sie ausstrahlt und deshalb im Durchschnitt immer in derselben Temperatur bleibt, so kann uns das Vergnügen nicht
zu Theil werden, etwas flüssigen Sauerstoff oder flüssigen
Stickstoff zu trinken; wir müssen uns schon mit der Ein-
athmung derselben begnügen. Nur die Kohlensäure hat
man bezwungen, nicht durch Kälte, sondern durch gewaltigen Druck; dadurch kann man sie flüssig machen. Aber
zum Trinken derselben kommt es doch nicht; denn sobald
der Druck nachläßt, geht sie sogleich wieder in Gas über.
(Was man in kohlensauren Wasser trinkt, ist nicht flüssige
Kohlensäure, sondern nur das Gas derselben, das im Wasser
Wohnung genommen hat, aber immer bereit ist, wieder zu
entfliehen.)

So ist uns durch diese Anschauung nun wohl klar geworden, daß die atmosphärische Luft ganz ebenso ein Theil
der Erde ist, wie das Wasser, wie Sand, Lehm, Steine
und Metalle, und ganz ebenso wie diese von der übrigen
Erdmasse angezogen und festgehalten wird. Der Mittelpunkt dieser Anziehung aber oder die Concentration, die
Zusammenfassung der anziehenden Kraft, ist im Mittel-

punkt der Erde. Nach dem Mittelpunkt der Erde hin, also überall, wo man steht, in senkrechter Richtung nach unten, geht alle Anziehung; dahin fällt jeder Körper, wenn er nicht unterstützt oder durch eine andre Kraft festgehalten wird; dahin wird auch die atmosphärische Luft gezogen. Wenn wir von einem eigentlichen Fallen der Luft nicht reden können, so liegt das nur daran, daß sie eben immer unterstützt ist, daß jede Luftschicht andere Luft unter sich hat, auf der sie ruht, und daß sie sich in jedem leeren Raum ausdehnt, um ihn gleich ganz zu erfüllen. Wenn wir unter einer Luftschicht einen leeren Raum machen könnten und könnten die Luftschicht selbst in eine gewichtslose Hülle einschließen, so daß sie sich nicht ausdehnen könnte, so würde sie ebenso wie ein Stein zur Erde fallen.

Die Luft ist also schwer; sie hat ein Gewicht, wie jeder andere Körper, d. h. sie wird zur Erde hingezogen und muß also auch auf ihre Unterlage einen Druck ausüben. Man kann sie daher auch wie einen andern Körper wägen, wenn man sie nur einschließt, um ihre Ausdehnung zu verhindern. Man nehme eine große Glaskugel, an der ein Hahn zum luftdichten Verschluß ist; man wäge erst die luftenthaltende Kugel, pumpe dann die Luft aus, schließe den Hahn und wäge wieder, so wird man finden, daß ein Kubikfuß Luft 2⅔ Loth wiegt, also etwa 770mal leichter als Wasser ist.

Wäre die Luft nicht schwer, würde sie also nicht zur Erde hingezogen, so würde sie vermöge ihrer Expansionskraft sich in den weiten Weltraum ausdehnen und würde hier bei uns so dünn sein, daß wir darin gar nicht leben könnten; auch wäre es dann unmöglich, daß die untern, der Erde näher befindlichen Luftschichten dichter als die obern sein könnten, wie es doch in der That ist.

Wäre nun die Luft blos schwer, ohne ausdehnsam zu sein, dann könnte man allerdings von einer Last reden, die man in Folge des Luftdrucks zu tragen hätte; und da die Luftsäule, die von der obersten Grenze der Atmosphäre bis hier unten her, auf dem Grunde des Luftmeers, auf den Menschen drückt, allerdings ein Gewicht von vielen Centnern hat, so würde einem Menschen wohl das Tanzen vergehen, hätte er auch stärkere Knochen als die Elster. Aber mit der Schwere der Luft steht die Spannkraft derselben in Kampf.

Vermöge der Spannkraft will die Luft sich immer weiter ausdehnen und möchte so, sich nach allen Richtungen hin immer länger streckend, den ganzen Weltraum besuchen und ihn zugleich mit ihrer Allgegenwart erfüllen. Aber die Schwere ist nun der oben erwähnte Schlagbaum, der ihrer Reiselust eine Grenze setzt; die Schwere hält sie bei der Erde fest. Es ist ein rastloses Hinausstreben in die Weite; aber die Anziehungskraft der Erde ist der unsichtbare Zaum, der sie zügelt und bändigt; und je mehr sie diesen Zügel fühlt, je straffer sie zusammengehalten wird, desto wilder wird ihr Sinn, desto stärker äußert sie ihre innere Kraft auf ihre Umgebung. Diese Kraftäußerung ist der Luftdruck, ein Product des Kampfes zwischen der Schwerkraft oder Anziehungskraft der Erde und der Expansionskraft der Luft. Natürlich muß die Schwerkraft das Uebergewicht haben, denn von einem Schwächern läßt man sich nicht zügeln. Die Schwerkraft nimmt aber mit der Entfernung vom Mittelpunkt der Erde ab, sie muß also auf die Luftschichten, die zunächst der Erde sind, am stärksten wirken, ihre Expansionskraft am meisten zügeln und so in diesen Schichten die Lufttheile am dichtesten zusammenhalten. Schon aus diesem Grunde muß die untere Luft dichter sein, d. h. in

einem gleichen Raume mehr Lufttheile enthalten, als die
obere. Dazu kommt noch ein anderer Grund. Packt man
lose Stoffe, etwa Wolle, Kräuter oder dgl. hoch übereinander, so werden die unteren Schichten fester zusammen-
liegen, als die obern, weil sie durch den Druck der obern
Theile mehr zusammengepreßt werden; oder eine lange
Spiralfeder von dünnem Drath, deren einzelne Windungen
alle in gleicher Entfernung gemacht sind, wird, wenn man
sie aufrecht stellt, trotz der Elasticität, die sie auseinander
hält, doch in Folge des Drucks der obern Theile in ihren
untern Windungen enger zusammengedrückt werden, als in
den oberen. So also auch die Luft; die oberen Schichten,
die bei all' ihrer Lust zur Flucht doch von der Erde nach
unten gezogen werden, pressen die unteren Schichten enger
oder dichter zusamen. So muß also auch aus diesem
Grunde die untere Luft dichter sein, also auch mehr Spannkraft haben und mehr Druck auf die Umgebung ausüben.
Diese Dichte nimmt nach oben hin so schnell ab, daß wenn
wir die Höhe der Atmosphäre auf 10 bis 15 Meilen rechnen, schon innerhalb der untersten Meile die Hälfte der
ganzen atmosphärischen Luft sich befindet.

Da die Anziehungskraft der Erde mit der Entfernung
vom Mittelpunkt geringer wird, so muß es eine Höhe geben,
wo die Schwerkraft mit der Spannkraft der Luft im Gleichgewicht steht. Dort muß die Grenze der Atmosphäre sein;
es kann darüber hinaus keine Luft mehr geben, welche der
Erde angehört; denn sobald sie nicht mehr von der Schwerkraft in Zaum gehalten wird, dehnt sie sich ihrer flüch-
tigen Natur nach im ganzen Weltraum aus. Diese Grenze
ist auf ca. 27 Meilen berechnet; wenn wir vorher von einer
10 Meilen hohen Atmosphäre sprachen, so giebt dies die
Höhe an, in welcher die Luft schon dünner sein muß, als

wir sie mit der besten Luftpumpe machen können. Wir
werden späterhin noch von anderen Berechnungen in Beziehung auf die Höhe der Atmosphäre hören.

Wie man den Druck und die Dichte der Luft genau
messen und den Unterschied dieses Druckes in den verschiedenen Höhen genau bestimmen kann, behalten wir dem
folgenden Vortrage vor. Hier sei nur einer Erscheinung
erwähnt, welche den Unterschied des Druckes der obern und
der untern Luft im Allgemeinen darthut. Man weite durch
Aufblasen eine Schweinsblase so aus, daß sie sich, doch nur
schlaff, mit Luft füllt, und binde sie dann fest zu. Nun
steige man mit ihr auf einen hohen Berg; man findet, daß
sich die Blase straff gespannt hat. Die Luft nehmlich, mit
der die Blase unten gefüllt war, hat eine größere Spannung, als die obere, von der sie jetzt umgeben ist; sie findet
in dieser Umgebung daher nicht den Gegendruck wie unten
und giebt nun ihr Uebergewicht dadurch kund, daß sie sich
gegen die geringeren Genossen dort oben aufbläßt und die
Umhüllung zu zersprengen droht. Es ist dies ein deutlicher Beweis, daß der Luftdruck keineswegs blos eine Folge
des Gewichts der darüber gelagerten Luftschichten ist, sondern
vielmehr eine Folge der Spannung, in welche die Luft,
allerdings mit durch jenes Gewicht, aber im Zusammen-
hange mit ihrer Ausdehnbarkeit versetzt ist. Denn sonst
könnte die Luft in der Blase, sobald sie höher hinaufge-
bracht ist und sich nicht mehr unter dem Druck der früheren Luftschichten befindet, dort oben nicht diesen stärkeren
Druck ausüben. Läßt man nun aber das Uebergewicht
der Luft ausströmen und bindet dann die Blase wieder zu,
indem sie oben noch straff gespannt ist, und bringt sie dann
nach unten, so wird sie schlaff zusammen fallen, weil die
untere Luft mit ihrer größeren Spannung die in der Blase

eingeschloffne von oben gekommne Luft allſeits ſo weit zuſammendrückt, bis dieſe auch dieſelbe Spannung erhält, dann aber auch einen kleineren Raum einnimmt, als ſie es oben gewohnt war.

So iſt es denn auch natürlich, daß die Luft ihren Druck nach allen Richtungen hin ausübt, ſowohl ſeitwärts, als auch von unten nach oben hin; denn in der Ausdehnſamkeit der Luft iſt es begründet, daß ihre Theilchen nach allen Richtungen hin ſich von einander entfernen wollen und alſo auch auf die Gegenſtände drücken, die ſie in dieſem Streben hindern.    Daher iſt es eine ganz verkehrte Ausdrucksweiſe, wenn man von dem Luftdruck als von einer Laſt redet, die man zu tragen hätte.    Zu tragen hat man nichts; nur gedrückt wird man von allen Seiten, und zwar von unten her ebenſo wie von oben her. Aber wir werden gleich ſehen, wie auch dieſer Druck durch Gegendruck aufgehoben wird.    Hier ſchalten wir erſt noch eine Bemerkung über den Luftdruck in Zimmern und anderen geſchloſſenen Räumen ein.

Wer die falſche Vorſtellung hat, daß man die ganze Luftſäule, die ſich über uns bis hinauf in den Himmelsraum befindet, zu tragen habe, der müßte meinen, daß man in einem Zimmer oder ſonſt unter einem Dache dieſer Laſt zum großen Theil entledigt wäre; denn man hat ja in dieſem Fall nur die kurze Säule bis zur Decke oder dem Dache zu tragen. Wie leicht müßte einem da werden, wenn man von draußen in das Haus tritt und ſo die Laſt abthun kann! Aber es iſt davon nichts zu merken, weil es eben keine Laſt iſt, ſondern nur ein allſeitiger Druck, dem man nirgends entfliehen kann und, wenn man erſt ſeine wohlthuende Wirkung erkannt hat, auch nicht entfliehen mag.

Die Stärke dieses Druckes hängt von der Spannung der Luft ab, und diese ist in gleicher Höhe oder Tiefe überall, wo die Luft nur eine gleiche Höhe oder Tiefe findet, ganz gleich, ob unter freiem Himmel oder im Zimmer; denn die äußere Luft pflanzt ja ihren Druck auch seit-wärts, also auch durch die Fenster- und Thürritzen in die Zimmer hinein fort und bringt also dort dieselbe Span-nung hervor, wie sie draußen hat. Darum ist es auch ganz gleich, ob ein Barometer oder Wetterglas, welches den Luftdruck mißt, in der Stube oder draußen hängt; es zeigt drinnen wie draußen mit seiner Quecksilbersäule denselben Luftdruck an.

Wir haben vorher schon angedeutet, daß der Gesammt-druck, den die Luft auf einen erwachsenen Menschen aus-übt, etwa 30 Tausend Pfund oder 300 Centner beträgt. Der Druck der Luft nehmlich auf einen Quadratzoll ist erfahrungsmäßig gleich einem Gewicht von 14¹¹/₁₀₀ Pfund Zollgewicht. Da nun ein erwachsener Mensch etwa 14 bis 15 Quadratfuß Oberfläche, ein Quadratfuß aber 144 Quadratzoll hat, so ergiebt sich daraus leicht als Druck auf die ganze Oberfläche ein Product von etwa 300 Cent-nern. Das könnte einen doch beinahe erschrecken oder es könnte einem lächerlich vorkommen; man sollte meinen, der Mensch davon ganz zusammengequetscht werden müßte. Allerdings, wenn dieser Druck nur von außen käme und nicht von innen einen Gegendruck fände. Aber jeder einzelne Theil des Körpers ist auch im Innern von demselben Luftdruck umgeben, indem die feinen Adern, welche Flüssigkeit und Luft enthalten, sich in tausendfältiger Verästung durch den ganzen Körper erstrecken. Die ganze Blutflüssigkeit aber steht ja unter dem Druck der äußern Luft, die durch die Lungen eingeathmet wird, und übt daher auch im Innern solchen Druck aus. Denken wir uns nun die Knochen von einem allseitigen Druck, der auf den Quadratzoll 14 Pfund beträgt, zusammengepreßt, so ist das für die Stärke der Knochen ein sehr geringer Druck. Die übrigen Theile bestehen aus Fasern und Geweben, die durch den Luftdruck nicht an einander gedrückt werden können, weil jedes einzelne für sich bis in die kleinsten Theile von Luft und Flüssigkeit umgeben ist; wir dürfen uns also nur jedes kleine Faserchen für sich durch den Luftdruck zusammengepreßt denken. Dabei kommt auf jedes Theilchen nur sehr wenig, und wenn der Druck auch mehr betrüge, er könnte doch keinen Schaden anrichten. Denn nehmen wir z. B. ein Stück Blase oder ein Stück des zartesten Papiers von der Größe eines Quadratzolls, so erleidet es auf jeder Seite einen Luftdruck von 14 Pfund; es ist also so, als ob wir das Papier auf einen Tisch legten und ein Gewicht von 14 Pfund darauf setzten. Das Papier würde dadurch nicht im Geringsten Schaden leiden. So schadet auch den feinen Fasern im Körper solches Zusammenpressen nichts.

Daher merkt man auch von diesem Drucke nichts, weil äußerer und innerer Druck sich für unser Empfinden gegenseitig aufheben. Nimmt man aber den Druck einerseits fort, so wird dies allerdings gleich auffallend empfunden. Wer sich schon Schröpfköpfe hat setzen lassen, weiß davon wohl zu erzählen. In diesen fingerhutartigen Gefäßen wird die Luft durch Erwärmung verdünnt, also theilweise ausgetrieben. Setzt man nun so den Schröpfkopf auf die bloße Haut, so drückt die äußere Luft ihn fest an, weil die dünne Luft im Schröpfkopf nicht den nöthigen Gegendruck ausüben kann, und man hat dann die Empfindung, als ob einem dort eine Last aufgelegt wäre. Hat man ver-

2*

her an dieser Stelle die Haut geritzt, so treibt der im
Körper wirkende Luftdruck das Blut in den luftverdünnten
Raum des Schröpfkopfs hinein.

Aber wenn man doch unter gewöhnlichen Umständen
nichts von dem Luftdruck merkt, wie ist man denn dahinter
gekommen, daß ein solcher überhaupt existirt und daß er
dem angegebenen Gewichte gleich ist? Man sieht wohl,
daß die Erwägungen, die wir vorher zur Erklärung des
Luftdrucks angestellt haben, füglich erst gemacht werden
konnten, nachdem man von seiner Existenz schon Gewißheit
hatte. Und allerdings hat es auch lange gedauert, ehe man
von ihm eine Ahnung bekam, selbst nachdem man schon
längst Vorrichtungen oder Maschinen hatte, in denen gerade
der Luftdruck der wirkende Factor ist. Die Wasserpumpen
sind schon sehr alt: der Luftdruck ist es, der darin das
Wasser in die Höhe treibt, aber dahinter ist man erst sehr
spät gekommen. Wir wollen uns in Gedanken die ein-
fachste Vorrichtung zu solcher Pumpe construiren.

Wir nehmen eine etwas weite Glasröhre, sie mag ein
Paar Fuß lang sein, oben und unten offen; nun machen
wir einen passenden Stöpsel mit Werg umwickelt, so daß
wir ihn luftdicht in der Röhre auf= und niederbewegen
können. Wir drücken den Stöpsel bis an das unterste
Ende und halten nun die Röhre senkrecht in eine Schüssel
mit Wasser. Jetzt ziehen wir den Stöpsel allmählig in
die Höhe, so entsteht unter dem Stöpsel in der Röhre, die
unten durch das Wasser abgesperrt ist, ein luftleerer Raum.
In diesen steigt sogleich das Wasser aus der Schüssel hinein.
Bei weiterm Heraufziehen des Stöpsels bildet sich unter
demselben immer wieder ein luftleerer Raum, der auch sogleich von dem nachsteigenden Wasser erfüllt wird. Auf
diese Weise kann man das Wasser bis oben zum Rand der

Röhre steigen lassen. Es ist dies der Vorgang, worauf
die Pumpe beruht; die übrige Einrichtung gehört nicht
hierher.

Welches ist nun die Kraft, die das Wasser dem Stöpsel nachsteigen läßt? Im Alterthum, wo man die Antwort auf solche Fragen mehr durch Speculation als durch
Experimentiren suchte, ersann man eine Theorie, die, wie
wenig Genügendes sie auch bot, dennoch bis in's 17. Jahr-
hundert die Herrschaft behielt. Der große griechische Phi-
losoph Aristoteles hatte den Satz aufgestellt, daß die
Natur als das Materielle einen Abscheu gegen den von
Materie leeren Raum habe; diese Lehre wurde von seinen
Schülern zur Erklärung der gedachten Erscheinung angewendet. Man meinte, das Wasser dringe in die luftleeren
Räume hinein, weil die Natur jeden leeren Raum verab-
scheue und ihn deßhalb auszufüllen strebe; diesen Abscheu
der Natur nannte man den horror vacui. Manche meinten
dabei, daß die Natur überhaupt gar keinen leeren Raum
dulde, Andere, wie Heron von Alexandrien, nahmen an,
daß allerdings kleine leere Zwischenräume vorhanden wären
und nur ein Abscheu gegen einen gehäuften leeren Raum
stattfinde. Die leeren Zwischenräume zwischen den Luft-
theilen dürften nicht vergrößert und nicht verkleinert werden;
würden sie durch Zusammenpressen der Luft verkleinert, so
zeige die Luft das Bestreben, sich auszudehnen; würden sie
durch Ausdehnung der Luft vergrößert, so zeige die Luft
das Bestreben, sich zusammen zu ziehen. Also gewisser-
maßen wie eine elastische Sprungfeder, die nach Zusammendrücken oder Ausdehnen immer wieder auf die ursprüngliche
Weite zurückgeht. (Hieran schloß sich auch v. Drieberg
wieder mit seiner Theorie an.)

Mit diesen Erklärungen hatte man sich ein Paar Jahr-

taufende begnügt; da warf ein zufälliges Experiment die
bemooste Lehre über den Haufen. Im Jahre 1640 wurde
in einem Garten zu Florenz eine sehr hohe Pumpe ange-
legt; sie war sehr genau gearbeitet, und doch war das
Wasser so eigensinnig, in dem Pumpenrohr nicht höher als
32 Fuß hoch steigen zu wollen. Der gut schließende Kolben
wurde höher gezogen, es blieb also zwischen ihm und der
heraufgestiegenen Wassersäule ein luftleerer Raum; aber
das Verhältniß schien nun umgekehrt, statt des Abscheus
der Natur vor dem leeren Raum schien das Wasser nun
einen Abscheu zu haben, in den luftleeren Raum hineinzu-
steigen. In solchem Fall gehen dann auch Practiker zu
den Gelehrten, auf die sie sonst immer gern etwas zu
raisonniren haben. So wandte man sich denn auch an
den berühmten Naturforscher Galilei und erzählte ihm
von dem Eigensinn des Wassers. Sollte er sagen,
der Abscheu der Natur vor dem leeren Raum sei nur ein
beschränkter und habe seine Grenze? Solche Ausflucht
wäre des großen Mannes nicht würdig gewesen und sie
mußte ja auch gleich das ganze Ungenügende der bisherigen
Erklärungsweise aufdecken. Konnte man nicht erklären,
warum die Natur nur vor einem 32 Fuß hohen, aber nicht
vor einem höhern leeren Raum Abscheu habe, so war eben
nichts erklärt. Eine Thatsache hatte die bisherige Theorie
umgestoßen, wie das schon oft das Verdienst der Thatsachen
gewesen ist. Aber nun galt es, eine andere Erklärung zu
suchen. Galilei kam auch bald auf den richtigen Grund;
er vermuthete, wovon bis dahin nur manchmal in Einzelnen
eine dunkle Ahnung aufgetaucht war, daß die Luft schwer
sein und ein bestimmtes Gewicht haben müsse. Aber die
Zeit war vorüber, wo man Vermuthungen alsbald zur
Theorie erheben konnte; man mußte sie erst durch That-

sachen, durch Experimente beweisen. Das war das Verdienst des großen Engländers Bacon von Verulam
(† 1626), der zuerst auf die Nothwendigkeit des Experimen-
tirens hingewiesen und dadurch eine neue Aera für die
Naturwissenschaften begründet hatte. Aber der greise Galilei, schon blind und fast taub, konnte sich mit den nöthigen
Experimenten nicht mehr befassen. Es blieb dies eine Erb-
schaft für seinen Schüler Toricelli, der 1644 die Sache
zum Abschluß brachte.

Toricelli ging von folgender Erwägung aus. Wenn
der äußere Luftdruck, der Druck der Atmosphäre, es ist,
der die 32 Fuß hohe Wassersäule in die luftleere Pumpenröhre hineintreibt, so muß seine Kraft, so weit sie auf die
untere Röhröffnung wirken kann, gerade so stark sein, als
das Gewicht dieser Wassersäule. Ließe man statt des
Wassers eine andere Flüssigkeit, die noch mal so schwer als
Wasser ist, von der also schon eine halb so hohe Säule
dasselbe Gewicht wie die Wassersäule hätte, in die Röhre
hineinsteigen, so würde der Luftdruck auch nur im Stande
sein, solche Flüssigkeit 16 Fuß hoch in die Pumpenröhre
hineinzutreiben. Von dieser Erwägung schritt er zum
Experiment. Als Flüssigkeit erwählte er das Quecksilber,
das beinahe 14 mal schwerer als Wasser ist; war sein
Schluß richtig, so konnte der Luftdruck nur eine Quecksilbersäule tragen, die an Höhe nur etwa den 14. Theil einer
32 Fuß hohen Wassersäule betrug; dies sind 28 Zoll. Nun
nahm er eine ungefähr 3 Fuß lange Glasröhre, die an
einem Ende zugeschmolzen war, füllte sie ganz mit reinem
Quecksilber, verschloß das offene Ende mit dem Finger,
kehrte dies nach unten und steckte es in ein mit Quecksilber gefülltes Gefäß. Das Quecksilber mußte nun ohne
Einwirkung des Luftdrucks nach dem Gesetz der Schwere

unten aus der Röhre ausfließen, bis es in der Röhre nur
so hoch stände, wie das Quecksilber außerhalb der Röhre;
es bleibt aber 28 Zoll hoch in der Röhre stehen und fließt
nicht weiter aus.  Dies ist die Folge des Luftdrucks, der
auf das Quecksilber im Gefäß und durch dieses auf das
Quecksilber in der Röhre wirkt.  Zuerst war die Röhre
ganz mit Quecksilber gefüllt, es war also keine Luft in derselben; bei der ganzen Operation kann auch keine Luft ein-
bringen, weil sie durch das Quecksilber abgeschlossen ist.
Folglich befindet sich nun in der Röhre, nachdem das
Quecksilber bis auf 28 Zoll gesunken ist, über demselben
ein luftleerer Raum.  Diesen Raum nennt man die Toricellische Leere oder das Vacuum.  Der äußere Luftdruck
findet also in der Röhre keinen anderen Gegendruck als
das Gewicht der Quecksilbersäule selbst.  Dies Gewicht ist
demnach als die Kraft zu betrachten, die dem Luftdruck das
Gleichgewicht hält.  Sobald man oben die Röhre öffnet,
so daß auch dort der Luftdruck auf das Quecksilber wirken
kann, so fällt sogleich die ganze Quecksilbersäule so tief, bis
sie mit dem äußern Quecksilber gleich hoch steht, weil nun
die Luft in und außer der Röhre sich gegenseitig das
Gleichgewicht hält.

Diese Höhe von 28 Zoll hat die Quecksilbersäule durchschnittlich im gewöhnlichen Flachlande; auf hohen Bergen
aber, wo man geringere Lufthöhe über sich hat, die Luft
daher nicht so zusammengepreßt ist als unten und also auch
einen geringeren Druck ausüben muß, wird die Quecksilbersäule in der Toricellischen Röhre um so niedriger, je höher
man kommt.  Auch dies ist ein Beweis, daß die Erklärung
der gedachten Erscheinungen durch den Druck der Luft die
richtige ist.  In einem Hochlande, wo der Luftdruck geringer ist, wird demnach auch das Wasser in einem Pumpen-

rohr weniger als 32 Fuß hoch steigen. Es ist klar, daß man mit solcher Toricellischen Röhre, welche die Grundlage für das Barometer geworden ist, in den verschiedenen Orten und den verschiedenen Höhen der Erde die jedesmalige Stärke des Luftdrucks messen kann. Diese Stärke ist nehmlich nicht zu allen Zeiten gleich; es wird durch verschiedene Vorgänge in der Atmosphäre ein Wechsel hervorgebracht. Darüber wird uns der folgende Vortrag weiter belehren.

So ist also der äußerste Theil der Erdkugel das Luftmeer oder die Atmosphäre, welche auf den unter ihr befindlichen Theil der Erde einen Druck ausübt, der eben so stark ist, als wenn statt des Luftmeeres ein Quecksilbermeer von 28 Zoll Höhe die äußere Hülle der Erde wäre, oder ein Wassermeer von 32 Fuß Höhe. In einer Tiefe von 32 Fuß unter dem Wasser wird also, wenn man den Luftdruck über dem Wasser fortnehmen könnte, ein Gegenstand denselben Druck erleiden, als jetzt auf der Oberfläche der Erde von dem Luftmeere, mit dem Luftdruck zusammen also den doppelten Druck. Jedes beliebige Flächenstück auf der Erde, auf dem Grunde des Luftmeeres, hat demnach einen Luftdruck auszuhalten, der gleich ist dem Gewicht einer Quecksilbersäule, welche das betreffende Flächenstück zur Grundfläche und eine Höhe von 28 Zoll hat; ein Quadratzoll erleidet demnach einen Druck von 28 Kubikzoll Quecksilber. Dies Gewicht beträgt 14 $^{14}/_{100}$ Pfund Zollgewicht. Man nennt eine Kraft, welche diesem Drucke gleich ist, den Druck einer Atmosphäre und spricht so von zwei, drei, vier u. s. w. Atmosphärendruck. Den einen Atmosphärendruck, obgleich er so stark ist, können wir leicht aushalten, weil, wie wir gesehen haben, überall ein innerer Gegendruck ihm das Gleichgewicht hält, und er nicht so

stark ist, daß durch sein Zusammenpressen die Theile unseres
Körpers Schaden leiden könnten.  Unser Körper wäre vielleicht für einen zweiten Atmosphärendruck stark genug, voraus-
gesetzt, daß dann auch ebenso ein doppelter innerer Gegendruck
stattfände.  Aber das Gehen würde uns schon ein ganz
Theil schwerer werden; denn wenn uns auch in der Ruhe
der starke Luftdruck keine Unbequemlichkeit macht, so müssen
wir doch allerdings bei der Bewegung immer einen Theil
des uns entgegenstehenden Luftdrucks überwinden, wovon
wir ja eine recht deutliche Empfindung haben, wenn wir
etwas schnell gehen, oder wenn die bewegte Luft als Wind
uns entgegentritt.  Bei doppeltem Atmosphärendruck hätten
wir beim Gehen immer die Anstrengung, als wenn wir
jetzt gegen den Wind gehen.  Und die Zerstörungen eines
Sturmes wären dann ungleich heftiger und unheilbringender.
Wenn der Atmosphärendruck geringer wäre, so möchte uns
freilich das Gehen leichter werden, aber wir würden dann
wieder viele andere Unbequemlichkeiten davon haben, wie
wir leicht erkennen, wenn wir uns die mannigfachen Wirkungen des Luftdruckes, von denen der folgende Vortrag
handeln wird, recht überdenken.  Es wird uns dann klar
werden, daß die jetzige Stärke des Luftdrucks für unsere
anderweitigen Verhältnisse gerade die angemessenste ist.  Und
so wollen wir denn damit zufrieden sein und ihn uns weder
stärker noch schwächer wünschen.

## Zweiter Vortrag.

### Mancherlei Wirkungen des Druckes und der verschiedenen Dichte der Luft.

———

Die Existenz des Luftdrucks, seine Entstehung und seine Stärke und die verschiedene Dichte der Luft als Folge davon haben wir im ersten Vortrag besprochen. Wir wollen nun eine Rundschau über die Wirkungen halten, die er in mancherlei Beziehung und auf verschiedenen Gebieten hervorbringt.

Eine Wirkung des Luftdrucks ist es zunächst, daß die Luft überall eindringt, wo sie nur irgend einen Raum und eine Oeffnung findet, und zwar so, daß sie nicht eher ruht, als bis sie drinnen gleiche Dichte hat wie draußen. Sie begnügt sich nicht damit, durch eine Oeffnung nur einige Lufttheilchen als Vorposten hineinzuschieben, sondern sie besetzt jeden Ort mit gleicher Truppenstärke. Der Luftdruck, der die Lufttheilchen in einen noch nicht erfüllten Raum hineintreibt, kommt nicht eher zur Ruhe, als bis drinnen die Luft von gleicher Dichte ist und darum der äußeren einen ebenbürtigen Widerstand leisten kann. Aber auch umgekehrt, wenn draußen die Luft etwa dünner wird, was durch mancherlei Ursachen und namentlich durch den Wechsel der Temperatur geschehen kann, so rückt ein Theil der innern Besatzung gleich wieder aus, bis drinnen und draußen die gleichmäßige Stärke wiederhergestellt ist. So strebt der Luftdruck überall nach Gleichheit und mag in seinem Gebiete nirgents eine Bevorzugung dulden. Und da nun die Ursachen, die eine Veränderung in der Dichte der Luft hervorbringen, fortwährend in Thätigkeit sind, wie wir in einem späteren Vortrage erkennen werden, so geht auch dies Ein= und Ausrücken der Lufttheilchen fast ohne Aufhören vor sich: es ist eine unruhige Garnison, die hin und her zieht. Da wird nun fast kein Ort mit diesem fortwährenden Ein= und Ausrücken verschont, und die Luft ist so das zudringlichste Subject, das es auf Gottes Erdboden giebt. Nicht bloß daß sie in Zimmern, Schränken, Kasten, Gläsern u. s. w. Wohnung nimmt, nein, sie schlüpft auch zwischen die kleinsten Theilchen der verschiedensten Stoffe und weiß auch einen Weg in das Wasser und in andere Flüssigkeiten zu finden.

Nun könnte man sich das schon gefallen lassen, wenn sie blos käme, um zuzusehen; aber damit begnügt sie sich nicht. Sie beschnüffelt nicht blos Alles, sie greift es auch gleich an, um es so viel als möglich umzuformen und zu zerstören. Namentlich der eine Theil von ihr, der Sauer-stoff, ist ein wahrer Störenfried; es giebt wenige Körper, an denen er nicht seine Zerstörungslust ausübt, indem er sich nach und nach mit immer mehr Theilchen derselben verbindet und in dieser Verbindung ganz etwas anderes aus ihnen macht, etwas, womit wir Menschen meistens nicht zufrieden sind. Die Frauen namentlich haben in der Wirthschaft und in der Küche viel Noth mit diesem zudringlichen Ge-sellen. Das ist vielleicht noch das Geringste, daß er ihnen an metallenen Gefäßen und Geräthschaften viel unnütze Putz= und Scheuerarbeit macht. Zum Glück sind jetzt, wo der Mensch so schon viel weniger Zeit hat, als sonst, die

zinneren Schüsseln und Becher nicht mehr wie früher in
der Mode. Hat die Frau nun solch Gefäß recht blank ge-
putzt und stellt es voller Freude auf das Küchenbrett und
kommt dann nach einiger Zeit wieder dazu, so müßte sie
gleich wieder anfangen zu putzen, denn der Sauerstoff ist
darüber gekommen und hat Alles wieder blind und unan-
sehnlich gemacht. Mit kupfernen, eisernen silbernen Geräthschaften hat sie auch jetzt noch immer diese Noth; hat
sie namentlich nicht recht gut abgetrocknet und nur eine
Spur von Wasserdunst daran gelassen, so ist der Sauerstoff gleich da und macht aus dem Kupfer Grünspan, und
auf dem Eisen Rostflecken. Aber viel schlimmer ist es, daß
er der Frau so manche Speise verdirbt; auch die sorgsamste
kann sich nicht immer davor schützen. Sie hat etwa einen
schönen Braten und will ihn zum Sonntag aufheben; sie
hat nicht vermuthet, daß plötzlich so große Hitze kommen
würde, die dem Sauerstoff seine Arbeit sehr erleichtert;
wie vorsichtig sie auch sorgt, daß keine Schmeißfliege oder
dgl. dazu komme, den Sauerstoff treibt der Luftdruck doch
bis in die geheimsten und innersten Fleischfasern hinein;
und wenn dann die Hausfrau dazu kommt, ist der Schade
schon geschehen. So macht sich der Sauerstoff auch an
Getränke, z. B. an das Bier, und giebt ihnen, um seinem
Namen Ehre zu machen, einen sauren Geschmack. Man
gäbe oft viel darum, wenn man diesen Eindringling abhalten könnte. Wie schön ließen sich grüne Gemüse zum
Winter aufheben, wo man solche sommerliche Erinnerung
oft gern hätte; und wie viel Zucker könnten die Frauen
beim Einmachen der Früchte sparen, die nachher doch meist
zu süß sind, wenn sie nur auf kurze Zeit den Luftdruck
aufheben könnten, nur so lange, bis sie Gemüse und Früchte
in die Gefäße gethan und diese verschlossen haben. Aber

wie schnell sie auch dabei sein mögen, der Luftdruck ist doch
noch viel schneller, und ehe sie fertig sind, hat er längst
schon den Sauerstoff hineingeschickt, und sie schließen nun
mit dem Gemüse zugleich den Feind ein, der es zerstört.

Aber kann man diesen bösen Feind denn gar nicht ver-
treiben oder absperren? Mittel giebt es allerdings; sie
sind nur etwas umständlich; doch wendet man sie an. So
nimmt man für Seereisen, um Fleisch für längere Zeit im
frischen Zustande zu erhalten, das Kohlenpulver zu Hülfe;
dies hat die Eigenschaft, eine große Menge Luft in seinen
feinen Poren zu absorbiren und festzuhalten. Man schnei-
det dazu das frische Fleisch in dünne Scheiben und ver-
packt diese abwechselnd mit Schichten von Kohlenpulver in
Gefäßen, die dann gut verschlossen werden. Einige Zeit
hält dann das Kohlenpulver den Zutritt des Sauerstoffs
zu dem Fleische ab. Beim Einmachen grüner Gemüse ver-
treibt man die Luft durch eine stärkere Macht; die Gemüse
werden in blecherne Büchsen gethan und auf Feuer gekocht; die Wasserdämpfe, die nun entstehen, reißen bei ihrem
Aufsteigen die Lufttheile mit fort, so daß nach einiger Zeit
die ganze Büchse außer mit dem Gemüse anstatt mit Luft
nur noch mit Wasserdämpfen erfüllt ist. Nun gilt es Eile!
Die Büchse wird mit einer genau schließenden Kapsel verschlossen und die Fuge auch sogleich verlöthet, während das
Gefäß noch auf gelindem Feuer steht, damit es immer mit
dichtem Dampfe erfüllt bleibt, und so die äußere Luft
keinen Zutritt gewinnen kann. Ist der Verschluß gemacht,
so wird die Büchse schnell vom Feuer genommen, damit
die eingeschlossenen Dämpfe durch die Wärme nicht zu
mächtig werden und das Gefängniß sprengen. Sobald
das Gefäß erkaltet, verdichten sich die Dämpfe, es werden
einige Tropfen Wasser daraus, und das Gemüse befindet

sich nun in einem vollständig luftleeren Raum. Aber Umstände macht es.

Und doch müssen wir sehr zufrieden mit dieser Zudring-
lichkeit der Luft sein; es würde uns oft schlimm ergehen,
wenn die Luft diese Eigenschaft nicht hätte. Brauchen wir
doch fortwährend Sauerstoff zum Leben! Freilich, er schont
uns auch nicht, er trägt seine Zerstörungsarbeit auch in
uns hinein so gut, wie bei andern Dingen; er verwandelt,
zersetzt und verbrennt fortwährend in uns die mancherlei
Stoffe, und wir müssen ihm durch Speise und Trank immer
von Neuem für sein Zerstörungswerk Nahrung geben. Aber
diese fortwährende Zerstörung und Neugestaltung ist ja eben
das Leben. Dabei nützen sich freilich unsre Organe ab und
werden zuletzt so unbrauchbar, daß der Tod erfolgen muß.
Wäre der Sauerstoff in geringerer Quantität, etwa in ho-
möopathischer Dosis, der Luft beigemengt, so würde die
Abnutzung langsamer erfolgen, und wir könnten auch wohl
noch Methusalems Alter erreichen. Aber es wäre dann
auch nicht diese rege Umwandlung, d. h. es wäre eine geringere Lebensthätigkeit in uns, nicht ein frisches, lebhaftes,
knisterndes Feuer, sondern ein träges, mühsames Glimmen;
und freilich, unser Organismus müßte überhaupt für solche
Quantität eingerichtet sein. So wie wir nur einmal sind,
brauchen wir den Sauerstoff gerade so, wie er jetzt mit
Stickstoff vermengt vorkommt. Aber wir verbrauchen ihn
auch; mit jedem Athemzuge nehmen wir neben dem Stickstoff eine Portion Sauerstoff auf; beim Ausathmen ist die
Menge des Stickstoffs unverändert, vom Sauerstoff geht
aber etwa ein Fünftel verloren; dafür kommt Kohlensäure
heraus, in der wir nicht leben könnten und aus der erst
durch mancherlei Vorgänge in der Natur der reine Sauerstoff wieder fabricirt werden muß.

Sind nun viele Menschen in einem geschlossenen Raum, wie bald wäre da der Sauerstoff verzehrt, und wie schnell würden sich die bedenklichsten Athembeschwerden einstellen. Aber die Luft findet überall, durch Schlüssellöcher, durch Thür- und Fensterritzen einen Eingang, durch den sie, von dem äußeren Druck getrieben, hineinschlüpft, um sogleich jedes Deficit auszufüllen. Und dabei macht sie eine sehr verständige Sonderung; sie könnte etwa in der ihr eigenthümlichen Mischung von einem Theil Sauerstoff und vier Theilen Stickstoff eindringen; aber dann würde das Zimmer, da nur Sauerstoff, aber nicht Stickstoff verbraucht ist, doch bald mit Stickstoff überfüllt sein, während der Sauerstoff dennoch fehlte. Aber da geschieht eben die Sonderung: was und wie viel fehlt, das wird gegeben, nichts anderes und nicht mehr und nicht weniger. Der Sauerstoff hat nehmlich und der Stickstoff auch jeder für sich seine eigene Spannung, ohne sich um den andern zu kümmern, obgleich sie immer in der engsten Gemeinschaft leben. Wird nun irgendwo der Sauerstoff verbraucht oder verdünnt, so rückt gleich von außen her der Ersatz nur an Sauerstoff nach, so daß überall, innen wie außen, dasselbe Verhältniß bleibt, nehmlich das Verhältniß des Sauerstoffs zum Stickstoff dem Rauminhalte nach wie 1 zu 4, oder genau wie 21 zu 79; also der Sauerstoff immer der fünfte Theil der ganzen Luftmasse. So ist schon durch das Athmen eine fortwährende Bewegung der Luft in der ganzen Natur begründet. Und das Feuer hilft auch dazu. Wenn wir uns im Winter in dem von innen zu heizenden Ofen Feuer machen, so ziehen wir damit zugleich eine ganze Portion kalter Luft in's Zimmer. Denn das Feuer kann ohne den Sauerstoff nicht brennen, den Sauerstoff aus der Stube hat es zum Theil bald verzehrt; so muß denn, so lange

das Feuer brennt, die Luft von außen durch die mancherlei kleinen Oeffnungen, die der Tischler wider Willen
gelassen hat, hinzuströmen, damit das Feuer seine Nahrung
hat. Ohne den Luftdruck müßte das Feuer bald ausgehen.
Darum wollen wir ihm dankbar sein, wenn er uns auch
sonst Manches verdirbt und uns manche Umstände macht.

Diesen Dank werden wir ihm auch in reichem Maße
zollen, wenn wir bedenken, wieviel Arbeit er uns abnimmt
und erleichtert. Denken wir nur an die vielfachen Vorrichtungen und Maschinen, bei denen der Luftdruck der
Hauptfaktor ist. Er pumpt uns das Wasser aus der Tiefe
der Erde, er treibt bei der Spritze den Wasserstrahl in die
Höhe, er verrichtet mittelst des Hebers das Ueberfüllen verschiedener Flüssigkeiten aus einem Behältniß in das andre
und erweist sich bei unzähligen andern Arbeiten, wo er
nicht gerade das Hauptwerk thut, doch als ein hülfreicher
Geselle.

Ja er ist es auch, der uns beim Gehen eine außer-
ordentliche Hülfe leistet. Das scheint freilich auf den ersten
Blick ganz anders zu sein; wir wissen es ja alle, wie schwer
es uns wird, gegen den Wind zu laufen, und der Wind
ist doch nichts anderes, als der Luftdruck, der auf der einen
Seite stärker geworden ist, als auf der andern. Aber ist
auch die Luft ruhig, so müssen wir sie beim Gehen doch
immer durchschneiden und ihren entgegenstehenden Druck
überwinden; der Luftdruck ist uns dabei also mehr ein
Hinderniß als eine Hülfe. Und doch würde uns ohne denselben das Gehen sehr schwer werden, denn wir müßten
sonst immer die ganze Last unserer Beine mit den Muskeln
heben; eine Arbeit die uns der Luftdruck abnimmt. Unsere
Schenkel nehmlich und auch die Arme endigen oben mit
Kugelgelenken, welche in halbkugelförmigen Pfannen sitzen.

Die Oeffnung der Pfanne ist beim Schenkel natürlich nach unten; setzt man nun das dazu passende Kugelgelenk ein, so hat dies darin keinen Halt und würde herausfallen. Wäre die Pfanne ein größerer Kugeltheil als nur eine Halbkugel, so daß sie das Kugelgelenk mehr als um die Hälfte umfaßte, so hätte letzteres dadurch allerdings einen Halt, aber es könnten dann nicht die Bewegungen nach allen Richtungen hin geschehen. Die Halbkugelform der Pfanne ist daher zur freien Bewegung nothwendig; aber dann müßte das Kugelgelenk mit starken Muskelbändern an den Rumpf befestigt sein, damit es nicht aus der Pfanne herausfiele, und diese Muskelbänder müßten das ganze Gewicht des Beins tragen. Wenn man, auf einem Beine stehend, das andere etwas hebt und senkrecht herunterhängen läßt, so müßten diese Muskelbänder straff angezogen sein, um das Bein zu halten, daß es nicht aus der Pfanne herausfiele; dieses straffe Aufspannen der Muskelbänder müßte nun fortwährend stattfinden, da immer abwechselnd das eine und das andere Bein eine kleine Zeit so hängen muß. Dabei würde die Kraft dieser Muskeln bald ermüden; aber der Vorgang ist nicht so, der Luftdruck hilft. Die Muskelbänder sind allerdings vorhanden, aber sie haben nur den Zweck, dem Kugelgelenk die Richtung zu geben, nicht das Bein zu tragen; deshalb sind sie auch, wenn man das Bein etwas gehoben herunterhängen läßt, keineswegs straff angespannt, sondern bleiben schlaff. Das Bein aber wird durch den Luftdruck in die Pfanne hineingedrückt; diese Pfanne nehmlich ist eine ganz glatte Höhle mit einer schlüpfrigen Flüssigkeit, worin das Kugelgelenk luftdicht einsitzt; da in dieser Pfanne keine Luft ist, also von innen kein Gegendruck stattfindet, so hält der äußere Luftdruck das Gelenk in der Pfanne fest, ohne daß die Muskelbänder mit

zu tragen hätten. Man hat das an Leichnamen genau
nachgewiesen; man hat die Beine herunterhängen lassen
und um die Gelenke alle Muskeln und das Kapselgewebe
losgelöst, so daß das Bein in der ungeschlossenen Pfanne
frei hing; es fiel nicht aus der Pfanne heraus, obgleich es
durch nichts Sichtbares daran verhindert wurde. Sobald
man aber seitwärts in die Pfanne ein kleines Loch bohrte,
durch welches Luft hinein konnte, fiel es sogleich; setzte
man das Gelenk wieder ein und verstopfte dann das Loch,
so hing das Bein wieder fest, bis man das Loch wieder
öffnete.

Wir haben bisher gesehen, wie die Luft vermöge ihres
Druckes überall eindringt, wo sie einen noch unerfüllten
Raum findet, wie sie dabei Manches thut, was den Menschen wohl unbequem ist, wie sie uns aber gerade dadurch
auch die wichtigsten und unentbehrlichsten Dienste leistet.
Wir achten nun auf eine andre Wirkung des Luftdrucks.
Wo nehmlich die Luft nicht eindringen kann, da stellt sie
sich doch oft davor und hält Wache, daß etwas Andres
nicht heraus kann. Was wir so eben von dem Kugelgelenk des Schenkels in der Pfanne gehört haben, war
schon ein Beispiel, das hierzu überleitete. Wenn die Luft,
so sahen wir, etwa durch eine Seitenöffnung in die Pfanne
eindringen kann, so fällt das Bein heraus; kann sie nicht
eindringen, so verhindert der äußere Luftdruck das Herausfallen desselben. Solchen Wachtdienst verrichtet sie man-
nigfaltig. Man hat etwa eine mit Flüssigkeit gefüllte Flasche
mit sehr enger Oeffnung; man will schnell etwas heraus-
gießen, aber der Luftdruck leidet es nicht, er stemmt sich
in der Oeffnung gegen die Flüssigkeit, daß nichts herauskann. Man muß dann hübsch sanftmüthig verfahren, nicht
so hastig; man muß die Flasche so wenden, daß nur ein

3 *

wenig Flüssigkeit auf einmal herauskann und in der Oeffnung noch ein kleiner Kanal frei bleibt, wo die Luft hinein-
schlüpfen kann; in dem Maaße, als sie hineinkann, läßt
sie dann auch die Flüssigkeit hinaus, anders aber nicht.
Das ist einem, wenn es schnell gehen soll und man eben
noch nicht viel Geduld gelernt hat, wohl sehr unangenehm;
aber zuletzt weiß der Mensch auch dem Unangenehmen noch
eine vortheilhafte Seite abzugewinnen; er benutzt diesen
Umstand zu einem sehr nützlichen Instrument, um Flüssigkeiten, Spiritus, Wein und dgl. leicht aus einem Faß heraus-
zuheben, dem sogenannten Stechheber; dessen Einrichtung
ja bekannt genug ist und der in vielfachen Abänderungen
so mannigfach angewendet wird.

Aber keineswegs blos bei kleinen Oeffnungen versieht
die Luft den Dienst eines Wachtpostens; sie verhindert auch
in ganz offenen Gefäßen theilweise wenigstens den freien
Austritt der Flüssigkeiten und ist in dieser Weise selbst bei
großen Wasserflächen in Seen und Meeren fortwährend
beschäftigt. Das Wasser, wie auch andere Flüssigkeiten, hat
nehmlich an seiner Oberfläche immer das Bestreben, in die
weite Welt zu entfliehen, nehmlich sich in luftförmigen
Wasserdunst aufzulösen und in den Himmelsraum aufzusteigen. Man nennt diesen Vorgang die Verdunstung,
und in einem späteren Vortrage werden wir noch ausführlicher davon reden. Diese Verdunstung findet auch wirklich fortwährend statt, aber sie würde ungemein schneller
erfolgen, wenn das Wasser nicht vom Luftdruck im Zaum
gehalten würde; die Wassertheilchen werden an der Oberfläche, wo sie entfliehen wollen, durch den Druck der Luft
zusammengehalten, so daß sie nur langsam und in geringer
Zahl entschlüpfen können. Wenn die Luft mit ihrem Druck
nachläßt, z. B. wenn sie unter der Glocke der Luftpumpe

verdünnt wird, so machen sich das die Wassertheilchen, die nun freier aufathmen können, sogleich zu nutze und eilen in großer Menge schnell davon. Welch' ein schnelles Verdunsten würde nun stattfinden, wenn gar kein Luftdruck da wäre; wie bald würden kleine Mengen von Flüssigkeiten ganz verschwinden, daß man nicht wüßte, wo sie geblieben wären! Freilich, wenn es geregnet hat und die Straßen naß sind, und man möchte gern trocknen Fußes spazieren gehen, so brauchte man nicht so lange zu warten, bis man wieder trockenes Straßenpflaster hat; aber Deine Blumentöpfe am Fenster müßtest Du doch viel öfter begießen, denn die Erde darin würde immer sehr schnell trocken werden.

Und mit dem Fleisch zum Mittagessen hätte man auch mehr Umstände, um es weich und gar zu bekommen; in der gewöhnlichen Weise, wie man es kocht, ginge es ohne Luftdruck wohl gar nicht. Und zwar darum nicht, weil das Wasser, worin man es gar kochen will, dann zu schnell in's Kochen kommen würde. Das scheint doch nun ein ganz absurder Widerspruch zu sein; Du meinst: je schneller zum Kochen, desto besser, desto eher wird das Fleisch gar. Aber weit gefehlt! Du könntest dann vielleicht Tage lang kochen und bekämst es doch nicht weich.

Die Sache ist sehr einfach; das Fleisch braucht zum Garwerden eine gewisse Wärmemenge; beim gewöhnlichen Luftdruck fängt das Wasser an zu kochen, wenn es 80 Grad Réaumur Wärme hat; diese Wärme empfängt also auch das Fleisch, das in dem Wasser ist. Läßt man nun den Fleischtopf offen und kocht fort, so bleibt immer dieselbe Temperatur von 80 Grad, nicht im geringsten mehr, wenn man auch ein wahres Höllenfeuer darunter macht. Denn bei 80 Grad geht das Wasser in Dunst über, dieser entflieht und nimmt alle überflüssige Wärme mit fort. Aber diese Wärme ist auch hinreichend, um das Fleisch gar zu machen. Anders aber wäre es, wenn der Luftdruck fehlte; wenn dann das Wasser nicht mehr den Druck des gewaltigen Tyrannen, der es zusammenhält, über sich fühlt, so gewinnt es schon bei weit geringerer Wärme so viel Begeisterung und Flugkraft, daß es in seiner ganzen Masse anfängt, sich in Dunst aufzulösen, Blasen zu werfen und in dichten Dampfströmen in die Weite zu fliehen. Es kocht und brauset und siedet und zischt dann schon bei 30, bei 20, bei 10 Grad und bei noch geringerer Wärme. Man kann das Experiment mit einer Luftpumpe leicht machen. Eine höhere Temperatur kann es dann nicht annehmen, und das Fleisch, das darinnen liegt, auch nicht. Diese Wärme macht das Fleisch aber nicht gar. So leistet uns der Luftdruck beim Kochen sehr wesentliche Dienste.

Nun sollte man meinen, wenn der Luftdruck noch stärker wäre, so müßte das Kochen noch besser von Statten gehen. Allerdings ist es auch so in vielen Fällen, doch nicht in allen. Wo es gilt, etwas recht Hartes weich zu kochen, wo also eine große Wärme nöthig ist, da ist ein stärkerer Druck immer vortheilhaft; denn je mehr das Wasser unter Druck gehalten wird, desto mehr Wärme muß es erst in sich aufnehmen, ehe es zum Kochen kommt und damit seinen unter diesen Umständen höchsten Wärmegrad erreicht. Und solchen höhern Druck kann man allerdings hervorbringen, wenn man die beim Kochen entstehenden Dämpfe nicht fort läßt, sondern mit in Dienst stellt; sie sind die Reservetruppen, die herangezogen werden müssen, wenn es sich um große Wirkung handelt. Man muß also den Topf mit einem gut passenden Deckel verschließen, daß die Dämpfe nicht herauskönnen, wenigstens zum Theil nicht. Sie üben nun auch ihrerseits einen Druck auf das Wasser und machen also mit dem Luftdruck ein Compagnie= geschäft mit verstärkten Fonds. Die Folge davon ist, daß unter diesem verstärkten Druck das Wasser aufhört zu kochen, bis es erst so viel Wärme aufgenommen hat, um nun auch den stärkeren Feind überwinden zu können. So kann man bei gutem Verschluß dem Wasser immer höhere Temperatur geben, was im offnen Gefäße nicht möglich ist. Wenn nur das Gefäß den gewaltigen Druck der Dämpfe aushält! Für einen freien Abzug, wenn sie zu mächtig werden, muß man freilich sorgen. — Wenn man etwa Knochen weich kochen will, so muß man freilich solchen verstärkten Druck zu Hülfe nehmen. — Man sieht aber hieraus, daß man auch, wo der Luftdruck an sich schon geringer ist, wie auf hohen Bergen, dennoch durch Ver= schluß der Töpfe dem Wasser die nöthige Wärme geben kann.

Aber in vielen Fällen wäre ein größerer Druck beim Kochen eine ganz unnütze Quälerei, oft sogar sehr nach= theilig. Wenn die gewöhnliche Wärme des kochenden Wassers zur guten und schnellen Bereitung der Speisen hinreicht, wozu soll man da künstlicher Weise durch ver= mehrten Druck eine größere Wärme hervorbringen und noch dazu unnütz das theure Holz verbrennen! Die Speisen möchten dabei leicht zu weich werden oder gar anbrennen. Und für die meisten und gewöhnlichen Fälle ist die Wärme von 80 Grad gerade die richtige. Es ist eben in der Natur Alles so eingerichtet, daß die Zustände und Ver= hältnisse für den gewöhnlichen Verlauf gerade zu einander passen, und daß nur für besondere Fälle der Mensch Hülfs= mittel hinzunehmen muß, die ihm freilich die Natur eben= falls bietet.

Zu diesen besonderen Fällen gehören auch diejenigen, bei welchen der Luftdruck oder die dadurch hervorgebrachte Wärme beim Kochen zu groß ist. Da müssen dann anderweitige Vorrichtungen den Druck mindern. So geschieht es z. B. bei der Fabrikation des Rübenzuckers. Es kommt darauf an, aus dem zuckerhaltigen Rübensaft die Wassertheile schnell verdampfen zu lassen, damit man den Zucker zurückbehält. Geschieht dies unter gewöhnlichem Luftdruck, so muß der Saft eine Wärme von 80 Grad erhalten, damit die Wassertheile in's Sieden kommen und als Dampf von den Zuckertheilen Abschied nehmen, mit denen sie bisher in so inniger Verbindung ihren Lebensgang auf dem Felde bis in die Fabrik hinein gemacht hatten. Der Zuckersaft aber, von seinem leichteren und flüchtigeren Freunde verlassen, kann dann in seinem zäheren Zustande der Macht des Feuers nicht so leicht mehr widerstehen und geräth in Gefahr, anzubrennen. Davor muß er geschützt werden; man muß sehen, mit guter Manier die Wassertheile dahin zu bringen, daß sie sich schon bei einer Temperatur verabschieden, die dem verlassenen Bruder nicht nachtheilig wird. Da nimmt man denn als Vermittlerin die Luftpumpe zu Hülfe. Der Saft wird in einem verschlossenen Gefäße gekocht, an welchem eine große Luftpumpe so angebracht ist, daß sie über dem Saft sowohl den Druck der Luft als die entstehenden Wasserdämpfe sogleich zum großen Theil fortnimmt. Dabei erreicht der Saft keine höhere Temperatur als etwa 40 Grad und ist so vor dem Anbrennen gesichert, während die Wassertheile schnell fortgeführt werden.

So muß sich der Luftdruck gefallen lassen, abgesperrt zu werden, wo er schädlich wirkt, während er sonst beim Kochen ein hülfreicher Geselle ist.

Wir haben bisher von den Wirkungen gesprochen, die eine Folge des Luftdrucks sind, ohne sonderlich auf die verschiedene Stärke des Luftdrucks in den verschiedenen Höheschichten Rücksicht zu nehmen. Der Luftdruck aber ist, wie wir schon im ersten Vortrage sahen, in den verschiedenen Höheschichten auch ein sehr verschiedener, und in Folge davon ist auch die Dichte der Luft sehr verschieden. Diese verschiedene Dichte übt nun mannigfachen Einfluß auch auf andere Verhältnisse aus, namentlich auf die Verhältnisse des Schalles, der Wärme und des Lichtes.

Wir achten zunächst auf die Schallverhältnisse. Für diese ist ja die Luft das eigentliche Fortpflanzungsmittel; für die Lichtstrahlen oder die Lichtschwingung ist die Luft, wie wir nachher sehen werden, eigentlich nur ein Hinderniß, das uns jedoch mannigfach zu Gute kommt; sonst bedarf das Licht der Luft nicht, in einem luftleeren Raum geschieht die Fortpflanzung desselben um so ungehinderter. Aber ein Schall kann sich in einem luftleeren Raum nicht fortpflanzen, er muß darin sterben so gut wie der Mensch. Er ist ja eben das Resultat der Schwingungen irgend eines Körpers, welche erst die Luft und durch diese dann auch das Trommelfell unseres Ohres in ähnliche Schwingungen bringen. Doch kann er seine Schwingungen auch sehr gut in festen und flüssigen Körpern fortpflanzen. Da er auf diesem Wege aber sehr viele Unterbrechungen erleiden würde, so bleibt die Luft immer sein Hauptelement. Daß dabei der Druck oder die Dichte der Luft eine Hauptrolle mitspielen, versteht sich wohl von selbst. Zunächst ist ja klar, daß von der größern oder geringeren Dichte der Luft die Stärke des Schalles abhängen muß. Die Geschwindigkeit und die Ausdehnung der Tonschwingung, durch welche die Höhe oder Tiefe des

Tones bewirkt wird, wird dadurch nicht behindert; aber das ist einleuchtend, daß unser Trommelfell zwar nicht in schnellere aber in stärkere Bewegung kommen muß, wenn die Schwingungen einer dichten Luft, als wenn die einer dünnern an dasselbe anstoßen. Daher ist die Stärke eines Schalles in niedern und in höhern Luftschichten so sehr verschieden. Ein Pistolenschuß auf hohen Bergen giebt einen viel schwächeren Knall als unten; Luftschiffer müssen, wenn sie eine große Höhe erreicht haben, sehr stark sprechen, wenn sie sich einander verständlich machen wollen, weil die dünnere Luft nur eine geringe Bewegung des Trommelfells verursacht.

So ist es auch klar, daß die geräuschvollsten Explosionen, die hier auf der Erde stattfänden, über unsere Atmosphäre hinaus nicht mehr gehört werden könnten, und daß ebenso der gewaltigste Schall von andern Himmelskörpern nimmermehr zu uns zu bringen vermöchte, weil dazwischen die zur Fortpflanzung des Schalls nöthige Luft fehlt. Wir sehen sie, aber nimmer können wir etwas von ihnen hören, und wären sie uns auch noch hundert Mal näher als der Mond. Die Lichtschwingungen gehen durch den ganzen Weltraum hin und sind eilende Boten von einem Weltkörper zum andern; aber die Schallschwingungen haben über den Weltkörper, dem sie angehören, hinaus keine Bestellung zu machen. Sie sind blos die Hausdomestiken, während die Lichtschwingungen den Courierdienst zwischen den Welthöfen besorgen.

Auch jede Aenderung in dem Druck der Luft macht sich für die Stärke des Schalles sehr bemerklich; so kann man im Winter, überhaupt in der Kälte, weil dann die Luft dichter ist, einen Schall bedeutend weiter hören, als in der warmen Jahreszeit. So pflanzt sich auch in der Nacht

ein Schall stärker fort, als am Tage, auch abgesehen von
der sonstigen nächtlichen Stille; die Hauptursache ist die
größere Gleichmäßigkeit in der Dichte der Luft, die zur
Nacht mehr statt findet, als am Tage. Bei Tage nehmlich
wird die Luft überall, wo die Sonnenstrahlen sie unmittelbar
treffen, mehr erwärmt und verdünnt, als an schattigen
Stellen. So findet dann in der Luft ein großer Wechsel
von dichten und dünneren Luftschichten statt, und der Schall
muß diese wechselnden Stationen passiren. Dieser Wechsel
aber gerade ist es, den er nicht vertragen kann und wodurch er abgemattet wird; er macht seine Wanderung am
besten, wenn er immer in einem gleich dichten Mittel
bleiben kann. Beim Uebergange aus einem dünnen in ein
dichteres Mittel oder umgekehrt wird ein Theil zurückgeworfen und nur ein schwächerer Theil setzt die Reise fort;
geschieht dieser Uebergang häufig, so ist er bald ganz ent-
kräftet. (Darum wird ein Schall auch weit eher geschwächt,
wenn er seinen Weg durch zwei Thüren, als wenn er ihn
nur durch eine zu nehmen hat, wäre diese eine auch viel
dicker als jene beiden zusammen.)

Dabei macht es aber wieder noch einen Unterschied, ob
der Schall aus dichter in dünnere Luft eintritt, oder umgekehrt. Ist das erstere der Fall, so geht nicht soviel durch
Zurückwerfung verloren; muß aber der Schall aus dünner
Luft in dichtere eintreten, so wird von der dichteren Luft
ein großer Theil zurückgeworfen und nur ein schwacher
Theil pflanzt sich in der dichtern Luft fort. Darum kann
man es viel besser hören, wenn Jemand von unten zu
uns hinauf ruft, als wenn er von oben (aus der dünnern
Luft) zu uns hinab (in die dichtere Luft) ruft; und auf
Bergen hört man besser ein Geräusch, das unten im Thal

ist, als umgekehrt unten im Thal einen Schall, der von
der Höhe des Berges herkommt.

Wir richten nun ferner unsere Aufmerksamkeit auf den
Einfluß, den die verschiedene Dichte der Luft auf die
Wärmeverhältnisse der Erde ausübt. Daß es auf den
Bergen kälter ist als in den Thälern, ist eine allbekannte
Sache; aber der Grund dieser Erscheinung ist keineswegs
ebenso allgemein bekannt. Die meisten Menschen sind eben
nicht gewohnt, den Gründen viel nachzuforschen. Sie
wissen, wenn sie eine Gebirgsreise machen und hohe Berge
ersteigen, so müssen sie einen Ueberzieher oder ein gutes
Umschlagetuch mitnehmen, damit sie sich oben nicht er-
erkälten. Denn dort oben ist es kalt; es ist so, das Warum
kümmert sie nicht. Es ruht vielleicht eine dunkle Vor-
stellung darüber in ihrer Seele; und wenn man sie fragte,
würden sie etwa antworten: Nun, hier unten ist man durch
die umliegenden Gegenstände mehr geschützt, oben aber ist
Alles frei, man ist dem Winde von allen Seiten ausge-
setzt; dagegen muß man sich verwahren!

So schreibt man einem Nebenumstande, der in vielen
Fällen wohl zur Ermäßigung der Temperatur etwas mit-
wirken kann, die Hauptaction zu. Aber wenn man nun
höher hinaufkommt, auf Gebirge, deren Gipfel hoch über
die Wolken hinausragen; wenn man sieht, daß es dort der
Natur so an der Lebenswärme fehlt, daß sie kein Getraide
mehr zur Reife bringen kann, daß kein Baum mehr sein
Haupt kühn erheben und seine Arme in die Luft hinaus-
strecken kann, sondern daß er als dürftiges Knieholz
mit seinen Zweigen an der Erde entlang kriechen muß,
um am Busen der Mutter die zum Leben nöthige
Wärme zu empfangen, die er in der Luft nicht finden
kann; wenn man noch höher hinauf sich auch vom geringsten

Graswuchs und vom dürftigsten Moose verlassen sieht, wenn
der Fuß nur über ewigen Schnee und über zerklüftete Eis-
felder dahinschreitet: wie, ist das Alles auch nur eine Folge
davon, daß es dort oben freier ist und der Wind ungehindert dahin wehen kann? Man erkennt leicht das Unge-
reimte solcher Ansicht!

Die Hauptwärmequelle für die Erde ist die Sonne; die
Sonnenstrahlen müssen aber einen Gegenstand finden, der
die Wärme in sich aufnehmen kann; durch den leeren Weltraum gehen sie hindurch, ohne ihn zu erwärmen. Hätte
unsre Erde keine Luftatmosphäre, oder wäre die Luft vollständig durchlassend für die Wärme, so daß sie keine Wärme
absorbiren, verschlucken, in sich aufnehmen könnte, so wäre
Alles auf der Erde vor Kälte erstarrt. Die Erde selbst
würde zwar durch die Sonnenstrahlen erwärmt, aber nicht
der Raum um sie her; und da auch die zur Nachtzeit von
der Erde wieder ausstrahlende Wärme unmittelbar über der
Oberfläche der Erde keinen Gegenstand fände, daran sie
haften könnte, so strömte auch diese gleich wieder in den
kalten Weltraum hinaus, und die ganze Erde wäre von
einem kalten Raum umhüllt, in welchem kein Pflanzenleben
gedeihen könnte. Die Atmosphäre ist also zugleich eine
Wärmehülle, ein warmer Mantel, den sich die Mutter
Erde umgehängt hat.

In dieser Beziehung thut sie zweierlei Dienst; zunächst
nimmt sie von den Wärmestrahlen, welche die Sonne durch
sie hinsendet, einen Theil der Wärme in sich auf, nicht alle,
denn sie will der festen Oberfläche der Erde auch ein gut
Theil zukommen lassen; sie begnügt sich, wenn man sich
die ganze durchstrahlende Wärme in 10 Theile zerlegt denkt,
mit drei solcher Zehntel. Die andern sieben Zehntel ge-
langen bis zur Erde und erwärmen diese. Indem die Erde

nun, sobald die Sonne sich senkt oder ganz untergeht, die
empfangene Wärme zum Theil wieder ausstrahlt, beginnt
der zweite Dienst der atmosphärischen Hülle; sie nimmt einen
großen Theil dieser Wärme in sich auf, daß sie nicht in
den Weltraum entfliehen kann, sondern den Kindern der
Erde wieder zu Gute kommt. Und zwar absorbirt sie von
dieser Wärme einen verhältnißmäßig größern Theil, als
von den Sonnenstrahlen, die zuerst den Weg durch sie
nahmen; denn sie hat für die Wärme, die aus einem dunklen Körper, wie die Erde, ausstrahlt, mehr Anziehungs-
vermögen, als für die Wärmestrahlen der leuchtenden Sonne.
Sie gleicht darin den verschämten Armen, die auch lieber
im Verborgenen nehmen, als bei hellem Tage. Aber was
sie empfängt, verwendet sie wieder zum Segen der Erde;
ja sie giebt es ihr oft sogar unmittelbar wieder zurück;
denn sobald die Erde kälter wird als sie, strahlt sie die
Wärme von den untern Schichten wieder zur Erde hin.
Das ist ein gegenseitiges Nehmen und Geben, ein Borgen
und Wiederzurückerstatten, wie es gerade einem Jeden noth
thut. Doch ein Theil wird auch anderswohin verausgabt;
die untern Schichten strahlen die Wärme, die sie von der
Erde aufgenommen haben, nicht blos nach unten, sondern
auch nach oben hin zu den andern Luftschichten, und die
obersten derselben strahlen dann einen kleinen Rest noch in
den Weltraum hinaus, wo er für die Erde verloren geht.
Wie gering es auch sein mag, es würde zuletzt doch ein
bedeutendes Deficit für die Erde daraus werden, wenn
nicht täglich die Sonne wieder neuen Zuschuß brächte, so
daß beim Rechnungsabschluß immer Ausgabe und Ein-
nahme einander Balance halten. *)

---

*) Es bleibt immer das Gleichgewicht zwischen beiden, denn die

Es ist also die Luft, welche die Wärme in sich aufnimmt, sowohl die unmittelbar von der Sonne kommende,
als auch die von der Erde zurückstrahlende Wärme. Die
Luft hat nun überall gleiches Absorbtionsvermögen für die
Wärme, d. h. ein jedes Pfund Luft nimmt beim Durchgehen der Wärmestrahlen eine gleiche Portion Wärme in
sich auf; die Luft in der obern so viel wie die Luft in den
unteren Schichten. Aber in den obern Schichten ist die
Luft dünner, ein Pfund nimmt darin einen größeren Raum
ein, als unten; die darin enthaltene Wärme ist also auf
einen größern Raum vertheilt. So gewiß nun ein großer
Saal, in welchen nur dieselbe Wärmeportion gebracht wird,
wie in ein kleines Zimmer, kälter ist als letzteres, so gewiß
und in derselben Folgerung ist es in den obern Schichten
der Atmosphäre kälter als in den unteren. Wenn man
ein Pfund der obern Luft so zusammenpreßt, daß es einen
eben so kleinen Raum einnimmt, als ein Pfund der untern,
so hat sie dieselbe Wärme als letztere; wir haben schon im
vorigen Vortrage gesehen, daß man sie so zusammenpressen
kann, daß sich Feuerschwamm darin entzündet. Ebenso
muß sie aber auch kälter werden, je mehr sie sich ausdehnt
oder je dünner sie wird. Darum wird es kälter, je höher
man kommt.

Der Vortrag über die Luftschifffahrt wird uns von der
großen Kälte in den höhern Regionen manches traurige
Beispiel erzählen.

Auf Bergen ist es indessen nicht so kalt; als wenn man
in gleicher Höhe frei im Luftballon schwebt. Der Berg
selber nimmt ja einen großen Theil Wärme von den

---

Erde nimmt nicht mehr Wärme von der Sonne auf, als sie ausstrahlt.
Sie hat schon seit Jahrtausenden diesen Gleichgewichtszustand erreicht.

Sonnenstrahlen auf und erwärmt damit auch, theils durch Berührung, theils durch Ausstrahlung die ihn umgebende Luft.

Ueberhaupt aber ist es in den oberen Schichten nicht ganz so kalt, als es im Verhältniß der Luftverdünnung sein müßte. Es findet auch hier wie im Menschenleben doch einige Ausgleichung statt. Die höheren Schichten der Gesellschaft können sich auch nicht so ganz gegen die andern absperren, daß nicht von unten her so manche Elemente in sie eindrängen, und das gewiß zu ihrem Segen; es kommt wohl manche regenerirende Kraft und manche Wärme der Begeisterung mit hinauf. Auch in der Atmosphäre bringt außer der schon genannten Ausstrahlung noch andre Wärme nach oben. Die unten erwärmten Luftschichten steigen auf und bringen Wärme mit. Die Wolkendecke wirkt ähnlich, wie die Decke eines Zimmers, sie hält die Wärme etwas auf und hindert theilweise die Ausstrahlung nach den noch höhern Schichten. Aber auch ganz heimlich als Contrebande wird nicht unbedeutende Wärme nach oben hin spedirt. Diese Schleichhändler sind die Wasserdünste, die sich von unten erheben; um sich in gasförmigem Zustande zu erhalten, brauchen sie sehr viel Wärme, die man ihnen aber gar nicht anmerkt; die Wärme hat sich versteckt, wie die Franzosen sagen und wie es die Schmuggler mit ihrer Contrebande auch thun. Die deutschen Physiker sagen, sie sei gebunden. Wenn diese Dünste nun in den oberen kälteren Regionen zu Wasser werden und Wolken bilden oder als Regen niederfallen, so lassen sie die Wärme frei, und diese giebt dann ihren Beitrag zur Erwärmung der oberen Schichten.

Außerdem gestattet auch die reinere Luft auf den Bergen ein kräftigeres Eindringen der Sonnenstrahlen, so daß im

Sonnenſchein die Gegenſtände oben verhältnißmäßig mehr erwärmt werden, als unten in der unreinen Luft. So kommen mancherlei Umſtände zuſammen, um die großen Unterſchiede wenigſtens etwas auszugleichen und weniger fühlbar zu machen. Es geht aber durch die ganze Natur ein ſolcher heilſamer Drang nach Ausgleichung; und auch im Menſchenleben fangen an die künſtlichen Schranken, die eine frühere Zeit gegen eine ſolche Ausgleichung aufgeſtellt hat, allmählig zu fallen.

Der folgende Vortrag wird uns das Weitere vor Augen führen, was in Beziehung auf den Einfluß des Druckes und der verſchiedenen Dichte der Luft noch zu beachten iſt.

––––––––

# Dritter Vortrag.

## Fortsetzung des Vorigen. Wirkungen des Druckes und der verschiedenen Dichte der Luft.

———

Wir haben in dem vorigen Vortrage mancherlei Gebiete durchwandert, auf denen sich der Luftdruck und die verschiedene Dichte der Luft von großem Einfluß zeigte. Indem wir diese Wanderung fortsetzen, ziehen zunächst die Lichtverhältnisse der Atmosphäre unsere Aufmerksamkeit auf sich. Auch hier zeigt sich jener Einfluß als ein bedeutender.

Wie für Wärme, so ist die Luft auch für die Lichtstrahlen nicht ganz durchlassend, nicht vollständig durchsichtig; beim Durchgehen der Lichtstrahlen durch die Atmosphäre werden auch etwa drei Zehntel zurückgehalten. Und dies ist noch der günstigste Fall, wenn nehmlich das Licht senkrecht durch die Atmosphäre zur Erde kommt, wie z. B. von Sternen, die im Scheitelpunkt (Zenith) stehen. Kommt das Licht schräg von tiefen, mehr nach dem Horizont hin befindlichen Lichtquellen, wobei es einen längern Weg durch die untern dichtern Luftschichten nehmen muß, so ist der Lichtverlust viel bedeutender, selbst ein doppelter und dreifacher. Ein Stern glänzt demnach desto heller, je höher er am Himmel aufsteigt. Und wiederum heller erscheint er, wenn man man ihn von einem hohen Berge aus sieht. Denn in dieſem Fall gehen die Lichtſtrahlen nur durch die obere dünnere Luft; iſt der Berg etwa 16,000 Fuß hoch, ſo hat man nur noch die Hälfte der ganzen Luftmaſſe über ſich. Aber nicht blos nach oben, ſondern auch nach anderen Richtungen hin iſt in größeren Höhen die Luft durchſichtiger, weil ſie dünner iſt; man kann daher die Gegenſtände in größerer Entfernung und klarer ſehen. Doch ändert ſich auch an einem und demſelben Orte die Durchſichtigkeit der Luft durch mancherlei andre Umſtände, die wir hier nicht zu berückſichtigen haben und deren Wirkung zum Theil auch noch nicht ganz erforſcht iſt.

Dieſe theilweiſe Abſorption der Lichtſtrahlen durch die Luft iſt nun für unſre irdiſchen Lichtverhältniſſe eben ſo günſtig, wie die Wärmeabſorption für die Temperaturverhältniſſe.

Eine Folge dieſer Lichtabſorption iſt ja die, daß jedes Lufttheilchen, welches das Licht aufhält, nun auch das Licht nach allen Seiten hin zurückwirft und verbreitet. So wird, wenn die Sonne durch die Atmoſphäre ſcheint, das darin aufgehaltene Licht von einem Lufttheilchen zum andern verbreitet, ſo daß das ganze Himmelsgewölbe hell erſcheint, und dieſe Helligkeit nun auch von allen Seiten her auf die Oberfläche der Erde fortgepflanzt wird. Denkt man ſich eine ſchwarze Wand und vor derſelben ein Licht ſtehend, ſonſt aber keinen anderen Gegenſtand umher, ſo wird man (natürlich im Finſtern) aus einiger Entfernung nichts als den einen Lichtpunkt ſehen, rings umher Alles ſchwarz. Stellt man nun in einigem Abſtande vor dem Licht eine große Tafel von matt geſchliffenem Glaſe hin, oder von Milchglas, wie man es zu den Lampenglocken verwendet, ſo wird die ganze Tafel erleuchtet erſcheinen, weil das in ihr beim Durchgange der Strahlen zurückgehaltene Licht

4 *

von jedem Theilchen der Glastafel reflectirt und weiter
verbreitet wird. Die Glastafel bildet gleichsam einen Lichtvorhang oder Lichtschirm, durch den man zwar den Lichtpunkt selbst weniger hell sieht, die Helligkeit aber eine große
Verbreitung findet. Eine ganz durchsichtige Glasscheibe
würde solche Wirkung nicht haben. Einen solchen Lichtvorhang bildet nun die Atmosphäre; ohne die lichtabsorbi-
rende Eigenschaft derselben würde das ganze Himmelsgewölbe schwarz erscheinen und auf demselben nur als einzelne leuchtende Punkte die Sonne und die Sterne. Eine
Tageshelle gäbe es dann nicht, d. h. man würde am Tage
wohl im Lichte wandeln überall, wo man von den Sonnenstrahlen unmittelbar getroffen würde, aber nicht, wo
durch irgend einen Gegenstand, durch einen Berg oder Baum
oder eine Stubenwand das directe Sonnenlicht abgehalten
würde, denn dort wäre überall der tiefste, durch nichts er-
hellte Schatten. In unsern Stuben wäre es nur dann
und in so weit hell, als die Sonne direct hineinstrahlt.
Durch den Lichtvorhang der Atmosphäre aber wird das
Licht so nach allen Seiten hin verbreitet, daß es auch von
allen Seiten her zu uns bringen kann, als wäre das ganze
Himmelsgewölbe selbst die Lichtquelle. Und da die Atmosphäre die ganze Erde umhüllt, für unsern Standpunkt
also nicht blos über uns, sondern gleichsam eine nach allen
Seiten hin uns ringsum einschließende Wand bildet, so
wirft sie uns auch ringsum das Licht zu und erleuchtet
uns selbst und alle Gegenstände von allen Seiten. Ohne
diese Lichtatmosphäre würden alle Gegenstände auch im
hellsten Sonnenschein nur auf der einen Seite hell, auf
der andern schwarz erscheinen.

Denken wir uns in finstrer Nacht auf ebenem freien
Felde ein Feuer oder eine sehr stark leuchtende Lampe.

Man sieht in einiger Entfernung nichts als die leuchtende Kugel der Lampe, sonst Alles schwarz und finster. Denn so stark ist das Licht der Lampe nicht, daß sie in der umgebenden Luft eine merkliche Lichtverbreitung hervorbringen könnte; die Wirkung der Luft ist für dies Lichtverhältniß so gut wie gar nicht vorhanden. Nun sitzen um die Lampe herum einige Männer; so weit sie von der Lampe direct beschienen werden, werden sie uns sichtbar, alles Andre bleibt finster. Jetzt aber wird eine große Zeltwand um die Gruppe herum aufgestellt, und nur etwa eine Oeffnung für uns gelassen, durch die wir hineinschauen können: und siehe, mit einemmal ist der ganze innere Raum hell erleuchtet, die Personen sind von allen Seiten im hellem Lichte. Woher die Verwandlung? Die Zeltwand fängt das Licht der Lampe auf und wirft es wieder zurück und verbreitet es nach allen Seiten hin. Diesen Dienst der Zeltwand leistet uns Erdenbewohnern die Atmosphäre.

Aber auch hierin macht die verschiedene Dichte der Luft einen Unterschied; auf hohen Bergen, wo die Luft dünner ist, ist auch der atmosphärische Lichtvorhang dünner, es wird nicht so viel Licht allerwärts verbreitet, die Tageshelle ist daher dort schwächer, während das unmittelbare Licht der Sonne heller ist. In den Stuben, wohin nicht direct die Sonne scheint, ist es daher dort weniger hell als unten.

Auch für die Farbe des Himmels ist die verschiedene Dichte der Luft von großem Einfluß. Bekanntlich hat sich die Natur beim Anstrich des Himmels unsere preußische Militairfarbe zum Muster genommen, nur daß sie zu Zeiten und in manchen Gegenden schon etwas verschossen ist. In andern trifft man sie noch ganz ächt an. Die blaue Färbung ist der Luft ganz eigenthümlich, d. h. sie hat wie alle blauen Gegenstände die Eigenschaft, besonders die blauen Strahlen des Sonnenlichts zu reflectiren. Die einzelnen Luft-theilchen haben diese Färbung nur schwach, so daß man sie nicht erkennen kann; nur in Masse tritt sie recht intensiv hervor. Es ist wie mit einem ganz schwach gefärbten blauen Flor; an einem einfachen Stücke sieht man die Farbe kaum; legt man aber recht viele Stücke übereinander, so tritt die Farbe immer stärker hervor. Demnach muß an tief gele-genen Orten, wo man die ganze Höhe des Luftmeers über sich hat, die blaue Farbe des Himmels am stärksten sein. So ist es auch allerdings bei ganz reinem klaren Himmel; dessen erfreuen sich aber meist nur die wärmeren Länder, besonders Italien und Persien, deren tief blauer Himmel von allen Reisenden gerühmt wird. Durch die in der Luft schwebenden Wasserbläschen, besonders wenn sie nahe daran sind, in Wasser überzugehen, wird die blaue Farbe mehr in Grau verwandelt. Deshalb erscheint die blaue Farbe oben am Himmelsgewölbe immer klarer, als nach dem Ho-rizonte zu, wo das Licht seinen Weg durch mehr Wasser-dämpfe nehmen muß; und darum erscheint bei uns der Himmel im Sommer mehr blau gefärbt, als im Winter, weil in der kalten Luft das darin enthaltene Wassergas mehr in Wasser übergeht. Darum eben haben auch die wärmeren Länder einen reineren blauen Himmel als die kalten. Steigt man auf hohe Berge, so hat man immer weniger Luft über sich; die blaue Farbe muß daher immer mehr verschwinden. Weil aber dort weniger Wassertheile in der Luft sind, so geht die blaue Farbe nicht in Grau, sondern in Schwarz über. Man sieht durch die dünne Luft in den dunklen Weltraum hinein und hat einen bläulich schwarzen Himmel über sich.

Aber noch auf ein anderes Lichtverhältniß hat die Verschiedenheit in der Dichte der Luft einen Einfluß, den man jedoch nur bei genauen Beobachtungen wahrnimmt, nehm= lich auf die Brechung oder Ablenkung der Licht= strahlen.

Es ist bekannt, daß ein Lichtstrahl, der aus einem dün= neren Mittel schräg in ein dichteres, z. B. aus Luft in Wasser oder umgekehrt tritt, von seiner ursprünglichen Bahn abgelenkt wird. So erscheint ein Stab, der theilweise schräg im Wasser steht, gebrochen, weil die Lichtstrahlen, die von dem im Wasser befindlichen Theile kommen, wenn sie aus dem Wasser zu uns in die Luft treten, abgelenkt werden. So ist auch der Lichtstrahl, der von einem Gestirn aus dem freien Weltraum in unsere Atmosphäre tritt, ge= nöthigt, seine Reiseroute zu ändern, und zwar so, daß er nicht blos einmal beim Eintritt in unsre irdischen Verhält= nisse halb rechts oder halb links abmarschirt, nein, welche Richtung er auch einschlägt, er wird immer wieder in eine andere Richtung hineingedrängt, d. h. er muß hier gleich lernen, krumme Wege zu wandeln, wie es ja leider bei so vielen Erdbewohnern Sitte ist. Diese zwingende Macht, die ihn von seinem rechtschaffenen geraden Wege abdrängt, ist die Atmosphäre mit ihrer verschiedenen Dichte. Die Luft wird von der Grenze der Atmosphäre bis zur festen Erd= oberfläche fortwährend dichter, so muß der Strahl auf seiner ganzen irdischen Laufbahn unaufhörlich aus einem dünnern in ein dichteres Mittel treten; er wird also ununterbrochen oder stetig von seiner Bahn abgelenkt, und das giebt be= kanntlich eine krumme Linie. Wenn nun der letzte Theil dieser Linie unser Auge trifft, so meinen wir natürlich, der Stern stehe in der Richtung, in welcher der Strahl in unser Auge eintritt; wir sehen ihn ja in dieser Richtung. Aber weit gefehlt! der Bote des Sterns hat einen krummen

Weg gemacht, das sagt er uns aber nicht, und wir denken, er komme geraden Wegs daher. Deßhalb sehen wir den Stern höher am Himmel stehen, als er wirklich steht. Also auch am Himmel lauter Täuschung! Wer kann da noch seinen Augen trauen! Ja eben, das sollst Du auch nicht, Du sollst fein demüthig erkennen, daß Du Dich allerwege irren kannst, und sollst Dich nicht darauf steifen und sprechen: So und so muß es sein, so sagt es mir mein gesunder Menschenverstand, oder so habe ich es mit meinen Augen gesehen und mit meinen Ohren gehört. In Gottes Schöpfung ist gar Vieles anders, als Du es siehst, und im Reiche des Heils ist auch Vieles anders, als Du es mit all Deinen klugen Gedanken meinst erforscht zu haben.

Diese Ablenkung des Lichtsstrahls nun ist aber keineswegs eine immer und überall gleichmäßige; sie nimmt mit der Dichte der Luft zu. Je tiefer ein Stern nach dem Horizonte zu steht, und je weiter also sein Licht den Weg durch die dichtern Schichten der Atmosphäre zu uns machen muß, — und ebenfalls je größer zur Zeit gerade der Luftdruck ist, desto größer ist seine Alenkung, desto höher sehen wir ihn über seinem wahren Stand stehen. So ist auch die Sonne in der That theilweise schon untergegangen, wenn wir sie doch noch ganz über dem Horizonte sehen, und sie ist noch nicht ganz aufgegangen, wenn sie uns doch schon den Anblick der vollen Scheibe darbietet; sie zeigt sich uns Abends über zwei Minuten länger und Morgens über zwei Minuten früher, als sie uns ihrem eigentlichen Stande nach sichtbar wäre.

Aber noch mehr muß das Sternenlicht lernen, wenn es in unsere Atmosphäre kommt, nicht blos krumme Wege gehen und sich nach einer höheren Rangstufe drängen, sondern es lernt auch, sich mit täuschendem Flitterstaat auf-

zuputzen. Es wird eben hier auch von den niedern, un-
lauteren irdischen Bestrebungen mit angesteckt. Wir sehen
nehmlich die Sterne, namentlich die Firsterne, meistens nicht
mit ruhigem Lichte leuchten, sondern abwechselnd mit stär-
kerem oder schwächerem und auch mit verschiedenfarbigem
Lichte aufblitzen oder funkeln. Dieses Funkeln liegt aber
nicht in dem Lichtverhältnisse des Sternes selbst, sondern
ist eine Zuthat, die sein Licht beim Durchgang durch unsre
Atmosphäre empfängt, und zwar als Folge des wechselnden
Luftdrucks in derselben. Denken wir uns mehrere gleich-
artige Strahlen zu gleicher Zeit von dem Sterne ausgehen;
sie gehen ganz gleichmäßig und mit gleicher Geschwindigkeit durch den leeren oder mit Aether erfüllten Weltraum.
Träfen sie nun so unser Auge, so würden sie mit dieser
Gleichmäßigkeit nur den Eindruck eines ruhigen Lichtes auf
uns machen. Das wäre auch noch der Fall, wenn sie beim
Durchgang durch unsre Atmosphäre ihren Weg sämmtlich
immer durch gleich dichte Luft zurückzulegen hätten, d. h.
wenn wenigstens die Lufttheile, die in gleicher Schicht neben
einander liegen, und welche die Strahlen zu passiren haben,
alle dieselbe Dichte hätten. Aber das ist nicht der Fall;
durch die Wärme und andere Umstände verändert sich der
Druck der Luft an den verschiedenen Stellen fortwährend.
Auch bei der größten Windstille ist doch ein unausgesetztes
Hin- und Herwogen der Lufttheile, die von wechselnder
Dichte sich einander hin- und herdrängen, um sich in ihrer
Dichte einander auszugleichen, und die bei diesem Streben
doch nimmer zur Ruhe kommen, weil die anderen Umstände,
(wechselnde Temperatur in Folge der Umdrehung der Erde,
Wolkenbildung, Verdunstung, Aufsteigen verschiedener Gase
rc.) immer wieder Druck und Dichte der einzelnen Luft-
theile ändern. Durch dieses unruhig wogende Luftmeer

müssen nun die Sternenstrahlen hindurch, die auf ihrem vielleicht jahrelangem Wege von ihrer Heimath bis zu unserm kleinen Planeten immer kameradschaftlich gleichen Schritt gehalten haben; sie machten ihre weite Reise durch ein gleichmäßiges Element, keiner wurde irgendwie aufgehalten. Nun kommen sie in unsre Atmosphäre, da hört die Gleichmäßigkeit auf; wie nahe sie auch neben einander gehen, sie finden doch auf ihrem Wege Hindernisse, die unter einander verschieden sind; der eine muß durch dichtere, der andere durch etwas dünnere Luft passiren. Dadurch werden sie in verschiedener Weise abgelenkt und aufgehalten und treffen nun auch so verschieden unser Auge. Etliche Strahlen können so kommen, daß sie sich gegenseitig in ihrer Wirkung verstärken, andre so, daß sich ihre Wirkungen einander aufheben, daß also der Stern für unser Auge abwechselnd mit hellerem oder schwächerem Lichte leuchtet und die Erscheinung des Funkelns annimmt. Wie die Strahlen durch den ungleichmäßigen Gang sich einander verstärken oder schwächen können und wie dadurch auch ein verschiedenfarbiges Licht hervorgerufen wird, erklärt die Optik und kann hier nicht ausführlicher dargelegt werden. — So ist es wieder eine Täuschung; man denkt, auf dem Sterne gehe es so unruhig zu, daß sein Licht hin- und herfunkelt, bald hell aufblitzt, bald wieder fast ganz verschwindet; und doch ist es nur unsre eigene tellurische Atmosphäre, die unserm Auge dies unruhige Spiel vermacht, während der Stern selbst mit ruhigem, gleichmäßigem Lichte in den Weltraum strahlt.

Aber die Atmosphäre macht uns manchmal noch viel ärgere Täuschungen vor, wahre Taschenspielerstückchen, und wieder ist es der wechselnde Luftdruck, der hier seine Hand im Spiele hat. Es sind die Luftspiegelungen oder fata morgana, von denen wohl Jeder schon gehört hat, die aber nur in wärmeren Ländern, oft auch auf dem Meere vorkommen.

An den Küsten von Unteritalien sieht man öfters plötzlich mancherlei Gegenstände, Häuser, Bäume, Schiffe u. dgl. in der Luft schweben, sich fast unaufhörlich verändern und dann wieder verschwinden. Auf dem Meere, selbst in hohen Breitengraden, sieht man öfters Schiffe, obgleich sie noch so entfernt sind, daß sie noch gar nicht aus dem Horizonte hervortauchen können, doch schon vollständig in der Luft, öfters auch verlängert oder verkürzt, verkehrt oder auch zwei Bilder zugleich, ein aufrechtes und darüber ein verkehrtes, so daß sich die Spitzen der Masten beider berühren. Auch an den Küsten von England und Frankreich, die den Canal einschließen, hat man solche Erscheinungen beobachtet. Auf dem Genfer See hat man auch Doppelbilder nicht über, sondern neben einander gesehen.

In den heißen Ländern, die viel Sandboden haben, wie Aegypten und Abyssinien, beobachtet man solche Luftspiegelungen noch in anderer Weise. Es hängt dies mit einer Erscheinung zusammen, die auch wir hier in schwächerem Grade öfters an heißen Sommertagen haben; man sieht dann die erhitzte Luft in zitternder Bewegung; dies Zittern kommt daher, daß in der untern erhitzten Luft, die in Folge der Erwärmung eine sehr ungleiche Dichte in den verschiedenen nahe an einander liegenden Schichten bekommen hat, die Sonnenstrahlen bald nach der einen bald nach der andern Seite hin gebrochen werden und so in schnellem Wechsel von verschiedenen Richtungen her in's Auge fallen. Dieser Zustand der Luft kommt nun in jenen heißen Ländern oft in sehr verstärktem Grade vor; der

Boden wird stark erhitzt und theilt diese hohe Temperatur auch der zunächst über ihm lagernden Luftschicht mit. Bei ganz stillem Wetter geschieht es dann, daß diese erhitzte und also dünnere Luftschicht nicht alsbald in die Höhe steigt und so ausnahmsweise dichtere Schichten über sich hat. Indem nun die Lichtstrahlen, die von entfernteren Gegenständen, (Bäumen, Dörfern, Karavanen,) nach allen Richtungen und auch in schräger Linie nach dem Erdboden hin ausgesendet werden, erst durch dichtere, dann durch dünnere Luftschichten zum Erdboden kommen, so geschieht es, daß sie von dort wieder schräg aufwärts reflectirt werden und so in das Auge eines Beobachters fallen. Dieser sieht dann die Gegenstände, die er gerade aus aufwärts sieht, auf diese Weise von unten her noch einmal umgekehrt wie in einem Wasserspiegel. Und da ihm so alle Gegenstände und auch der Himmel in solchem Spiegelbilde erscheinen, so wird es so täuschend, daß er glaubt, alle diese Gegenstände ständen am Wasser und spiegelten sich darin. Er sieht dann einen großen See vor sich, worin sich die ferne Landschaft wiederspiegelt; aber je mehr er diesem See zueilt, desto mehr flieht und verschwindet dieser vor ihm, und er findet zuletzt statt des erfrischenden Wassers und gehofften Labetrunks nur glühenden Sand und mit Sand erfüllte heiße Luft. Es ist bekannt, wie das französische Heer auf der Expedition in Aegypten unter Napoleon I. auf diese Weise öfters bitter getäuscht worden ist.

Auch die andern vorher erwähnten Luftspiegelungen beruhen darauf, daß warme und kalte oder dünne und dichte Luftschichten in ungewöhnlicher Weise über oder neben einanderliegen und so beim Durchgang der Lichtstrahlen eine ungewöhnliche Brechung und Ableitung derselben hervorbringen.

So haben wir gesehen, wie der Druck der Luft in die mannigfaltigsten Verhältnisse eingreift und sehr verschieden-artige Wirkungen hervorbringt. Noch auf Eins müssen wir unsere Aufmerksamkeit lenken, nehmlich wie die Verschieden-heit des Luftdrucks uns ein treuer Gehülfe wird bei der Erforschung der Höhenverhältnisse unserer Erde.

———

Hoch und Niedrig, das ist der Gegensatz, der überall auf Erden eine bedeutende Rolle spielt; der Mensch hat ihn nicht erfunden, er ist allerwege in der Natur gegeben und ist auch den menschlichen Verhältnissen durch natür-liche Bedingungen aufgeprägt; und so lange die Oberfläche der Erde ihre Höhen und Tiefen haben wird, wird es trotz allen Rufs nach Gleichheit auch in der menschlichen Gesell-schaft nicht aufhören, Hohe und Niedrige zu geben. Aber überall, wo sich Gegensätze bemerklich machen, giebt es auch einen mittleren Zustand, von dem jene Gegensätze nur Abweichungen nach der einen oder anderen Seite hin sind, und diese mittleren Zustände pflegen nach Zahl und Aus-dehnung die umfassenderen zu sein. Es giebt ein gewisses Niveau, zu welchem die große Menge gehört und von wo aus man nach oben oder unten hin die Abweichung be-stimmt. So ist es in den menschlichen Verhältnissen, so auch in den Höhenverhältnissen der Natur. Nur läßt sich das Niveau in der Natur viel bestimmter angeben und die Abweichung davon viel genauer messen, als in jenen. Für die menschlichen Verhältnisse ist der Maaßstab ein mehr relativer, und wo es sich um Bestimmung des Begriffs Hoch und Niedrig handelt, da bringt der Eine Dies, der Andere Jenes mit in Anschlag. Aber für die Höhenver-hältnisse der Erde giebt es ein bestimmtes Niveau, und zum

Messen der Abweichungen ein bestimmtes Maaß, mögen wir es Fußstock, Meter oder sonst wie nennen.

Der Meeresspiegel ist das Niveau, von wo aus man die Höhen und Tiefen der Erde mißt; auf dem Meere ist Alles gleich, da giebt es keine Erhebungen und Senkungen, ausgenommen wenn das Wasser durch Conflikt mit dem unruhigen Luftmeere in leidenschaftliche Erregung kommt; aber das ist nur vorübergehend. Das flüssige Element ist der eigentliche Gleichmacher, der immer das, auch erfolgreiche, Streben hat, das Thal zu erhöhen, und was hoch steht, niedrig zu machen. So geht man denn von dieser überall gleichen Grundfläche aus und sagt: Dieses oder jenes Land, dieser oder jener Berggipfel ist so und so viel Fuß über dem Meeresspiegel erhaben, und meint damit die Erhebung in senkrechter Linie.

Aber wie führt man nun diese Messung aus? Es sollte doch ein schweres Stück Arbeit sein, mit dem Fußstock oder der Ruthenstange die Höhe vom Meeresspiegel nachzumessen, zumal bei einem Berge im Binnenlande. Da stellt sich nun der Luftdruck als hülfreicher Geselle ein und verrichtet die Arbeit so genau, wie es der beste Feldmesser nimmer vermöchte. Um aber vom Luftdruck die Höhenangaben zu erhalten, bedarf man eines Instrumentes, an welchem jener seine Arbeit annotirt und von dem man dann die Höhe ablesen kann; nur freilich etwas Rechnen gehört auch noch dazu. Dieses Instrument ist das Barometer, im gewöhnlichen Leben auch Wetterglas genannt.

Am Schlusse des ersten Vortrags ist dargethan, wie Toricelli durch eine mit Quecksilber gefüllte Glasröhre das Vorhandensein und die Stärke des Luftdrucks nachgewiesen hat, und wie diese Toricellische Röhre die Grundlage für das Barometer geworden ist. In der That ist der wesent-

lichste Theil eines Barometers auch nichts anderes als eine
Toricellische Röhre. Also eine etwa drei Fuß lange, senkrecht stehende, oben zugeschmolzene, unten offene Glasröhre,
die vollkommen luftleer gemacht ist und die mit ihrem
untern Ende in ein offenes Gefäß mit Quecksilber taucht;
auf die Oberfläche des Quecksilbers wirkt der Luftdruck und
treibt das Quecksilber in die luftleere Röhre hinein und
somit aufwärts, bis das Gewicht dieser Quecksilbersäule
der Kraft des Luftdrucks gleich ist. Wir haben schon im
ersten Vortrage gehört, daß im gewöhnlichen Flachlande
diese Quecksilbersäule des Barometers durchschnittlich eine
Höhe von 28 Zoll hat, daß also der Luftdruck dort dem
Gewicht einer 28 Zoll hohen Quecksilbersäule entspricht;
der Querschnitt oder die Dicke dieser Säule ist natürlich
immer der Grundfläche entsprechend, auf welche der Luftdruck wirken kann. Um nun solche Röhre zu einem voll-
ständigen Barometer zu ergänzen, gehört noch eine in Zoll
und Linien getheilte Scala dazu, die oben an der Röhre
angebracht ist, um daran das Fallen oder Steigen der
Quecksilbersäule beobachten zu können. Anstatt die Röhre
unten in ein Gefäß eintauchen zu lassen, kann dieselbe auch
unten nach aufwärts umgebogen und zu einem Gefäß erweitert sein, so daß das Gefäß mit der Röhre ein Stück
ausmacht. Ueberhaupt giebt es gar mancherlei Abänderungen dieses Instrumentes, namentlich wenn es zu Höhenmessungen gebraucht werden soll; es muß dann nicht nur
die Scala so eingerichtet sein, daß man auch noch sehr
kleine Theile einer Linie daran unterscheiden kann, sondern
es müssen noch Vorkehrungen getroffen sein, um das Instrument leicht transportabel zu machen und um das heftige
Auf- und Niederschwanken des Quecksilbers, das durch die
Bewegung beim Tragen leicht herbeigeführt wird, und in

Folge dessen auch Luft in die Röhre eintreten könnte, zu vermeiden. Alle diese Vorkehrungen näher zu beschreiben, ist hier nicht der Ort. Nur eines Barometers von ganz anderer Einrichtung und ohne Quecksilbersäule sei noch kurz erwähnt, nehmlich des sogenannten Aneroid=Barometers. Es ist eine luftleere, einerseits mit dünner Metallplatte geschlossene Kapsel in Uhrform. Im Innern ist eine Druck= feder mit Räderwerk; der äußere Luftdruck drückt je nach seiner Stärke mehr oder weniger auf die dünne Platte und durch diese auf die Feder. Die Veränderung des Luft= drucks wird in seiner Wirkung durch die Feder auf das Räderwerk fortgepflanzt und außen durch einen Zeiger wie bei einer Uhr angezeigt. Solches Instrument kann man bequem in der Tasche mit sich tragen. Es giebt aber an sich kein bestimmtes Maaß des Luftdrucks als Gewicht an, wie die Quecksilbersäule, sondern muß erst nach einem Quecksilber= barometer bezeichnet und regulirt werden. Bei Luftschiff= fahrten, wo das Quecksilberbarometer seiner großen Schwan= kungen wegen sehr unsicher ist, ist jenes am besten anzu= wenden, um die Höhe, bis zu der man gestiegen ist, zu bestimmen.

Aber wie zeigt nun das Barometer die Höhe an? Die Grundlage dazu ist leicht verständlich. Je höher man kommt, desto weniger Luft hat man über sich, desto dünner ist die Luft, und desto geringer ihr Druck. Sie wird also auch in der Röhre desto weniger Quecksilber in die Höhe treiben können, oder die Quecksilbersäule wird fallen. Man sagt dafür kurz: das Barometer fällt oder steigt. So sind wir denn im Flachlande, wir steigen mit dem Barometer auf einen Thurm 73 Fuß hoch), und siehe das Barometer ist um eine Linie gefallen. Wir haben nun eine 73 Fuß hohe Luftsäule weniger über uns, und der Druck ist um das

Gewicht einer eine Linie hohen Quecksilbersäule geringer
geworden. Druck und Gewicht dieser beiden Größen
müssen also einander entsprechen. Steigen wir nun von
unten irgend einen Berg hinauf; es geht bald sanft an-
steigend, bald steiler aufwärts; mit der Ruthenstange könnten
wir die senkrechte Höhe, die wir erreichen, nicht messen. Aber
wir achten auf das Barometer; jetzt ist es um eine Linie gefallen,
wir haben uns also um 73 Fuß senkrechter Höhe erhoben.

Wir steigen nun weiter und sehen, daß das Barometer
wieder um eine Linie gefallen ist. So sind wir denn
wieder um 73 Fuß höher gekommen? Doch nein, der
Schluß ist nicht richtig, so einfach ist die Sache leider
nicht, dabei wäre die Höhenberechnung doch mit zu wenigem
Kopfzerbrechen verknüpft. Wäre es so, so brauchte man,
um die Höhe eines beliebigen Ortes über dem Meeresspiegel zu erfahren, nur so viel mal 73 Fuß Höhe zu berechnen, als um wie viel Linien das Barometer dort gegen
den Barometerstand am Meeresspiegel fällt, und es ließe
sich auch leicht und haarscharf die Höhe der Atmosphäre
bestimmen. Unten ist der Luftdruck gleich 28 Zoll Quecksilber, jede 73 Fuß eine Linie weniger; nun gut, so multi-
plicirt man die ganzen Linien der 28 Zoll, also 336 Linien,
mit 73 Fuß; so wäre die Atmosphäre 73 mal 336 = 24528 Fuß
oder etwas über eine deutsche Meile hoch; darüber wäre
Alles luftleer. Aber so geht die Sache nicht, dann müßte
ein gleiches Luftvolumen in jeder Höhe gleich viel wiegen.
Wir wissen aber, daß die Luft, je höher man kommt, desto
dünner wird, also ein immer größeres Volumen zu demselben Gewicht oder Drucke gehört. In der zweiten Schicht
muß schon eine höhere als blos 73' Fuß hohe Luftsäule
dazu gehören, um der einen Linie Quecksilber das Gleichgewicht zu halten; in der dritten Schicht schon wieder mehr,
als in der vorigen, und so fort, so daß man einen immer

höheren Raum hinaufsteigen muß, ehe das Barometer wieder um eine Linie fällt. Viel beträgt freilich der Unterschied von einer Schicht zur andern nicht; auf je eine Linie, um die das Barometer fällt, wird die Luftschicht etwa um ⅕ Fuß höher als die vorige. Handelt es sich also nur um eine geringe Höhe, etwa von 1000 Fuß, so wäre der Fehler noch nicht gar groß, wenn man für jede Linie Quecksilber nur 73 Fuß Höhe rechnete; man hätte dann ungefähr 16 Fuß zu wenig gerechnet. Aber bei größern Höhen macht es doch etwas aus, es summirt sich allmählig auch das Kleine zu etwas Großem, bei 2000 Fuß Höhe betrüge der Fehler schon etwa 66 Fuß, beim dritten Tausend schon 150 Fuß. Und käme man etwa so hoch, daß das Barometer nicht mehr 28, sondern nur noch 14 Zoll hoch steht, so müßte man auf eine Linie Quecksilber statt 73 Fuß schon die doppelte, nehmlich 146 Fuß Höhe rechnen.

Aber wie findet man nun, um wie viel jede Schicht höher zu berechnen ist, damit man aus dem Stande des Barometers auch wirklich die richtige Höhe, auf der man sich befindet, wissen kann? Für die, welche das gern wissen möchten und die ein wenig Rechnen nicht scheuen, mögen einige Andeutungen darüber hier stehen. Die Andern, die mit dem Rechnen etwas über den Fuß gespannt sind, mögen das überschlagen.

Man weiß aus vielen Versuchen, daß das Volumen einer zusammengepreßten Luftmenge genau in dem Maaße kleiner wird, als die zusammendrückende Kraft zunimmt. Man nennt dies das Mariotte'sche Gesetz und drückt es gewöhnlich so aus: Das Volumen der Luft verhält sich umgekehrt wie die drückende Kraft. Diese drückende Kraft ist nun hier der Atmosphärendruck, und dieser wird durch den Barometerstand bezeichnet. Das Volumen der Luft aber findet seine Bezeichnung durch die Höhe der Luftschicht, die man durchsteigen muß, um eine bestimmte Veränderung des Barometerstandes hervorzubringen. Demnach heißt das Gesetz auf unsern Fall angewendet: die Luftschichthöhen verhalten sich umgekehrt wie die Barometerstände; oder item zu Deutsch: in demselben Maaße als der Barometerstand niedriger wird, in demselben Maaße wird die Luftschichthöhe, die einer Linie Quecksilber entspricht, größer. Nun denn! Im Niveau des Meeres, also bei Nullhöhe, sei der Barometerstand 28 Zoll oder 336 Linien; so ist er nach der Erfahrung bei 73′ Höhe = 335′″. Die nächsthöhere Luftschicht x muß sich also zur Luftschichthöhe 73′ umgekehrt verhalten, wie die Barometerstände, also wie 336′″ zu 335′″; das giebt die Proportion:

$$x : 73 = 336 : 335.$$

Wer nun ein wenig Regel de tri rechnen kann, findet hieraus die zweite Luftschicht

$$x = \frac{73 \times 336}{335} = 73{,}218, \text{ d. h. 73 Fuß}$$

und einen Decimalbruch, der etwa ⅕ Fuß beträgt. Die Höhen der darauf folgenden Luftschichten, in denen das Barometer immer wieder um eine Linie fällt, findet man also in derselben Weise; bei einem Barometerstand

$$\text{von } 334′″ \text{ ist } x = \frac{73 \times 336}{334} = 73{,}437′$$

$$„ \quad 333′″ \text{ ist } x = \frac{73 = 336}{333} = 73{,}657′ \quad \text{u. s. w.}$$

Da nun 73 × 336 = 24528 ist, so braucht man nur immer in die letztere Zahl mit der Barometerhöhe, in Linien ausgedrückt, zu dividiren, um die Luftschichthöhe zu finden, um welche man wieder steigen muß, damit das Barometer um eine Linie weiter fällt.

Wir wollen uns ein paar Beispiele berechnen. Die Luftschichthöhe, welche anfängt, wenn der Barometerstand ist:

$$27 \text{ Zoll oder } 324''' \text{ ist demnach} = \frac{24528}{324} = 75^{7}/_{10} \text{ Fß.}$$

$$24 \quad \text{ '' } \quad \text{ '' } \quad 288''' \quad \text{ '' } \quad \text{ '' } = \frac{24528}{288} = 85^{2}/_{10} \quad \text{ '' }$$

$$20 \quad \text{ '' } \quad \text{ '' } \quad 240''' \quad \text{ '' } \quad \text{ '' } = \frac{24528}{240} = 102^{2}/_{10} \quad \text{ '' }$$

$$16 \quad \text{ '' } \quad \text{ '' } \quad 192''' \quad \text{ '' } \quad \text{ '' } = \frac{24528}{192} = 127^{2}/_{10} \quad \text{ '' }$$

$$14 \quad \text{ '' } \quad \text{ '' } \quad 168''' \quad \text{ '' } \quad \text{ '' } = \frac{24528}{168} = 146 \quad \text{ '' }$$

Man sieht nun leicht, daß man nach solcher Berechnung Tabellen anfertigen kann, aus denen zu den verschiedenen Barometerständen die betreffenden Höhen, vom Meeres=spiegel an gerechnet, zu ersehen sind. Man braucht nur die auf einander folgenden Luftschichten zu addiren.

Also bei einem Barometerstande von

$$336''' \text{ ist die Höhe Null } \ldots = 0.$$
$$335''' \quad \text{ '' } \quad \text{ '' } \quad \text{ '' } \quad 73' \ldots = 73'$$
$$334''' \quad \text{ '' } \quad \text{ '' } \quad \text{ '' } \quad 73 + 73,_{218} \cdot = 146,_{218}'$$
$$333''' \quad \text{ '' } \quad \text{ '' } \quad \text{ '' } \quad 146,_{218} + 73,_{437} = 219,_{655}'$$
$$332''' \quad \text{ '' } \quad \text{ '' } \quad \text{ '' } \quad 219,_{655} + 73,_{657} = 293,_{312}'$$
$$331''' \quad \text{ '' } \quad \text{ '' } \quad \text{ '' } \quad 293,_{312} + 73,_{879} = 367,_{391}'$$

und so fort.

Man braucht demnach nur den mittleren, d. h. durch=schnittlichen Barometerstand eines Ortes zu wissen, um da=nach die Höhe desselben über dem Meeresspiegel berechnen zu können. Wir sagen: mittleren oder durchschnittlichen Barometerstand, denn allerdings hat auch an einem und demselben Orte das Barometer nicht immer dieselbe Höhe, sondern steigt und fällt je nach dem Einfluß der Witterung. Aber es giebt für jeden Ort eine Barometerhöhe, welche, wenn die Witterungseinflüsse, die das Barometer fallen

oder steigen machen, sich gegen einander ausgleichen, die
gewöhnliche ist, und die man aus längeren Beobachtungen
erfährt. Diese nimmt man zur Berechnung, indem auch
der Barometerstand, der für das Niveau des Meeres als
28 Zoll oder 336 Linien angegeben ist, ebenfalls der mittlere oder durchschnittliche ist.

So ergiebt sich z. B. aus dem mittleren Barometerstande folgender Orte die Höhe derselben über dem Meeresspiegel: Mittlere Barometerhöhe

| | | | | |
|---|---|---|---|---|
| auf dem Brocken | 24½", | also Höhe = | 3650' |
| „ „ St. Gotthard | 21", | „ „ = | 7600' |
| „ „ Aetna | 19", | „ „ = | 10300' |
| „ „ Montblanc | 16", | „ „ = | 14650' |
| „ „ Chimborasso | 12⅚", | „ „ = | 20100'. |

Steigt man im Luftballon auf, so notirt man unten
den Barometerstand und sieht dann an dem Fallen des
Barometers, wie viel Fuß man sich erhoben hat, oder auch
mit Berücksichtigung des mittleren Barometerstandes des
Ortes, wieviel Fuß man sich über dem Meeresspiegel befindet.

Die hier dargelegte Art der Berechnung ist freilich nur
eine ganz elementare, die nur dazu dienen soll, um die
Sache einigermaßen zu veranschaulichen. Bei wirklich wissenschaftlichen Höhenmessungen verfährt man auf eine andre
Weise, deren Darlegung aber mehr arithmetische Berechnung erfordert, als ich meinen Lesern zumuthen will.

Aus solcher Berechnung ergiebt sich nun auch, daß in
einer Höhe von 160,000 Fuß, also von ungefähr 8 geographischen Meilen, die Luft schon so dünn ist, daß sie nur
noch den vierten Theil einer Linie Quecksilber tragen kann;
es ist das eine Verdünnung, die man mit den besten Luft-
pumpen nicht mehr erreichen kann. In dieser Höhe gehören

zu dem Gewicht eines Pfundes 8600 Kubikfuß Luft, wäh=
rend hier unten nur 113 Kubikfuß zu demselben Gewicht
nöthig sind.

Da nun mit weiterer Höhe die Dichtigkeit der Luft
immer mehr abnimmt, so ist klar, daß die Verdünnung
endlich einen Grad erreichen muß, bei welcher der Luftdruck
für unsre irdischen Verhältnisse in keiner Weise mehr wahr=
nehmbar ist. Dies findet in einer Höhe von ungefähr 10
geographischen Meilen statt. Darum nimmt man die
Höhe der Atmosphäre auf 10 Meilen an. Im Verhältniß
zum ganzen Erdkörper ist das eine sehr dünne Schicht;
denn da der Durchmesser der Erde 1700 Meilen beträgt,
so kommt auf die Atmosphäre nur etwa der 170ste Theil
desselben; oder wenn man sich die Erde durch eine Kugel
von einem Fuß Durchmesser abbildet, so beträgt das atmo=
sphärische Luftmeer, das dieselbe umfließt, noch nicht die
Dicke einer Linie.

Ganz aufhören wird wohl die Luft auch in dieser Höhe
noch nicht; wenigstens meinen Manche, daß sie ihnen ihr
Vorhandensein in noch größerer Höhe durch die Ablenkung
der Lichtstrahlen verrathen habe, und sie glauben selbst
noch in einer Höhe von 26 Meilen Spuren ihres Daseins
wahrgenommen zu haben. Wie dem auch sein mag, so ist
sie doch in einer Höhe von 10 Meilen schon so dünn, daß
sich wenigstens ein Druck derselben an unsern irdischen
Meßinstrumenten nicht mehr nachweisen ließe. Und wer
also durchaus von jeglichem Druck auf Erden befreit sein
möchte, der kann es erreichen, wenn er nur 10 Meilen weit
hinaufsteigt. Ob er ohne allen Druck leben könnte, ist eine
Sache für sich; wenigstens haben Luftschiffer und Berg=
reisende schon bei einer Höhe von etwa 15,000 Fuß die
theilweise Abnahme des Luftdrucks sehr unangenehm em=

pfunden, und sie sind gern wieder in etwas größeren Druck
niedergestiegen, um von Ohrensausen, Nasenbluten und
Athembeschwerden befreit zu werden. Item, eine bestimmte
Portion Druck muß uns wohl heilsam sein.

Freilich zu stark muß der Druck auch nicht werden, dagegen empört sich unsere Natur auch. Der Luftdruck wird
aber natürlich stärker, wenn man tiefer kommt als im Niveau des Meeresspiegels, also etwa in tiefe Bergwerkschachte
hinein. So geht es z. B. in dem Steinsalzbergwerke zu
Staßfurt in der Provinz Sachsen in dem Fahrschacht
1066 Fuß tief senkrecht hinunter, und wer sich an den ver-
mehrten Luftdruck unten noch nicht gewöhnt hat, bekommt
wenigstens an dem Ohrendrücken eine ganz deutliche Lection
darüber.

Je mehr es nun in das Innere der Erde hinein geht,
desto dichter wird die Luft, und wenn die Dichtigkeit nach
dem gedachten Mariotte'schen Gesetz regelmäßig zunähme,
so müßte die Luft in einer Tiefe von 100 Meilen schon so
zusammengepreßt sein, daß sie so dicht wie Gold wäre.
Aber es wird wohl etwas Anderes dazwischen kommen, daß
die Erdgeister da unten doch nicht aus Luft ihre Münzen
schlagen können; wie wir nehmlich schon im ersten Vortrage gehört haben, gehen fast alle Gase bei zunehmendem
Druck in eine tropfbare Flüssigkeit über und stehen dann
nicht mehr unter der Zuchtruthe des Mariotte'schen Gesetzes.
Von der atmosphärischen Luft können wir das freilich nicht
nachweisen. Aber es läßt sich wohl vermuthen, daß es für
sie auch einen Druck giebt, dem sie sich beugen muß. Freilich etwas Anderes wirkt auch wieder entgegen; es wird
nehmlich, je tiefer man in die Erde kommt, auch immer
wärmer; und wir wissen, wenn man es einem Gase zu
heiß macht, so behält es auch trotz des Druckes seine Gas-

natur. So kommt alſo die Luft in der Tiefe der Erde
zwiſchen zwei Kräfte, die ſie in entgegengeſetzter Weiſe in's
Gebet nehmen; einerſeits der ſtarke Druck, der ſie flüſſig
machen, andererſeits die Hitze, die ſie noch dünner machen
möchte. Da mag ſie doch wohl Luft bleiben, ohne dem
Geſetz zu gehorchen. Wer weiß es! Nach oben hin geht
es mit unſern Berechnungen beſſer als nach unten hin;
wir können auch vom Niveau des Meeresſpiegels nicht ſo
weit nach unten in die feſte Erde, als nach oben in das
Luftmeer hinein. Mag es uns ein Wink ſein, auch mit
unſern Gedanken und Sinnen mehr aufwärts zu ſtreben!

Wir haben ſchon gehört, daß auch an einem und demſelben Orte oder in derſelben Höhe vom Meeresſpiegel aus
der Barometerſtand keineswegs immer derſelbe bleibt, ſondern mannigfachen Schwankungen unterworfen iſt. Er
hat wohl ſein Grundthema, ſpielt aber darüber mannigfache
Variationen. Auf dieſe iſt bei Höhenmeſſungen Rückſicht
zu nehmen. Man beobachtet etwa den Barometerſtand
am Fuße des Berges und ſteigt dann aufwärts. Aber
während des Steigens hat ſich ein Wind erhoben und hat
ſchwerere oder leichtere Luft aus einer andern Gegend her-
gebracht; oder ein Regen hat den Waſſergehalt, der als
Gas in der Luft auch ſeinen Druck auf das Barometer
ausübte, ſchnell aus der Luft weggeführt und dadurch den
Druck vermindert; genug, wenn man oben iſt, ſteht vielleicht unten das Barometer nicht mehr auf dem Punkt,
als da man noch unten war; der ganze allgemeine Luftdruck hat ſich verändert. Um zu wiſſen, wie viel der
wirkliche Unterſchied zwiſchen dem Barometerſtande oben
und unten beträgt, müßte man wiſſen, wie zu derſelben Zeit das Barometer unten ſteht. Darum iſt es
gut, wenn man unten einen Gehülfen hat, der zu gleicher

Zeit auch unten den Barometerstand beobachtet; und dann muß man sich auch nicht mit einem Vergleich begnügen, sondern deren mehrere an verschiedenen Tagen anstellen. Wir sehen also, treue Gehülfen braucht man überall, und so ganz glatt, wie es auf den ersten Augenblick aussieht, wickelt sich auch dies Geschäft nicht ab; man hat immer noch dies und das dabei zu beachten, gar Manches noch, das wir hier gar nicht erst erwähnen. Und wenn jener Naturforscher, der über ein Gebirge fuhr, oben sein Aneroid-barometer wie eine Uhr aus der Westentasche zog und dem erstaunten Postillon danach sagte, wieviel Fuß sie in den letzten Stunden höher gekommen wären, so war doch etwas Renommage dabei; denn so genau konnte es der Herr doch nicht wissen, weil ihm seine Uhr nicht sagen konnte, ob sich unterdeß nicht der allgemeine Luftdruck geändert habe.

Diese Schwankungen, welche in Folge der Witterungs-veränderungen eintreten, sind ziemlich bedeutend. In der heißen Zone, wo die Witterung meist beständig ist, beträgt der Unterschied zwischen dem höchsten und niedrigsten vor-kommenden Barometerstand freilich nur einige Linien; Höhenmessungen haben daher dort nicht solche Schwierig-keiten. In Unteritalien beträgt der Unterschied schon einen Zoll, in unserm lieben Deutschland 2 bis 3 Zoll, im nörd-lichen Rußland gar über 3 Zoll. Da muß man denn freilich behutsam sein, ehe man nach dem Barometer sein Urtheil über die Höhe eines Ortes ausspricht; bei gehöriger Vorsicht und mehrfachen Beobachtungen kommt man aber auch dort zum sichern Resultat.

Außer diesen zufälligen Schwankungen giebt es aber auch periodische, regelmäßig wiederkehrende. So giebt es im Luftmeere gerade wie im Wasserocean eine tägliche Ebbe und Fluth, ein Zu- und Abnehmen des Druckes, und wird von einem guten Barometer markirt. Des Morgens nehmlich bis etwa 10 Uhr wird der Druck stärker und das Barometer steigt, weil die Sonne immer mehr Wassergehalt der Luft in Gas auflöst, und dieser nun mitdrückt; es ist die Zeit der Fluth.  Dann wird aber auch der Erdboden erwärmt, die untern Luftschichten bekommen auch ihr Theil davon ab und beginnen nun eine Schifffahrt nach oben und nehmen den Wasserdampf mit fort; so tritt die Ebbe ein, und das Barometer fällt bis gegen Nachmittag um 3 oder 4 Uhr.  Dann kühlt sich der Erdboden ab, die untern Luftschichten verlieren bei der Abkühlung die Reiseluft und steigen nicht mehr auf; aber die Gasbildung dauert noch fort, und der Druck wird daher wieder stärker, das Barometer steigt.  Das ist die zweite Tagesfluth, die bis zum Untergang der Sonne dauert, wo bei der allgemeinen Abkühlung das Wassergas wieder in Wasser übergeht, und so der Druck nachläßt und die zweite Ebbe bis zum andern Morgen eintritt.  In der heißen Zone ist dies Fluthen und Ebben so regelmäßig, daß man das Barometer allenfalls als Zeituhr gebrauchen kann.  Wir hier thun schon besser, uns dazu der Uhren von Peter Hele zu bedienen.

Ebenso finden auch regelmäßige jährliche Schwankungen oder Variationen statt, die von den Jahreszeiten abhängen, eine Jahres-Fluth und Ebbe.  Auf unserer nördlichen Halbkugel ist im Allgemeinen im Januar der höchste Barometerstand, dann fällt er bis zum Juli und steigt von da an wieder bis in den Januar, so daß im Winter Fluth, im Sommer Ebbe ist.

Man könnte vielleicht fragen, ob dieses periodische Ebben und Fluthen des Luftmeers nicht auf das Wohlbefinden

des Menschen von Einfluß sein könnte; fühlen wir uns
doch unbehaglich, wenn bei großer Schwüle oder vor einem
Gewitter der Luftdruck ein abnormer ist. Aber jedes
periodische Fallen und Steigen ist doch ein so geringes,
daß es wohl nur die Reichenbach'schen Sensitiven an sich
fühlen möchten.

Anstatt des Barometers kann man auch das Thermometer zu Höhenmessungen benutzen. Wir haben schon gehört, daß der Siedepunkt des Wassers, oder der Wärmegrad, bei welchem das Wasser in's Kochen kommt, durchaus
vom Luftdruck abhängt. Beim gewöhnlichen Luftdruck,
wie er im Flachlande stattfindet, kocht das Wasser bei
80° Reaumur. Je geringer der Luftdruck wird, bei desto
geringerer Wärme kommt das Wasser in's Kochen. Je
höher wir also hinaufsteigen, desto geringerer Wärme bedarf es dazu. So braucht man nur das Thermometer in's
kochende Wasser oder besser in den ebenso warmen Dampf
desselben zu stecken, um an dem Wärmegrad zu sehen, wie
hoch man über dem Meeresspiegel ist. Freilich etwas
Anderes muß dazu zuvor geschehen sein; aber dafür haben
die Gelehrten schon gesorgt. Das Wasser, wie jede Flüssigkeit fängt immer dann an zu kochen, wenn die Wärme so
groß ist, daß die Spannkraft des entstehenden Dampfes
den Luftdruck durchbrechen kann, also von gleicher Stärke
mit ihm ist. Wenn also bei einem Barometerstande von
336 Linien das Wasser bei 80° kocht, so ist die Spannkraft des Wasserdampfes bei einer Temperatur von 80° ebenfalls 336 Linien stark, d. h. dieser Wasserdampf würde
ebenso wie der Luftdruck eine Quecksilbersäule von 336 Linien
tragen können. Wenn man also weiß, wie stark bei den
verschiedenen Temperaturen des Wassers die Spannkraft
des Wasserdampfes ist, so weiß man auch, wie stark an dem

Orte, wo das Wasser gerade siedet, der Luftdruck ist.
Weiß man z. B., daß bei 69° die Spannkraft des Wasser=
dampfes 206 Linien beträgt, und man ist nun an einem
Orte und sieht dort das Wasser schon bei 69° kochen, so
muß dort der Luftdruck oder der Barometerstand auch 206
Linien sein. Weiß man aber den Barometerstand, so kann
man daraus auf die oben angegebene Weise auch die Höhe
des Orts berechnen. Bei unserm letzten Beispiel wäre zu
206 Linien Barometerstand die betreffende Höhe 12,600 Fuß.
Nun sind aber schon nach genauen Untersuchungen
Tafeln zusammengestellt, aus denen man zu jeder Tempe=
ratur des Wassers die betreffende Spannkraft des Wasser=
dampfes ersehen kann. Mit Hülfe solcher Tafeln und eines
Thermometers kann man also aus dem Siedepunkt des
Wassers die Höhe berechnen. Es gründet sich, wie wir
sehen, dies Verfahren ebenfalls auf den Luftdruck, nur daß
man sich die Kenntniß von der Stärke des irgendwo statt=
findenden Luftdrucks nicht durch ein Barometer, sondern
durch den Siedepunkt des Wassers verschafft. Und der
Apparat zu diesem Letztern ist meist transportabler als ein
Barometer. Wir führen zur Vergleichung die Höhen= und
Siedepunkte einiger bewohnten Orte hier an.

| Ort. | Höhe. | Siedepunkt n. R. |
|---|---|---|
| Berlin und Rom . . . . . . | 130 Fß. | 79$^{5}/_{6}$ ° |
| München . . . . . . . . . | 1650 „ | 78$^{2}/_{3}$ „ |
| Hospiz auf dem St. Gotthard . | 6360 „ | 74 „ |
| Mexico . . . . . . . . . | 7000 „ | 73$^{7}/_{10}$ „ |
| Santa Fe de Bogata . . . . | 8100 „ | 72$^{6}/_{10}$ „ |
| Quito . . . . . . . . . . | 8900 „ | 72 „ |
| Antisana, Meierei auf den Anden | 12500 „ | 69 „ |

Man hat sogar ein Thermometer construirt, das so
empfindlich ist, daß man damit den Unterschied des Siede=

punktes und damit auch der Höhe zwischen den ver=
schiedenen Stockwerken eines Hauses finden kann. Wer im
vierten Stockwerk wohnt, bekommt sein Wasser natürlich
bei geringerer Temperatur zum Kochen, als wer zur ebenen
Erde wohnt.

Wir sehen also, daß die Natur selber uns gar mancher=
lei Wege angiebt, um ihre Geheimnisse zu erforschen. Wenn
man sonst die Bergriesen anstarrte und sich über ihre muth=
maßliche Höhe stritt, wenn man dann vergeblich versuchte,
mit Hülfe der Meßkette zu einem Resultat zu kommen, so
spaziert man jetzt mit Barometer- oder Thermometer hinauf
und findet die Höhe ohne alles Messen. Aber wo man
nun nicht hinauf kann? Es giebt ja freilich der Berggipfel
viele, deren Felszeklüfte oder ewiges Eis ein Besteigen ver=
bieten. Nun da muß dann für dies letzte, unersteigbare
Stück die Mathematik aushelfen; wie es ihr gelingt, die
Entfernung und Größe der Gestirne mit Hülfe ihrer Winkel=
instrumente zu berechnen, so schafft sie es auch mit den
Gipfeln der Berge.

––––––––

## Vierter Vortrag.
### Von der Luftschifffahrt und deren Geschichte.

———

In dem Luftmeere, das wir in den bisherigen Vor=
trägen schon in mannigfacher Beziehung kennen gelernt
haben, wird auch Schifffahrt getrieben wie auf dem Wasser=
ocean. Doch ist die Luftmarine noch nicht beträchtlich, und
bisher hat es noch kein Staat zu einer vorzugsweisen Herr=
schaft in diesem Elemente gebracht. Es ist da noch Raum
genug, daß irgend ein kleiner Staat, vielleicht einer von
den deutschen Duodezstaaten, sich durch die Herrschaft im
Luftmeere zu einer Großmacht aufschwinge; denn hier giebt
es kein Binnenland, in Beziehung auf das Luftmeer sind
sie sämmtlich Seestaaten. Doch solche Marine herzustellen
bleibt noch eine Aufgabe für die Zukunft; bis jetzt werden
nur dann und wann einzelne Schiffe zum Recognosciren
und zur Vergnügungsfahrt ausgesendet. Regelmäßige Packet=
post=Luftschifffahrt und regelmäßige Luft=Omnibusfahrten
sind noch nicht eingerichtet; auch die reichen Handelsherrn
senden noch keine Luftkauffartheischiffe aus. Zum Kriegs=
dienst waren Luftschiffe schon einmal in Dienst gestellt, sind
aber bald wieder abgetakelt worden.

Schwimmer sind genug in dem Luftmeere; wie der
Ocean seine Fische und andere Wasserthiere hat, so schwim=
men im Luftmeere Vögel und Insekten in zahlloser Menge

umher. Und was wir Luftschifffahrt nennen, ist eigentlich
auch mehr ein Schwimmen als ein Schiffen, denn man
bewegt sich dabei im Luftmeere, nicht wie die Schiffe auf
dem Meere. So könnte man es höchstens mit Bauer's
submariner Schifffahrt und mit seinen Taucherschiffen ver=
gleichen, die freilich bis jetzt noch eine bloße Idee sind und
es vor der Hand auch bleiben werden. Doch man nennt es
einmal Schifffahrt, und so wollen wir um den Namen auch
nicht zanken.

Ob die Luftschifffahrt noch einmal eine größere Ausdehnung
bekommen wird, kann man noch nicht entscheiden. Sie ist
eine verhältnißmäßig noch junge Kunst; der erste Versuch
solcher Schifffahrt wurde am 5. Juli 1783 gemacht. Die
großen Hoffnungen, die man anfangs damit verband, hat
sie freilich nicht erfüllt. In wissenschaftlicher Beziehung
hat sie schon mannigfachen Gewinn gebracht und wird dessen
wohl auch noch mehr bringen. Auf große Erfolge für
praktische Zwecke scheint man jetzt kaum noch rechnen zu
können. Doch hat manche Erfindung schon viel länger auf
die Vervollkommnung warten müssen, die sie erst praktisch
brauchbar gemacht hat. Wer weiß, ob sich nicht noch ein=
mal für die Luftschifffahrt das Genie findet, das sie schnell
aus der jetzigen Unbedeutenheit emporhebt; es müssen dazu
vielleicht erst noch auf anderen Gebieten Erfindungen ge=
macht werden, die dieser in die Hände arbeiten.

Indem wir nun die Luftschifffahrt näher betrachten
wollen, haben wir uns sowohl mit der Geschichte derselben,
als mit den physikalischen Zuständen, auf denen sie beruht,
oder die ihrer ausgedehnteren Anwendung entgegenstehen,
bekannt zu machen. Wir wollen dies aber nicht abgesondert
von einander thun, sondern wir wollen unsere Wanderungen
an der Hand der Geschichte machen und dabei, wo die

Gelegenheit sich bietet, die physikalischen Erörterungen an-
schließen. Zuvor müssen wir freilich zum Verständniß des
Ganzen mit einer physikalischen Betrachtung beginnen.

Wenn Körper, z. B. Luftballons, in der Luft aufsteigen
und darin schweben, so beruht das auf denselben Gesetzen,
nach denen Körper im Wasser schwimmen. Die Luft verhält sich in dieser Beziehung sehr ähnlich wie das Wasser.
Wir wollen zuerst ein wenig ins Wasser tauchen, oder besser,
wir werfen einen anderen Körper, einen der specifisch leichter
ist als der Mensch, also etwa ein Scheit Fichtenholz, in's
Wasser. Wir werfen es bis auf den Grund, aber es ist
ein Lichtfreund und kommt gleich wieder zu Tage und
schwimmt oben umher. Wie geht das zu? selber wird es
sich wohl nicht hinaufrudern; die Kraft, die es aufwärts
bringt, wird wohl außer ihm liegen, jedenfalls im Wasser.
Das Wasser hebt das Holz, d. h. es übt auf das Holz
einen Druck von unten nach oben aus. Wir werfen nun
ein eben solches Scheit, aber von Eisen, hinein. Die
Wasser gehen auf und gehen nieder, das Eisenscheit bringt
keines wieder! Warum bleibt dieses unten? Drückt das
Wasser jetzt nicht nach oben? Gewiß, aber es ist nicht
allmächtig, seine Kraft hat ihre Grenzen; es drückt und
hebt, aber es kann es nicht schaffen, das Eisen ist ihm zu
schwer. Etwas hebt das Wasser das Eisen auch; das merkt
man daran, daß dies im Wasser leichter ist als außerhalb
desselben; man kann es darin wie einen leichten Körper
heben; denn das Wasser hilft mit tragen, oder, was dasselbe ist, das Eisenscheit verliert im Wasser einen Theil
seines Gewichts. Nun nehmen wir dasselbe Eisenscheit
und lassen es zu dünnem Blech aushämmern und einen
hohlen Cylinder davon machen; es hat nun einen viel
größeren Umfang, aber es ist noch eben so schwer, denn es

ist dasselbe Eisen darin. Nun werfen wir den Eisencylinder
ins Wasser, und siehe, schnell taucht er auf und bleibt
oben. Warum kann denn das Wasser nun das Eisen
heben, es ist ja doch noch eben so schwer? Freilich, aber
wenn recht Viele anfassen, schafft es besser, als wenn nur
Wenige den Versuch machen. Als das Eisen noch in der
Form des Scheites war, hatte es nur einen geringen Um=
fang, es konnten nicht viele Wassertheile anfassen und
heben. Der Cylinder hat einen größeren Umfang; wenn
der in's Wasser kommt, so verdrängt er eine große Menge
Wassertropfen aus ihrer Stelle. Das wollen sich diese
natürlich nicht gefallen lassen, sie machen sich nun alle mit
vereinter Kraft an den Eisencylinder und heben und bringen
ihn nach oben. Da mag er schwimmen! Wie stark sind
denn die Wassertropfen, wieviel gehören dazu, um einen
Körper zu heben? Es kommt auf den Umfang des Körpers
an und auf sein Gewicht, oder genauer, auf das Verhält=
niß seines Umfangs zu seinem Gewichte. So groß sein
Umfang ist, eine eben so große Wassermenge verdrängt er;
wenn nun sein ganzes Gewicht gerade so viel beträgt, als
das Gewicht des Wassers, das er verdrängt, dann ist Ge=
wicht gegen Gewicht, Kraft gegen Kraft, sie sind beide
gleich und keiner kann dem andern etwas anhaben; der
Körper wird im Wasser genau an der Stelle bleiben, wo=
hin man ihn bringt, oben, unten, in der Mitte; er wird
nicht sinken, nicht steigen. Es ist freilich selten, daß ein
Körper genau so schwer ist, als eine ihm an Umfang gleiche
Wassermenge; doch kann man durch Zusammensetzung sol=
chen Körper leicht herstellen, die sogenannten karthesianischen
Taucher sind auch ein Beispiel dazu.

Wenn nun aber die Wassertheile, die verdrängt werden,
ein wenig schwerer sind als der Körper, dann haben sie

das Uebergewicht und fahren mit ihm hinauf in die Ober=
welt, sie drücken ihn hinauf, bis er oben schwimmt und
ein Stück aus dem Wasser hinaussteigt, so daß er nun
nicht mehr so viel Wasser verdrängt. Nun wissen wir auch,
wie viel der Körper im Wasser, wenn ihn das Wasser auch
nicht nach oben hin heben kann, von seinem Gewicht ver=
liert; nehmlich gerade so viel als das Wasser wiegt, das er
aus der Stelle verdrängt.

Mit der Luft ist es nun ebenso; Wasser und Luft sind
darin nahe Vettern, nur daß die Luft schwächer ist. Aber
das Gesetz ist dasselbe, nehmlich: Ein Körper in der Luft
verliert von seinem Gewichte so viel, als das Gewicht
der Luft beträgt, die er verdrängt. Wenn nun ein Körper
schwerer ist, als eine ihm an Umfang gleiche Menge Luft,
so wird durch den Luftdruck nur ein Theil seines Gewichtes
aufgehoben; mit dem Ueberschuß seines Gewichts wird er
nach unten hin festgehalten. Wenn aber ein Körper leichter
ist als eine ihm an Umfang gleiche Luftmenge, so kann er
dem Druck der Luft von unten nach oben nicht genug
Widerstand leisten und wird von der Luft aufgehoben, wie
ein leichter Körper im Wasser.

Nur in etwas ist ein Unterschied zwischen Wasser und
Luft; das Wasser ist in allen Tiefen ziemlich von dem=
selben Gewicht. Füllt man eine Flasche in der Tiefe des
Meeres mit Wasser und füllt eine eben so große auf der
Oberfläche des Meeres, so wird in dem Gewicht beider
Wassermengen ein kaum merklicher Unterschied sein. Denn
das Wasser ist äußerst wenig zusammendrückbar; das Wasser
in der Tiefe, worauf alles obere Wasser drückt, beugt
darunter seinen stolzen Nacken nicht; es leistet Widerstand
und wird dadurch wenig zusammengedrückt, also auch wenig
dichter als das obere. Mit der Luft ist es anders; sie ist

sehr fügsam und giebt nach; die untern Luftschichten sind daher von den oben aufliegenden mehr zusammengedrückt; sie haben 10 Meilen hoch Luft über sich. Unter diesem Druck seufzen sie, die Theilchen drängen sich enger an einander, so daß in einem Kubikfuß unterer Luft mehr Lufttheile als in einem Kubikfuß oberer Luft sind; die untere Luft ist daher schwerer. So kann es kommen, daß ein Körper, etwa ein Luftballon, unten leichter ist als eine gleiche Menge Luft, er wird in die Höhe getrieben; je höher er aber kommt, desto mehr kommt er in immer leichtere Luftschichten, so endlich in eine, die ihm specifisch gleich schwer ist. Nun kann er nicht höher steigen, er wird dort schweben mitten im Luftmeer, weder steigen, noch fallen. Nur insofern die Luft selber in Bewegung ist, wird er an dieser Bewegung theilnehmen; sonst wird er zu einem Fallen oder Steigen nur durch künstliche Mittel, die wir nachher werden kennen lernen, zu bringen sein. Wäre das nicht so, wäre es wie beim Wasser, dann stände es mit der Luftschifffahrt noch viel schlimmer, als es schon ist. Denn wenn im Wasser ein Körper von dem Wasser gehoben wird, dann wird er ohne viele Umstände gleich bis oben hin an die Oberfläche des Wassers gebracht; von einem Steigen blos bis zu einer gewissen Höhe ist da nicht die Rede, weil eben das Wasser oben und unten gleich schwer ist. Wären nun die Luft= schichten auch alle von gleicher Schwere, so müßte ein Ballon, wenn er einmal steigt, auch gleich bis zur Ober= fläche des Luftmeeres steigen, also etwa mindestens 10 Meilen hoch, wo ein Mensch wegen Luftmangel und Kälte nicht eine Minute leben könnte. So schlimm steht es nun mit der Luftschifffahrt glücklicher Weise nicht; wie weit man es aber darin gebracht hat, das werden wir nun weiter an der Geschichte derselben kennen lernen.

6 *

Wir sagten vorher, die Kunst der Luftschifffahrt sei noch jung; allerdings, nehmlich die, durch welche Menschen Luftreisen machen können. Sonst ist sie die älteste Kunst der Erde; andere Dinge haben von jeher Luftfahrten ge= macht und machen sie noch alle Tage. So der Rauch, die Dünste, die Wolken, Schillers Segler der Lüfte. Die Wolken sind namentlich wunderliche Subjecte, wahre Ge= spenster, die sich alle Augenblicke selber vernichten und wieder bilden. Sie bestehen aus Wasserbläschen, die sich oben in der Luft aus dem Wassergas bilden; wenn sie sich so vollständig gebildet haben, sind sie schwerer als die Luft und fangen nun an zu sinken. Dabei kommen sie aber in tiefere wärmere Luftschichten; hier lösen sie sich in Folge der Wärme wieder in Gas auf und steigen nun wieder in die Höhe. In der obern kälteren Luft werden sie wieder zu Wasserbläschen und beginnen wieder zu sinken. So be= steht die Wolke aus zahllosen kleinen Luftballons, den Wasserbläschen, die auf= und niedersteigen und dabei ent= stehen und vergehen. Eine größere Nachahmung dieser Wasserbläschen sind die Seifenblasen, mit denen die Kinder ihr buntes Spiel treiben. Das sind die ersten künstlichen Luftballons, und es ist eigentlich zum Verwundern, daß man dadurch nicht schon früher auf die Herstellung der Luftballons geführt worden ist. Aber es wird eben so Vieles gedankenlos getrieben, ohne daß man dem Grunde nachforscht. So fahren auch jetzt Tausende mit dem Dampf= wagen und empfangen und befördern telegraphische De= peschen, ohne sich irgendwie darum zu kümmern, was für Kräfte und wie sie dabei wirken. So haben wohl auch die Meisten ihre Freude an den Seifenblasen gehabt, aber vielleicht nur sehr Wenige haben nach dem Grunde dieser

Erscheinung gefragt, was denn die Seifenblasen leichter als die Luft mache, daß sie aufsteigen können, und warum denn doch die Freude so kurze Zeit dauere, und diese kleinen Ballons bald nieder sinken. Und wohl noch Wenigere sind dahinter gekommen, daß es die aus den Lungen warm aus= geblasene und darum verdünnte Luft sei, welche die Blasen steigen macht, und daß diese Luft dann nach bald erfolgter Abkühlung wieder schwerer wird und so das Sinken der Blase veranlaßt.

Und doch war es gerade die Verdünnung der Luft durch Wärme, welche die erste Herstellung der Luftballons oder Aërostaten herbeiführte; die ersten waren eben auch nur solche mit erwärmter Luft gefüllte Blasen oder Hüllen in größerem Maaßstabe. Es waren die Gebrüder Mont= golfier, Papierfabrikanten in Annonay bei Lyon, denen zuerst die Herstellung eines wirklichen Luftballons gelang, nachdem man in der jüngsten Zeit vorher unter den Physikern allerdings schon über die Principien der mehrfach ange= strebten Luftschifffahrt zu größerer Klarheit gekommen war. Die Gebrüder Montgolfier kamen nach mehrfachen vergeb= lichen Versuchen auf den Gedanken, in einem leichten hohlen Körper die Luft durch Wärme zu verdünnen; zu diesem Zweck machten sie eine hohle Kugel von Papier, hielten sie mit einer untern Oeffnung über Feuer, um die Luft darin zu verdünnen, und hatten bald die Freude, daß die Kugel in die Höhe stieg. Dies ermuthigte sie zu größeren Versuchen, sie stellten Ballons von Wachstaffet kugel= oder birnenförmig her und sahen sich in ihren Bemühungen mit glücklichem Erfolge belohnt. Nun machten sie den ersten öffentlichen Versuch; am 5. Juli 1783 zu Annonay ließen sie einen Ballon von 110 Fuß im Umfang steigen; er wog

ohne die Luft darin 500 Pfund, der untere Theil war
offen und in einiger Entfernung darunter war ein Draht=
korb angebracht, in welchem ein Feuer brannte und die
Luft im Ballon erwärmte und ausdehnte. Er stieg sehr
schnell und erreichte eine Höhe von 6000 Fuß; darauf,
nachdem das Feuer ausgebrannt und die Luft im Ballon
wieder erkaltet war, sank er allmählig wieder zur Erde.
Diese Art der Ballons, in denen die Luft durch Wärme
verdünnt wird, werden Montgolfieren genannt.

Bald darauf kam Charles, Professor der Physik in
Paris, auf den Gedanken, einen Aërostaten mit Wasser=
stoffgas zu füllen, anstatt darin die Luft durch Feuer zu
verdünnen. Dieses Gas, das auch in den bekannten Platina=
Zündmaschinen durch Zink und verdünnte Schwefelsäure
hergestellt wird und sehr brennbar ist, ist in reinem Zu=
stande etwa 14 Mal leichter als die atmosphärische Luft
und daher zur Füllung eines Ballons sehr geeignet. Aber
die Herstellung in reinem Zustande ist sehr theuer. Charles
bediente sich eines unreineren Wasserstoffgases, das er aus
Schwefelsäure und Eisen gewann und das freilich nur
gegen 6 Mal leichter als atmosphärische Luft war, doch
immerhin noch leicht genug zur Füllung, aber auch noch
viel theurer und umständlicher als die Herstellung der leichten
Luft durch Feuer. Er fertigte zuerst einen Ballon von
luftdichtem Taffet und von 12 Fuß Durchmesser an, der
mit solchem Gase gefüllt und dann verschlossen wurde.
Dieser Ballon stieg den 27. August 1783 in Paris auf,
in zwei Minuten erreichte er eine Höhe von 3000 Fuß und
kam dann nach einer kleinen Stunde drei Meilen von der
Stadt wieder zur Erde. Ballons dieser Art werden
Charlieren genannt.

In der ersten Zeit wurden der geringeren Kosten wegen

doch noch viele Luftschifffahrten mit Montgolfieren ge=
macht; doch die größere Gefahr hat sie nachher allmählig
verdrängt, und jetzt, wo in allen größeren Städten eine
billige Füllung mit Leuchtgas zu haben ist, werden nur noch
Charlieren angewendet.

Doch fahren wir in der Geschichte fort. Der jüngere
Montgolfier ließ nun zu Versailles einen Ballon steigen,
woran ein Käfig mit einem Hammel, einer Ente und einem
Hahn befestigt war. Diese drei Genossen machten die
wunderbare Fahrt in aller Gemüthlichkeit; sie hatten frei=
lich keine Ahnung von der welthistorischen Bedeutung, die
sie in dieser Stunde erlangten, und auch nicht einmal von
der Gefahr, in die man sie hineingesendet hatte; sie ver=
hielten sich so ruhig, als ob sie zusammen auf ihrem Wirth=
schaftshofe wären, und gaben sich so ganz der Hauptthätigkeit
ihres Lebens hin, daß wenigstens der Hammel, als sie nach
acht Minuten aus einer Höhe von 1400 Fuß wohlbehalten
wieder zur Erde kamen, behaglich fressend angetroffen wurde.
Nach diesem gelungenen Versuch wagte es Montgolfier mit
seinem Freunde Pilatre de Rozier, Vorsteher des Mu=
seums in Paris, selbst eine Luftreise zu unternehmen. Doch
ließen sie noch den Ballon an Stricken halten und ließen
sich nach wenigen Minuten, in denen sie immerhin eine
Höhe von 300 Fuß erreicht hatten, wieder zur Erde nieder=
ziehen.

Nun schien Alles genug vorbereitet, um eine wirkliche,
freie Luftreise unternehmen zu können. Rozier entschloß
sich dazu mit dem Marquis d'Arlandes; in einem fester
construirten Ballon, zu dessen Luftverdünnung man acht
Minuten gebraucht hatte, stiegen beide im Angesicht einer
unzähligen Menschenmenge am 21. November 1783 vom
Schlosse la Muette auf. Zuerst ereignete sich noch ein

Umstand, der Manchen als eine schlimme Vorbedeutung von dem Versuch abgehalten hätte; es wurden nehmlich, als der Ballon steigen sollte, die Stricke nicht schnell genug losgelassen, so daß in Folge davon der Ballon einen Riß bekam. Indeß die kühnen Schiffer ließen sich dadurch nicht abhalten, der Schade wurde schnell ausgebessert und dann die Fahrt unternommen. Sie stiegen bald so hoch, daß die Menschenmenge ihren Blicken entschwand; der Wind trieb sie über Paris und die Seine fort; Arlandes war in den herrlichen Anblick, der sich seinen Blicken darbot, so versunken, daß er seines Amtes, das Feuer durch Stroh= wische zu unterhalten, ganz vergaß. Von Rozier daran erinnert, that er nun des Guten zu viel, so daß in Folge der starken Hitze sich der Ballon plötzlich mit reißender Schnelligkeit erhob. Ein Krachen, das sich am Ballon vernehmen ließ und das sich bald wiederholte, dazu ein sonderbares Auf= und Niederschwanken des Ballons erregte doch ihre Besorgniß; und da überdies das Feuer schon mehrere Löcher in den Ballon gebrannt und auch schon ihre Gondel beschädigt hatte, so hielten sie es für gerathen, das Feuer zu dämpfen und sich niederzulassen. Durch ge= schickte Regulirung des Feuers gelang es ihnen, beim Landen auf dem Erdboden die ungünstigen Stellen zu vermeiden. Nach 25 Minuten betraten sie, 1¼ Meile von dem Ort ihrer Ausfahrt entfernt, glücklich wieder die Erde. Nur Rozier kam beim Aussteigen in Gefahr, indem sein Rock vom Feuer ergriffen wurde; er rettete sich, indem er den Rock rasch von sich warf; das Volk bemächtigte sich des= selben und bewahrte die Stücke davon als Reliquie. Ar= landes wurde im Triumphzuge zur Stadt geführt.

Diese glückliche Fahrt mit einer Montgolfiere trieb nun den Professor Charles an, auch seinen Ballon und die

Füllung desselben zu verbessern, um ebenfalls eine Reise unternehmen zu können. Schon wenige Tage darauf, am 1. December 1783, stieg er in Begleitung von Robert mit einem mit Wasserstoffgas gefüllten Ballon von 26 Fuß Durchmesser aus dem Hofe der Tuilerien in Paris auf. Natürlich war ganz Paris in Bewegung. Auch diese Reise lief glücklich ab, und beide Arten der Aërostaten hatten nun ihr Examen gut bestanden, um zahlreichen Nachahmern zu immer erneuerten Versuchen übergeben zu werden. Charles und Robert erreichten bei ihrer Reise eine Höhe von 2000 Fuß; da der Stoff des Ballons nicht dicht genug war und Gas ausströmen ließ, so war seine Steigkraft nicht so groß, um bei solcher Belastung eine größere Höhe in dünnere Luft= schichten hinein erreichen zu können. Ihre Fahrt dauerte 2¼ Stunde; sie kamen in einer Entfernung von 5 Meilen bei Nesle zur Erde. Aber der Ballon wollte ihnen noch ein Experiment vormachen, um ihnen die Principien der Luftschifffahrt, von denen sie ausgegangen waren, zu be= stätigen; er wollte ihnen zeigen, daß seine Steigkraft in dem richtig berechneten Verhältniß zu seiner Belastung stehe. So benutzte er denn den Moment, wo er durch die Entfernung Robert's, der beim Anlanden hastig ausstieg, um etwa 140 Pfund leichter geworden war, und stieg mit Charles allein abermals und nun mit furchtbarer Schnel= ligkeit bis zu einer Höhe von 9200 Fuß auf. Die Sonne war schon untergegangen, aber Charles war ihr nachgeeilt und holte sie glücklich ein; er sah sie wieder und sah sie zum zweitenmal untergehn. Finsterniß bedeckte das Erd= reich, aber der Ballon erglänzte im goldnen Schein der Sonne. Nach einer halben Stunde landete Charles von seiner zweiten Auffahrt glücklich auf einem Brachfelde.

Ehe wir nun fortfahren, die merkwürdigsten der vielen

Luftreisen, die hierauf unternommen wurden, vor unseren
Augen vorüber zu führen, wollen wir doch erst einen Blick
auf die Aërostaten selbst richten, um ihre Einrichtung und
auch die Hindernisse, mit denen sie zu kämpfen haben,
näher kennen zu lernen.

Unter dem Ballon hängt an Stricken eine leichte Gon=
del für zwei bis sechs Menschen, auf viele Bequemlichkeit
ist dabei nicht gerechnet, der Raum ist theuer und man
muß sich einrichten, denn große Lasten vermag der Ballon
auf seiner Reise nicht mit sich zu führen. Kommt es noch
einmal zu regelmäßigen Fahrten, so kann doch Freigepäck
nicht bewilligt werden und vielleicht muß, um das Fahr=
geld zu bestimmen, der Passagier sich erst einer Wägung
unterziehen, wie der Jockey beim Pferdewettrennen. So
nothwendig es ist, daß der Luftschiffer immer den Kopf
oben behalte, wie man sprichwörtlich Muth und Geistes=
gegenwart bezeichnet, Eigenschaften, die hier ganz besonders
erfordert werden, eben so nothwendig ist es auch, daß er
mit seiner Gondel immer unten bleibt, immer senkrecht
unter dem Ballon. Dazu muß der Schwerpunkt des ganzen
Apparates in der Gondel liegen und darf auch bei eintre=
tender Veränderung der Lage des Schwerpunkts, die ja
durch Auswerfen des Ballastes, wie durch größeres oder ge=
ringeres Anschwellen des Ballons herbeigeführt wird, höch=
stens nur um ein Weniges über die Gondel hinaustreten.
Sonst kommt der Ballon leicht in Schwankungen und in
eine schiefe Lage, und die Passagiere könnten mittelst einer
schnellern Fahrt unten anlangen, als ihren Gliedern er=
wünscht wäre. Die Gefahr ist selbst bei der richtigen Lage
des Schwerpunkts nicht ganz beseitigt. Bei ruhiger Luft
ist man wohl sicher; aber wenn heftige Windstöße kommen,
so sind die beiden Theile, Ballon und Gondel, nicht in

gleicher Weiſe gegen den hinterliſtigen Angriff gerüſtet; der
eine leiſtet mehr, der andre weniger Widerſtand, ſie kommen
aus dem richtigen Verhältniß zu einander, der eine wird
weiter fortgeſtoßen als der andere, und ſo kommt es denn
zu Schwankungen der Gondel, die den Paſſagier auch über
Bord werfen können. Mitunter fällt es dem Ballon auch
ein, eine Erdkugel im Kleinen darſtellen zu wollen und die
Rotation derſelben um ihre Achſe nachzuahmen; dabei wird
dann die Gondel, die nicht gelernt hat, ſich als Kreiſel gebrauchen zu laſſen, widerhaarig, und der Luftſchiffer hat ſeine
Noth, die beiden veruneinigten Theile ſeines Luftungethüms
wieder in Harmonie zu bringen.

Der Ballon ſelbſt, der meiſt aus Leinwand oder Taffent,
beide durch einen Gummifirniß luftdicht gemacht, angefertigt iſt, iſt zur größeren Feſtigkeit mit einem Netz aus
Seilen überſpannt. An dieſem Netz ſind auch zum Theil
die Stricke befeſtigt, welche die gewöhnlich aus Weiden-
ruthen geflochtene Gondel tragen. Die Montgolfieren
haben natürlich eine etwas andere Einrichtung als die
Charlieren. Die erſteren müſſen ja unten eine Oeffnung
haben, die gewöhnlich den fünften Theil des Ballondurch-
meſſers beträgt. An dieſer Oeffnung iſt ein etwa 6 Fuß
hoher Hals, in welchem unten das metallne Gefäß für die
Feuerung hängt. Dieſe wird durch kurzes Stroh, Wolle
u. dgl. oder auch durch Spiritus unterhalten und kann von
der Gondel aus geregelt werden. Um den Stoff mehr
gegen ein Anbrennen zu ſchützen, wird er in einer Löſung
von Alaun oder Salmiak und Kalk getränkt, oder auch der
Ballon innen mit einer Erdfarbe beſtrichen. Die Charlieren
ſind geſchloſſen und endigen unten mit einem verſchließbaren
Schlauch, durch welchen das leichte Gas zur Füllung ein-
ſtrömen kann. Die übrige Einrichtung iſt wie bei den

Montgolfieren, nur daß noch zu einem besonderen Gebrauch, von dem gleich die Rede sein wird, ein Paar Klappen angebracht sind.

Es ist nothwendig, daß der Luftschiffer sein Fahrzeug nach Belieben steigen und wieder sinken lassen kann. Wir wollen sehen, wie weit ihm dazu die Mittel geboten und die Grenzen gesteckt sind. Sehr vielen Spielraum kann er seinem Belieben nicht lassen. Bei den Montgolfieren muß es das Feuer thun; denn die erwärmte und dadurch verdünnte Luft im Innern des Ballons würde sich, besonders in den oberen kälteren Luftschichten, bald abkühlen und wieder verdichten. Es muß daher das Feuer das Geschäft der Luftverdünnung unausgesetzt betreiben. Läßt das Feuer nach, so wird die eingeschlossene Luft kälter und schwerer und der Ballon sinkt. Der Luftschiffer hat es also durch Dämpfung des Feuers in seiner Hand, den Ballon sinken und eben so durch Verstärkung desselben ihn wieder steigen zu lassen. Nun könnte es scheinen, als ob dadurch der Montgolfiere eine unendliche Steigekraft gegeben wäre; man brauchte ja nur, in je höhere und dünnere Luftschichten man kommt, das Feuer immer mehr zu verstärken, um den äußeren Luftschichten entsprechend die Luft im Innern des Ballons zu verdünnen und so den Ballon immer leichter zu machen. Aber wie dafür gesorgt ist, daß die Bäume nicht in den Himmel wachsen, so ist auch hier ein Riegel vorgeschoben. Zunächst müssen wir erwägen, daß der Ballon bei seinem Aufsteigen schon ganz aufgeblasen ist, also seinen Umfang, sein Volumen nicht mehr vergrößern kann; denn die erwärmte Luft muß ja so viel Spannkraft erlangt haben, daß sie der äußeren Luft, der ja sonst durch die Oeffnung der Zutrit immer frei steht, Widerstand leistet; mit dieser Spannkraft bläht sie auch den Ballon auf. Wenn die Montgolfiere nun in höhere Schichten kommt, so kann ihr Gewicht im Verhältniß zu einem gleich großen Volumen Luft, worauf doch die Steigekraft beruht, nicht dadurch vermindert werden, daß ihr Umfang sich vergrößert, sondern nur dadurch, daß die Luft in ihr immer mehr verdünnt wird. Wir werden gleich sehen, wie das bei den Charlieren ganz anders ist. Der Grad der Luftverdünnung durch Erwärmung hält aber nicht Schritt mit der Luftverdünnung, die in den höheren Schichten sich findet. Die mehr erwärmte und dadurch ausgedehnte Luft kann den Ballon nicht größer aufblasen, sonst wäre schon geholfen, sondern sie strömt durch die Oeffnung aus dem Ballon heraus in die äußere dünne Luft, die wenig Widerstand bieten kann. Dabei wird aber die innere Luft doch nicht so verdünnt, daß sie immer noch viel leichter würde, als die Luft der oberen Schichten; der Ballon kommt endlich in so dünne Luft, daß die Luft im Ballon, ohne die Hitze bis zum Verbrennen desselben zu steigern, nicht noch mehr als jene verdünnt werden kann. Und dann hat die Steigekraft ein Ende; der Ballon hat den Gipfel seiner Höhe erreicht und muß wieder die Fahrt abwärts antreten.

Mit den Charlieren ist es anders, sie haben auch ihren Hemmschuh, aber hier liegt er nicht in der Unmöglichkeit, die Luft, die ihn füllt, genügend zu verdünnen, sondern darin, daß seine Hülle nicht dehnbar genug ist und es nicht sein kann. Hier wird nehmlich der Ballon, sobald seine Füllung vollendet ist, geschlossen; es kann nun weder Luft hinaus noch hinein, sein absolutes Gewicht bleibt also unverändert, während das der Montgolfiere bei größerer Luftverdünnung durch die Wärme geringer wird, indem ein Theil der dadurch ausgedehnten Luft aus dem Ballon ausströmt. Aber das specifische Gewicht der Char-

liere, nehmlich ihr Gewicht im Verhältniß zu ihrem Um=
fang oder zu einem gleich großen Volumen der äußern
Luft, verändert sich, denn das Volumen des Ballons selber
ist veränderlich. Sobald nehmlich der Ballon in dünnere
Luftschichten kommt, findet das Gas in ihm nicht mehr so
großen äußern Gegendruck wie in der untern dichteren Luft;
es dehnt sich daher mehr aus, aber ausfließen kann es
nicht wie bei der Montgolfiere, denn es ist keine Oeffnung
dazu da; so wird es denn den Ballon mehr aufblasen.
Hätte man nun unten bei der Abfahrt den Ballon schon
ganz gefüllt gehabt, so würde er nun, wenn er nicht von
sehr dehnbarem Stoff ist, bald platzen. Eben darum füllt
man ihn unten bei weitem nicht ganz; will man etwa eine
Meile hoch mit ihm aufsteigen, so wird er nur halb ge=
füllt. Nun ist Raum zum Ausdehnen; je höher der Ballon
kommt, desto mehr schwillt er an, desto größer wird also
sein Volumen. Da aber sein absolutes Gewicht dasselbe
bleibt, sein Umfang aber größer wird, so wird sein speci=
fisches Gewicht immer geringer, d. h. er wiegt immer weniger
im Verhältniß zu der Luftmenge, die er verdrängt, da letztere
immer größer wird. Es ist gerade so wie mit dem Eisen=
scheit im Wasser, aus dem nachher ein großer Cylinder
gemacht ist. Nun kann der Ballon in immer höhere Luft=
schichten kommen; je weniger er durch die dünne Luft außen
behindert wird, desto mehr bläht er sich auf, desto specifisch
leichter wird er. Die Montgolfiere kann sich nicht mehr
aufblähen, denn sobald sich ihre Luft wieder ausdehnt, so
fließt sie aus der Oeffnung aus. Endlich erreicht aber die
Charliere auch ihre Grenze, nehmlich wenn der Ballon
nun vollständig aufgeblasen ist und nicht mehr größer
werden kann. Wäre seine Hülle von einem Stoff, der
unendlich dehnbar wäre und sich auch so leicht ausdehnte,

daß auch das sehr verdünnte Gas in ihm Kraft genug hätte, um diese Dehnung zu bewirken, dann wäre seine Steigkraft ohne Ende und er könnte bis zur Oberfläche des Luftmeers aufsteigen. Aber solchen Stoff giebt es nicht. Man hat in neuerer Zeit als Spielwerk für Kinder kleine mit Wasserstoffgas gefüllte Ballons von Gummi. Dieser Stoff ist dehnbar, aber doch haben diese Ballons nur geringe Steigkraft, denn das Wasserstoffgas ist schon durch starken Druck hineingepreßt, um dem Ballon die nöthige Größe zu geben. Eine weitere Ausdehnung, wenn er dabei überhaupt nicht platzt, könnte nur durch einen stärkeren Druck bewirkt werden, als die Ausdehnsamkeit des eingeschlossenen Gases hervorbringen kann; sonst würden diese Ballons allerdings sehr hoch steigen. — Ist nun in den obern Schichten die Charlière vollständig aufgeblasen, so sind zwei Fälle möglich: der eine Fall, daß das einge= schlossene Gas noch Spannkraft genug hat, um den Druck der Hülle zu überwinden. Dann nimmt die Sache einen traurigen Ausgang, wenn man dem drängenden Gase nicht rechtzeitig freien Abzug verschaffen kann; denn dann platzt der Ballon und kann dann eine sehr schnelle Fahrt nach unten machen. Hat man aber unten den Ballon nur schwach gefüllt, so hat nachher bei vollständiger Aufblähung das Gas nicht mehr Kraft genug, seine Hülle zu zersprengen. Dann tritt der andere Fall ein; der Ballon bleibt in der erreichten Höhe schweben, bis andere Umstände seine Steig= kraft vermindern. Dies geschieht gewöhnlich dadurch, daß der Stoff der Hülle doch nicht luftdicht genug ist, und daß dann das Gas allmählig durchdringt.

Aber wie kann nun der Luftschiffer, der mit einer Char= lière reist, ein beliebiges Steigen und Sinken bewirken? Das Verstärken und Löschen des Feuers steht ihm nicht zu

Gebote wie bei der Montgolfiere. Dazu sind eben ein
Paar Klappen in seinem Ballon angebracht, die durch eine
Feder angedrückt werden und durch ein Seil, das zur
Gondel hinabreicht, geöffnet werden können. Will nun der
Luftschiffer sich mit dem Ballon senken, so öffnet er eine
der Klappen; Gas strömt nun aus und atmosphärische Luft
hinein und der Ballon wird schwerer. Aber wenn er nun
steigen will? Das Gas, das er hinausgelassen hat, be=
kommt er nicht wieder. So muß er den ganzen Apparat
leichter machen und etwas aus der Gondel hinauswerfen.
Dazu nimmt er Ballast mit, Sand in kleinen Säcken.
Wirft er einen derselben über Bord oder entleert ihn seines
Inhaltes, so ist der Ballon für diese Erleichterung seiner
Last gleich dankbar und steigt wieder höher. Soll es wieder
abwärts gehen, so wird wieder einmal auf kurze Zeit eine
Klappe geöffnet, und um zu steigen wieder ein Sandsack
geleert. So könnte das abwechselnd fortgehen; aber wo=
her sollen zuletzt alle Sandsäcke kommen! Ein Uebermaaß
von Ballast darf man überhaupt nicht mitnehmen; so muß
man denn damit sehr sparsam umgehen, zumal man den
Ballast auch sonst noch nothwendig braucht. Durch das
Oeffnen der Klappe wird ja die Steigekraft des Ballons
überhaupt vermindert. Will man nun nachher den festen
Erdboden wieder erreichen, so muß man immer mehr Gas
auslassen. Kommt dann der Ballon nach unten in die
dichtere Luft und er wird dort mehr zusammengedrückt, so
würde er bald zu schnell fallen, wenn man ihn nicht von
Zeit zu Zeit durch Auswerfen von Ballast erleichtern könnte.
Besonders wenn man landen will, muß man zuletzt noch
dies Experiment machen können, um nicht so gar unsanft
ans Land zu kommen. So bleibt also dem Luftschiffer
kein gar großer Spielraum für sein Steigen und Fallen.

Bei größeren Reisen müßte man öfters Station machen und unten wieder Gas und Ballast einnehmen. Die Dampf= schiffe und Locomotiven müssen ja auch Haltepunkte haben, um sich mit Kohlen und mit Wasser zu versorgen. Dies Hinderniß wäre nicht zu groß und ließe sich schon über= winden. Kann man doch bei günstigen Umständen, selbst ohne Station zu nehmen, recht bedeutende Reisen machen. So kam am Abend des 17. Decembers 1804 ein Ballon in der Nähe von Rom an, der am Abend vorher in Paris aufgestiegen war und also in 24 Stunden eine Reise von 200 Meilen über Alpen und Apeninen zurückgelegt hatte. Solche Resultate reizen dann immer zu neuen Versuchen, und wenn man sich den Gedanken recht ausmalt, mit sol= cher Geschwindigkeit über hohe Gebirge hinwegzuschiffen, so findet man es natürlich, daß man immer von Neuem darauf sinnt, in die Luftschifffahrt mehr Sicherheit zu bringen, und sie praktischen Zwecken dienstbar zu machen. Leider sind noch andre Hindernisse, zu deren Ueberwindung bis jetzt noch wenig Aussicht ist.

Eine große, wenn auch noch nicht die größte Schwie= rigkeit bietet das Anlanden auf dem Erdboden dar. Man bedient sich dazu eines eisernen Ankers, der an einer leich= ten aber recht festen Schnur von Seide aus der Gondel herabgelassen wird, um sich in das Land einzuhaken. Aber wenn er nur immer so gefällig wäre, dies zu thun! Glückt es dem Luftschiffer auch, ein passendes Feld zu finden, um sich niederzulassen und den Anker auszuwerfen, so greift dieser doch nicht immer gleich ein und schleift dann wohl einige Zeit auf dem Felde fort. Wie bald hat sich dann das Terrain unter dem Ballon verändert; es kommen Gärten, Hecken, Häuser, Wald. Der Anker haftet hier und dort und wird wieder losgerissen, der Ballon ist bis nahe

zur Erde gekommen und findet doch keinen Halt und wird
nun auch über die mannigfachsten Gegenstände hinweg=
geschleift. Daß ein solches Schleifen und Anschlagen eben
nicht zur besonderen Belustigung der Passagiere dient und
nicht immer ohne bedeutende Verletzungen, Quetschungen
und diverse Knochenbrüche abgeht, ist wohl an sich klar.
Es hat dies schon in den ersten Zeiten der Luftschifffahrt
Manchem die Reiselust benommen, und gerade in der neuesten
Zeit hat dieser Umstand wieder viel Unheil gebracht. Wir
werden später davon noch erzählen.

Das größte Hinderniß einer gedeihlichen Anwendung der
Luftschifffahrt liegt aber bis jetzt doch in der Schwierigkeit
oder vielmehr in der Unmöglichkeit, den Ballon in horizon=
taler Richtung beliebig zu lenken. Was helfen uns die
muthigsten und schnellsten Rosse, wenn sie sich nicht lenken
lassen, wenn sie nach ihrer Lust mit uns nach einer Rich=
tung hinlaufen, die vielleicht derjenigen, die wir einschlagen
wollen, gerade entgegengesetzt ist! Und so steht es mit dem
Luftballon; man kann mit ihm nicht hinschiffen, wohin man
will, sondern nur wohin gerade der Wind, der bekanntlich
sehr launenhaft ist, uns hintreibt. Der Seefahrer hat über
den Wind, wenn dieser nicht zu sehr in Wuth geräth, die
Herrschaft gewonnen; er hat Mittel gefunden, sich auch
einen widrigen Wind unterthänig zu machen und ihn zur
Hülfsleistung bei der Fahrt in einer vom Seefahrer be=
stimmten Richtung zu zwingen. Der Luftschiffer hat solche
Herrschaft nicht, er bleibt mit seinem Ballon ein Spielball
des Windes. Ihm steht nicht ein zweites, dichteres Element
zur Seite. Der Seefahrer hat das Wasser, das sich mit
ihm gegen den Wind verbündet; in diesem findet er mit
seinem Steuerruder einen Widerstand, einen Anhalt, der
stark genug ist, um seinem Schiffe auch gegen die Macht

des Windes einen festen Stand, eine bestimmte Richtung
zu geben. Der Luftschiffer ist nur in einem Element, und
zwar in einem sehr dünnen, das ihm keinen Anhalt bietet.
Wenn die starke Bewegnng der Luft ihn fortreißt, so kann
er sich nicht in der Luft selber dagegen stemmen. Man
müßte denn im Stande sein, sich eine sehr große Menge
Luft zum Wiberstand dienstbar zu machen. Das könnte
nur mit flügelartigem Steuerruder geschehen, das eine sehr
große Ausdehnung hätte, um sich gegen eine große Luft=
menge anstemmen zu können. Aber wie soll man das re=
gieren, welch' eine große Kraft gehörte dazu und wo hätte
man in dem leichten Fahrzeug und in dem dünnen Ele=
ment einen Anhalt dazu? Den Hebel hätte man dann
allenfalls, aber noch nicht den Stützpunkt, wo man ihn
ansetzt. Und dann, welch ein großes Gewicht müßte solch'
ausgedehntes Steuerruder haben! Und wir haben schon
gesehen, daß ein Luftschiff gerade gegen Belastung sehr
empfindlich ist. Und überdies müßte das Steuer doch an
dem Ballon angebracht sein und nicht an der Gondel. Der
erstere bekäme dann wohl oft eine Richtung oder eine Schwen=
kung, welche die frei daran hängende Gondel nicht mit
macht; so wäre wieder die unheilvollste Disharmonie ge=
schaffen. Bis jetzt ist es noch nicht gelungen, eine Vor=
richtung zum sicheren Lenken der Luftballons zu erfinden,
so viel man es auch durch Flügel, Segel, Ruder, Schaufel=
räder und dgl. den Vögeln hat nachthuen wollen, die frei=
lich bei ihrem Schwimmen durch die Luft ganz andere
Vortheile haben. Aber könnte man denn nicht die Vögel
selber dazu verwenden? Wie man auf der festen Erde Rosse
vor den Wagen spannt, könnte man nicht so auch durch
ein Gespann Adler dem Luftballon seine Richtung geben?
Recht poetisch müßte es sein, wie ein Feenkönig, als ein

7*

Oberon auf einem von Schwänen gezogenen Wagen durch
die Luft zu fahren, oder als ein Phöbus Apollo mit einem
Greifengespann vor einem vergoldeten Luftballon, daß er
dem Sonnenwagen gliche, die Bahn am Himmelsgewölbe
vom Aufgang zum Niedergang, von Aethiopien zu den Hes=
periden, zu durchziehen.  Wenn es dann nur nicht einmal
solch' ein schlimmes Ende nimmt als mit Phaëton, als er
die Thiere des Sonnenwagens nicht zu lenken verstand und
so viel Unheil anrichtete! Poetisch wäre es, wenn es nur
auch praktisch wäre; der Vorschlag ist ja allerdings auch
in allem Ernste gemacht worden.  Thörichte Vorschläge zu
machen, gelingt manchmal den Gelehrten noch besser als
den Ungelehrten.  Wenn man auch ein passendes Zaumzeug
erfände, um die Adler zu zwingen, dem Zügel zu gehorchen,
was sollten sie doch gegen die Macht des Windes aus=
richten, wenn es gälte, den mächtigen Ballon dem Winde
entgegen zu ziehen, ja wenn sie ihm auch nur bei gänz=
licher Windstille gegen den gewöhnlichen Druck der Luft
eine bestimmte Richtung geben sollten.  Sie haben eben
vollkommen genug mit sich selber zu thun.  Und wo bliebe
dann auch ein Hauptvortheil der Luftschifffahrt, die Ge=
schwindigkeit? Ein Adler thut es in der Geschwindigkeit
zwar dem besten englischen Wettrenner zuvor und ist im
Stande, in einer Secunde 95 Fuß zurückzulegen; aber das
würde sich bald ändern, wenn er ein solches Ungethüm
gegen den Luftdruck hinter sich herziehen sollte; er würde
bald so langsam keuchen wie eine alte abgemagerte Mähre
vor einem Sandwagen.  Zuweilen könnte es auch geschehen,
daß der Ballon, wenn ein günstiger Wind hinter ihm her
käme, den Vogel überholte, so daß dieser nicht gleichen
Schritt mit ihm halten könnte; wenn der Wind es etwa
so eilig hätte, wie bei Garnerin's Fahrt von London aus

im Jahre 1802, wobei der Ballon in der Secunde 111 Fuß durchflog. Doch genug von dieser abenteuerlichen Idee. Die Lenkung des Ballons ist bis jetzt noch eine ungelöste Aufgabe. Das Einzige, was man thun kann, um in der Richtung nicht ganz der Laune des Windes preisgegeben zu sein, ist, daß man dem Winde, von dem man sich nicht will treiben lassen, aus dem Wege geht. Manchmal läßt sich das thun. Die Atmosphäre hat nehmlich in ihren verschiedenen Höhenschichten nicht immer gleiche Gedanken und Bestrebungen; während in der einen Schicht ein Westwind weht, kann in einer höhern oder tiefern Schicht ein Süd= oder Ostwind herrschen. Der Luftschiffer muß nun sehen, mit seinem Ballon in die Schicht zu kommen, deren Bewegungsrichtung ihm günstig ist. Dies kann er durch angemessenes Steigen= und Sinkenlassen des Ballons erreichen. Das Schlimme ist nur, daß die gewünschte Windrichtung doch nicht immer vorhanden ist, und daß durch öfteres Auf= und Niedersteigen des Ballons, wie wir gesehen haben, dessen Steigkraft bald erschöpft ist.

Darum hat man auch mancherlei versucht, um ein Steigen und Sinken des Ballons zu bewirken, ohne seine Steigkraft zu vermindern. Meusnier wollte es den Fischen nachmachen. Diese tragen bekanntlich eine Schwimmblase in sich, die sie durch einen Muskeldruck vergrößern oder verkleinern können; dadurch verändern sie auch das Volumen ihres Körpers, mithin auch ihr specifisches Gewicht und steigen demgemäß auf und nieder. Etwas Aehnliches brachte Meusnier in Vorschlag. Man sollte im Innern des Ballons noch einen kleineren gleichsam als Fischblase anbringen, diesen aber nicht auch mit Wasserstoffgas wie den großen sondern durch einen nach außen gehenden Schlauch vermittelst

eines Blasebalgs mit atmosphärischer Luft füllen oder wieder
entleeren. Dadurch würde allerdings der ganze Apparat
schwerer oder leichter gemacht werden können, ohne etwas
von dem Wasserstoffgas zu verlieren. Andre haben später
den Gedanken wieder aufgenommen, doch haben sich der
Ausführung noch andre Hindernisse entgegengestellt. Ro=
zier, der erste Luftschiffer, hatte noch einen anderen Ge=
danken, dessen Ausführung ihm aber das Leben kostete.
Wir erzählen gleich unten davon, wenn wir in der Geschichte
der Luftschifffahrt fortfahren.

Zuvor sei nur noch einer andern Schwierigkeit erwähnt.
Wenn man es auch in seiner Gewalt hätte, den Ballon
nach Belieben zu lenken, so würde man doch oft in die
Verlegenheit kommen, nicht zu wissen, wohin man ihn
richten soll. Man wäre im Luftmeere bei bedeutenden
Höhen in der Lage wie auf dem Ocean vor Erfindung des
Kompasses. Denn dort oben, wo so viele Verhältnisse sich
ändern, läßt auch die Treue der Magnetnadel nach und
sie hört auf, ihre Schuldigkeit zu thun. Es treten Schwan=
kungen ein, und ihre Richtung ändert sich mit der Höhe.
So weiß man bald nicht mehr, wohin man steuern soll.
Und da man auch nicht, wie bei der Schifffahrt auf dem
Ocean, Mittel hat, um zu erkennen, wie weit man sich in
horizontaler Richtung fortbewegt hat, so wüßte man nie
genau, wo man wäre, selbst wenn man auch noch den Erd=
boden im Gesicht behielte.

So ist denn noch gar Vieles zu überwinden, ehe die
Luftschifffahrt in die Reihe der regelmäßigen Beförderungs=
mittel eintreten kann.

Wir fahren nun in der Geschichte der Luftschifffahrt
weiter fort. Nachdem sowohl die Montgolfiere als die
Charliere ihre erste Auffahrt glücklich zurückgelegt hatte,

folgten nun an verschiedenen Orten so viel Luftreisen auf
einander, daß in wenig mehr als im Verlaufe eines Jahres
schon 58 verschiedene Personen in 35 Fahrten aufgestiegen
und ohne Unfall gelandet waren. Der erste, der nach jenen
beiden Probefahrten eine Luftreise unternahm, war der Er=
finder des Luftballons, einer der Gebrüder Montgolfier.
Er hatte einen Ballon von einer Größe construirt, wie er
selten wieder angefertigt worden ist, in der Höhe von 126,
in der Breite von 104 Fuß Durchmesser und mit mehr
als einer halben Million Kubikfuß Inhalt. Hiermit konn=
ten mehr als zwei Personen aufsteigen, freilich so viel nicht,
als etwa 30 Jahre vorher der Dominikaner Joseph Galien
zu Avignon in seiner fruchtbaren Phantasie auf ein Luft=
schiff unterbringen wollte. Dieser hatte nehmlich die Idee,
mittelst eines großartigen Behältnisses, das mit der dünnen
Luft aus sehr hoher Region gefüllt werden sollte, eine
ganze Armee nebst der nöthigen Kriegsmunition zu trans=
portiren. Montgolfier machte bescheidnere Ansprüche;
die Armee, die er mit seinem großen Ballon beförderte,
bestand, ihn selbst eingerechnet, nur aus sechs Personen,
unter denen außer ihm auch Rozier war. In der Zeit
von einer Viertelstunde wurde der Ballon durch Anzünden
von Reisig zum Steigen gebracht. Die Fahrt dauerte aber
nicht lange; denn da der Ballon einen Riß bekam, mußten
sie schleunig die Rückreise antreten und gelangten glücklich
wieder auf den Erdboden. Blanchard war der erste, der
aus der Luftschifffahrt ein Gewerbe machte, um der Menge
gegen Zahlung von Geld ein amüsantes Schauspiel zu ge=
währen; er soll mehr als 60 Luftreisen gemacht haben.
Eine derselben war dadurch merkwürdig, daß er dabei über
den fünf deutsche Meilen breiten Kanal zwischen England
und Frankreich fuhr. Er fuhr mit dem Amerikaner Dr.

Jeffries am 7. Januar 1785 von Dover ab und erreichte nach 2½ Stunde bei Calais glücklich den französischen Boden.

Pilatre de Rozier wollte diese Fahrt von Frankreich nach England machen. Hierbei führte er aber den schon vorher erwähnten Gedanken aus, dessen Opfer er wurde. Er wollte ein Mittel haben, um die Steigkraft der Charliere nicht durch Oeffnen der Klappe zu erschöpfen und um nicht genöthigt zu sein, zum Steigenlassen des Ballons Ballast auszuwerfen. Deßhalb verband er mit der Charliere, die er überhaupt der größern Steigkraft wegen wählte, noch eine Montgolfiere, letztere, um das Steigen und Sinken des Ballons durch Regulirung des Feuers zu bewirken. Oben war die Charliere, darunter die Montgolfiere. Wenn man weiß, daß das Wasserstoffgas, womit die Charliere gefüllt war, einer der leicht entzündlichsten Stoffe ist, daher er auch zu den Platina-Zündmaschinen angewendet wird, so begreift man wohl die Gefahr, die mit solcher Zusammensetzung verbunden sein mußte. Oben das leicht entzündliche Gas, unten ein Ballon, dessen Steigkraft durch Feuer erhalten und regulirt werden mußte. Ein Feuer unter einem Pulverfaß anzünden kann kaum ungefährlicher sein. Die leichte Brennbarkeit des Gases war dem Rozier natürlich bekannt; er muß darauf gebaut haben, daß das Feuer von dem untern Ballon entfernt genug sei, um diesen nicht anzünden zu können. Diese Gefahr hatte er unterschätzt. Er fuhr am 14. Juni 1785 mit Romain von der französischen Küste ab, um nach England hinüberzuschiffen. Doch sie sollten Frankreich nicht verlassen. Sehr bald ergriff das Feuer den untern Ballon; die Charliere darüber mußte schon durch die starke Erwärmung von unten straff ausgespannt werden und platzen, selbst wenn sie nicht unmittelbar vom Feuer ergriffen wurde. Das Wasserstoffgas aus der Charliere bildet mit dem Sauerstoff der atmosphärischen Luft das leicht entzündliche Knallgas, das bei der Entzündung mit ungeheurer Gewalt explodirt. Solche Explosion trat ein und hat die beiden Reisenden wohl schon sofort getödtet, ehe sie noch im Sturz die Erde erreichten. Ihre zerschmetterten Leichname wurden bei Boulogne gefunden. So war der erste Luftschiffer zugleich das erste Opfer dieser Kunst, nachdem inzwischen so viele Andere unbeschädigt seinem kühnen Wagniß gefolgt waren. Er machte seine Fahrt freilich im Dienst der Wissenschaft, um durch einen neuen Versuch die Luftschifffahrt weiter zu fördern, während die Andern nur auf den Bahnen folgten, die schon mehr erprobt waren.

Dieser erste Unglücksfall hatte jedoch keinen Stillstand in ferneren Versuchen zur Folge. Theils war die Hoffnung, den Luftballon practischen Zwecken dienstbar machen zu können, noch zu groß, theils boten die Luftfahrten bei der Neugierde und der Schaulust der Menge kühnen Unternehmern Aussicht auf guten Erwerb dar. So folgten denn immer neue Luftfahrten fast in allen Ländern und großen Städten. Nur die spanische Regierung hatte in übergroßer Sorge für das Leben ihrer Unterthanen die Luftschifffahrt verboten, nachdem dort ein gewisser Bouché bei einer Auffahrt in Aranjuez in Lebensgefahr gerathen war.

Selbst von neuen gefährlichen Versuchen, um die neue Erfindung zu vervollkommnen, hatte das Unglück Rozier's nicht zurückschrecken können. Besonders that sich in dieser Beziehung Zambeccari hervor, dessen Luftreisen so viel Interessantes darbieten, daß wir sie im folgenden Vortrage ausführlicher erzählen wollen. Außer ihm ist noch Testu zu erwähnen, der bei seinem Ballon eine Art Flügel angebracht hatte, ohne jedoch dadurch den Zweck einer beliebigen Lenkung erreichen zu können. Doch gelang es ihm, bei seiner Fahrt Station zu machen und während seiner zwölfstündigen Reise zweimal am Erdboden zu landen und wieder aufzusteigen. Lunardi machte auch eine glückliche Fahrt über den Meerbusen von Neapel. Sehr viele Luftreisen in verschiedenen Ländern machte auch Garnerin, der dabei zuerst den von Blanchard erfundenen Fallschirm anwendete. Ueber diese Erfindung und deren Anwendung wollen wir im folgenden Vortrage noch Näheres angeben.

Die Luftschiffer der ersten Zeit waren sämmtlich Franzosen; dann betheiligten sich dabei auch Italiener, später auch Engländer. Im Jahre 1805 entschlossen sich auch Deutsche zu dem Wagniß, das Luftmeer zu beschiffen. Der Professor Jungius in Berlin war der erste, der es unternahm. Er wiederholte seine Versuche mit glücklichem Erfolg. Weniger glücklich war der Professor Reichard, den seine muthvolle Gattin auf mehreren Fahrten begleitete; die letzte derselben jedoch wurde ihr der Uebergang zur Auffahrt in eine höhere Welt; sie stürzte hoch aus den Lüften todt zur Erde nieder. So hatte die neue Erfindung aus beiden Geschlechtern die Muthigen zum Opfer gefordert. Doch ist die Zahl der Unglücksfälle bei der Luftschifffahrt verhältnißmäßig nur gering, und ist trotz der Unvollkommenheit, die dieser Erfindung auch jetzt noch anhaftet, eine Reise durch die Lüfte kaum gefährlicher als Reisen über den Ocean. Mit dem Schwindel darf man sich freilich nicht sehr verbrüdert haben, denn der ist bei solcher Fahrt ein lästiger Begleiter, der einem das ganze Vergnügen verleiden und ein groß Theil Gefahr noch dazu bringen kann. — Der folgende Vortrag wird die Fortsetzung unsers Themas bringen.

.

## Fünfter Vortrag.

### Fortsetzung des vorigen. Von der Luftschifffahrt und deren Geschichte.

——

Indem wir nun die Geschichte der Luftschifffahrt weiter
verfolgen, erzählen wir zunächst die merkwürdigen Fahrten,
die der Graf Zambeccari unternommen hat, und auf
die wir am Schluß des vorigen Vortrags schon hinwiesen.
Sie werden uns in mannigfacher Weise ein Bild von den
Gefahren und Hindernissen geben, mit denen ein Luftschiffer
zu kämpfen hat, und werden auch deutlicher als die bloße
Theorie die Umstände an's Licht setzen, auf die es bei der
Luftschifffahrt ankommt und auf die man seine Aufmerksamkeit zu richten hat. Und wenn Zambeccari mit den besonderen Vorrichtungen, durch die er die Richtung des
Ballons mehr in die Hand des Luftschiffers legen wollte
und die ihm so unheilvoll wurden, auch nicht den beabsichtigten Zweck erreicht hat, wenigstens nicht mit glücklichem
Erfolg bei seinen Luftreisen, obgleich die Richtigkeit seiner
Theorie auch durch seine unglücklichen Fahrten bestätigt
worden ist; so sind seine Auffahrten doch sehr belehrend für
andere Luftschiffer geworden und haben mit dazu beige-
tragen, Gefahren bei Luftreisen zu vermeiden. Wir geben
zunächst einige biographische Notizen über denselben.

Francesco Graf Zambeccari war 1756 zu Bologna

geboren; er stammte aus einer alten Familie, die früher in großem Ansehen stand. Nachdem er eine sorgfältige Erziehung genossen hatte, trat er als Seeoffizier in spanische Dienste. Auf einer Expedition hatte er das Unglück, in türkische Gefangenschaft zu gerathen und in das Bagno zu Constantinopel gebracht zu werden. Der eifrigen Verwendung des spanischen Gesandten hatte er nachher seine Befreiung zu verdanken. Nun begab er sich längere Zeit auf Reisen; er durchwanderte die Levante und einen Theil Afrika's und besuchte auch die meisten Hauptstädte Europa's. Hierauf kehrte er nach seiner Vaterstadt zurück und widmete seine Thätigkeit nun ganz der Luftschifffahrt. Schon im Jahre 1805 hatte er eine Luftreise in England gemacht, welcher er bald mehrere andre nachfolgen ließ. Er war es, der auch besonders den Gedanken mit anregte, dem Ballon die gewünschte Richtung durch Steigen= und Sinkenlassen desselben zu geben, um so in die geeignete Luftströmung zu kommen. Es war nun sein Bemühen, dies thun zu können, ohne Gas aus dem Ballon zu lassen und ohne Ballast auszuwerfen, wie dies ja auch das Bestreben Rozier's gewesen war. Er ging dabei von demselben Princip wie Rozier aus, nur suchte er das Gefährliche, das in dessen Verbindung einer Charliere mit einer Montgolfiere lag, zu vermeiden. Er wollte nur mit einer Charliere fahren, wollte aber durch kleine Flammen in der Gondel selbst, die er unter seiner Hand beaufsichtigen und reguliren konnte, eine gelinde Wärme erzeugen, die das Gas im Ballon nicht entzünden konnte, aber stark genug war, um den schlaff gefüllten Ballon durch Ausdehnung des Gases anschwellen oder wieder zusammensinken zu lassen. Die Idee war gewiß eine ganz vernünftige und würde, wenn aus der Luftschifffahrt überhaupt noch einmal etwas mehr als ein bloßes Schauspiel zur Belustigung werden sollte, gewiß wieder aufzunehmen sein. Das Verhängnißvolle war nur, daß er zu solchen Flämmchen gerade Spiritus wählte.

Da Zambeccari kein großes Vermögen besaß, die Herstellung eines großen Ballons aber, zumal damals, wo die Füllung noch so theuer war, große Kosten verursachte, so setzte er die Regierung seiner Vaterstadt von seinen Ideen in Kenntniß und bat um eine Unterstützung zur Ausführung seines Planes. Es wurde ihm dazu eine Summe von etwa 1600 Thalern bewilligt. Dadurch war er nun aber auch dem Publikum verpflichtet, einem Publikum, das zu unwissend war, um die großen und schwierigen Vorbereitungen, die nöthig waren, beurtheilen zu können, und das zugleich zu große Ungeduld hatte, um die geeignete Zeit zum Aufsteigen abzuwarten. Dieser Umstand war von dem schlimmsten Einfluß auf sein Unternehmen. Als die Herstellung seines Ballons bald vollendet und auch für Anbringung einer Lampe in der Gondel zur Erzeugung der beabsichtigten Wärme gesorgt war, setzte er dem ungeduldigen Publikum den 4. September 1803 als den Tag seiner Auffahrt von Bologna fest. Er hatte in der letzten Zeit noch mannigfache Hindernisse gefunden und mit den größten Anstrengungen, die ihn erschöpften und seinen Muth beugten, zum gedachten Tage endlich die nöthigsten Vorbereitungen beendet. Den Tag zuvor ließ er den Ballon nach dem bestimmten Platz bringen. Er sollte in der Nacht gefüllt werden: es war dies eine Arbeit, die damals, wo man mit Schwefelsäure und Eisen oder Zink erst das Wasserstoffgas erzeugen mußte, um es unmittelbar aus den Gefäßen, in denen es entwickelt wurde, in den Ballon zu leiten, eine viel bedeutendere Zeit in Anspruch nahm, als jetzt, wo man den Ballon mit Leuchtgas füllt und dieses in den großen Städten, die ja alle mit Gaserleuchtung versehen sind, sogleich aus den Gasleitungsröhren unter dem Druck des Gasometers in den Ballon einströmen läßt. Zambeccari hatte zu diesem Geschäft mehrere Personen angelernt und übertrug denselben unter Leituug seines Bruders die Füllung des Ballons, während er nach den großen Anstrengungen der letzten Tage in der Nacht noch der Ruhe pflegen wollte. Als er jedoch am Morgen des 4. September nach dem Platz kam, fand er fast nichts gethan. Ein großer Theil der Schwefelsäure war durch Ungeschick und Unverstand vergeudet. Dazu war auch durch die nächtliche Feuchtigkeit der Firniß des Ballons erweicht, und darauf beim Wirken der Sonnenwärme das Netz unregelmäßig und faltig an dem Ballon angeklebt. Es war unmöglich, es in kurzer Zeit wieder loszulösen, und Zambeccari sah sich genöthigt, die Fahrt zum 5. October aufzuschieben. Nun zeigte sich ein neuer Uebelstand; beim Loslösen des Netzes vom Ballon entstanden im letzteren viele Risse und Löcher, so daß zur Reparatur viele Zeit und große Ausgaben in Anspruch genommen wurden. Zur Aufbringung dieser Mittel mußte sich der Graf abermals an die Regierung wenden, bekam aber nur leihweise 200 Thaler, deren Rückzahlung ihm nachher viel Mühe und Kummer gemacht hat.

Da kam der angesetzte Termin heran, aber sowohl an diesem als am folgenden Tage regnete es so stark, daß an ein Auffahren nicht zu denken war. Am 7. October ließ der Regen nach, und der Himmel wurde heller, doch war noch wenig auf beständiges Wetter zu rechnen. Dennoch mußte Zambeccari der Ungeduld des Volkes nachgeben und seiner eignen Ansicht entgegen die Fahrt unternehmen. Ehe es aber zu diesem Entschluß gekommen war, war der Mit=

tag herangekommen. Das Geschäft des Füllens, das nun erst begonnen werden konnte, dauerte bis zur Mitternacht, besonders weil der größte Theil der Leute, die Zambeccari dazu angelernt hatte, ihm durch die Ränke seiner Feinde abwendig gemacht worden waren. Da der Ballon in der noch immer nassen Luft viel Feuchtigkeit angezogen hatte und dadurch bedeutend schwerer geworden war, auch schon beim Transport mannigfach gelitten hatte, überdies aber der fehlenden Mannschaften wegen nicht zweckmäßig gefüllt werden konnte, so sah Zambeccari voraus, daß er nicht die nöthige Steigkraft haben würde, ja er war sogar der Meinung, daß der Ballon ihn mit den beiden bestimm= ten Begleitern, Andreoli und Grassatti gar nicht würde tragen können.

Obgleich nun Zambeccari durch die unausgesetzten Anstrengungen des Tages sowie durch den Aerger über den Spott und die Ränke seiner Feinde und über das ungestüme Drängen des unwissenden Volkes schon völlig erschöpft war, bestieg er doch um Mitternacht mit seinen beiden Gefährten die Gondel. Der Ballon stieg und schwebte eine Zeit lang langsam über der Stadt. Plötzlich aber stieg er mit großer Schnelligkeit aufwärts. Sie kamen in die Region des obern Südwestwindes, der sie in kurzer Zeit weit von ihrem Auffahrtsorte wegtrieb. Es war eine finstere Nacht, sie hatten eine Laterne mit, deren schwaches Licht aber nicht hinreichte, um die Beobachtungen an dem schwankenden Barometer zu machen. Nur aus der furcht= baren Kälte, die sie umgab, konnten sie erkennen, daß sie sich in ungeheurer Höhe befanden; zudem wurde die Luft so dünn, daß das Licht der Laterne nicht Nahrung genug hatte und erlosch. Zambeccari, der vorher schon so er= schöpft war, sank in Ohnmacht. Bald war auch Grassatti

seiner Sinne nicht mehr mächtig, nur Andreoli erhielt sich
durch Rum noch munter und widerstand dem erschlaffenden
Einfluß der entsetzlichen Kälte.  Endlich gelang es ihm,
den Zambeccari, später auch den Grassatti wieder zum
Bewußtsein zu bringen; sie waren wohl wieder gesunken
und in eine bessere Luftschicht gekommen, doch konnten sie
darüber keine Gewißheit haben.  Es war inzwischen 2 Uhr
Nachts geworden, die Finsterniß verhinderte noch eine Um-
schau; sie hatten keine Ahnung davon, wo sie waren, noch
wohin sie schifften.  Die Magnetnadel, die ihnen über das
Letztere Auskunft geben sollte, zeigte nur dahin, wohin sie
zuletzt freilich wieder kommen mußten; sie hatte sich senkrecht nach der Erde hingerichtet.  Wir haben schon oben
erwähnt, daß in solcher Höhe die Magnetnadel ihre Dienste
versagt; die richtende Kraft des Erdmagnetismus kann hier
nur den einen oder andern Pol nach unten hin ziehen.
Unsere Reisenden sehen sich endlich von weißen Wolken
umhüllt und hören unter sich ein verdächtiges Geräusch wie
das Brausen des Wassers.  Sie bemühen sich, das Licht
der Laterne wieder anzuzünden, um am Barometer zu sehen,
wie hoch sie sind.  Da wird das Geräusch lauter, und mit
Schrecken sehen sie das heftig wogende Meer unter sich.
Nun gilt es, den Ballon schnell wieder zum Steigen zu
bringen; hier hätte die Lampe helfen können, wenn sie bei
Tageslicht rechtzeitig ihr Sinken wahrgenommen und so
Zeit gehabt hätten, durch die Lampe die nöthige Wärme
zum Aufblähen des Ballons zu erzeugen.  Aber jetzt war
an den Gebrauch der Lampe nicht mehr zu denken.  Rasch
warfen sie einen Sandbeutel hinaus, aber zu spät, die Steigkraft des Ballons war erschöpft, und ehe sie ihn genug
erleichtern können, sinkt die Gondel schon in's Meer, und
die drei Gefährten stehen im Wasser.  Nun übereilt sie der

Schrecken; freilich ist nur in Erleichterung durch Auswerfen
von Ballast noch Hülfe zu suchen. Aber sie werfen schnell
hinaus, was ihnen in die Hand kommt, ohne erst nach
etlichen Stücken die Wirkung abzuwarten. So wandert
schnell Alles in's adriatische Meer, denn auf diesem befanden sie sich; nicht blos sämmtlicher Ballast, auch Barometer, Thermometer, Kompaß, Ruder, ihr Geld, selbst die
Lampe, deren Wirkung zu erproben die ganze Expedition
unternommen war, Alles muß in die nasse Fluth, um ihr
Schifflein aus derselben frei zu machen und es wieder in
das dünnere Element zu erheben; selbst ein Theil ihrer
Kleidungsstücke, die ihnen doch nach der kalten Fahrt so
nothwendig waren, wird über Bord geworfen; in der Hast
brechen und schneiden sie selbst von der Gondel ab, was
nur irgend entbehrlich schien. Da fühlt sich ihr Luftroß
aller Bande ledig und plötzlich erhebt es sich mit ihnen in
rasender Schnelligkeit hoch in die Lüfte. Ehe sie es nur
denken können, sind sie in solche Höhe emporgestiegen, daß
ihr lautes Rufen zu einander ungehört verhallt.

Nun kam eine Zeit noch schwereren Leidens für sie;
in der dünnen Luft lief dem Grassatti das Blut aus der Nase,
Zambeccari hatte mit heftigen Uebelbefinden zu kämpfen,
der Frost machte sie ganz erstarren. Wie gern hätten sie
nun ihre Kleider wiedergehabt; aber anstatt eines ersehnten
Pelzes war es eine Eiskruste, in welche die Kälte der obern
Luft sie, die vom Meerwasser ganz durchnäßt waren, ein-
hüllte. In dieser traurigen Lage brachten sie etwa eine
halbe Stunde zu; dann hatte der so mannigfach schadhafte
Ballon durch Ausströmen des Gases wieder wie vorher
seine Steigkraft verloren und senkte sich langsam nieder,
aber noch keineswegs um ihren Leiden ein Ende zu machen.
Sie sollten durchaus nicht blos das Luft-, sondern auch das

Wassermeer durchschiffen. Es war wieder das adriatische
Meer, in dessen Mitte der Ballon sich niederließ. Die
Gondel tauchte unter, und die Luftschiffer standen halb im
Wasser, wurden auch öfters von den Wogen ganz bedeckt.
In diesem Zustande schifften sie mehrere Stunden auf dem
finstern, stürmischen Meere umher. Sie waren auch nicht
ohne Segel, denn der Ballon, zum großen Theil seines
Gases entleert, bot dem Winde eine munbrechte Fläche dar,
in die er hineinblasen konnte. Er war so gefällig, sie nach
der italienischen Küste zu treiben. Als sie aber gegen Tages=
anbruch sich dem Lande bis auf einige Meilen genähert
hatten, kam ihnen von dorther ein Landwind entgegen, der,
wie wir im folgenden Vortrag sehen werden, gerade gegen
Sonnenaufgang am heftigsten zu sein pflegt. Dieser feind=
liche Wind trieb sie wieder weit in das Meer zurück. Nun
war es Tag geworden und die See wurde belebter; mehrere
Schiffe kamen in ihre Nähe, aber anstatt ihnen rettende
Engel zu werden, flohen sie in Furcht, sobald sie des un=
bekannten Seeungeheuers ansichtig wurden. Endlich kam
ein Schiffer, der unterrichteter war, und sendete ihnen ein
Boot zur Rettung. Doch die rettenden Matrosen sollten
es erfahren, daß das Ungeheuer wirklich nicht ungefährlich
sei. Um die drei erschöpften Aëronauten aus ihrer Gondel
befreien zu können, hatten sie an letztere ein Seil befestigt
und zogen nun die Leidenden in ihr Boot. Aber solche
Enthebung seiner Last machte den Ballon gleich übermüthig,
stolz erhob er sich plötzlich und er hätte durch das Zerren an
dem Seil, das ihn mit dem Boote unfreiwillig copulirt
hatte, letzteres umgeworfen, wenn die Matrosen nicht schnell
dies eheliche Band durchschnitten und ihm so einen Scheide=
brief gegeben hätten. Der Ballon stieg schnell in die Höh
und verschwand in den Wolken. Die Luftschiffer wurden

in dem Hafen von Verada an's Land gesetzt. Aber sie
hatten sehr gelitten; Grasatti war dem Tode nahe ge=
wesen, Zambeccari hatte sich die Hände so erfroren, daß er
sich nachher mehrere Finger der linken Hand mußte ab=
nehmen lassen.

Nach solcher unglücklichen und doch so kühnen Fahrt
hätte es wohl Niemand dem Grafen verargt, wenn er seinen
Eifer für die Luftschifffahrt fortan nur auf die Theorie be=
schränkt hätte und fein unten auf der sichern Erde geblieben
wäre. Aber es lag ihm daran, die Richtigkeit seiner Idee
durch gelungne praktische Versuche zu bestätigen. Die un=
glücklichen Umstände der ersten Fahrt hatten den Versuch
mit der Lampe ganz verhindert; deshalb drängte es ihn zu
einer neuen Unternehmung. Wahrlich, nach solchen Er=
fahrungen gehörte wohl ein großer Heldenmuth dazu, sich
neuen Gefahren auszusetzen, und er mußte deren bei seiner
neuen Unternehmung noch sehr große bestehen. Wir sehen,
wie die Wissenschaft begeistern, und mit welcher Kühnheit
und Ausdauer sie ihre Jünger erfüllen kann. Waren es
doch in der ersten Zeit fast nur Männer der Wissenschaft,
welche die damals noch so gefährlichen Luftreisen unter=
nahmen.

Im folgenden Jahre hatte Zambeccari es wieder so
weit gebracht, daß er eine neue Luftreise unternehmen konnte;
er wurde darin von der Gesellschaft der Wissenschaften in
Bologna unterstützt. Sein neuer Ballon war 37 Fuß im
Durchmesser und war wiederum mit einer großen Spiritus=
lampe versehen, welche im Umkreise 24 Oeffnungen hatte,
die durch Klappen schnell geschlossen werden konnten. Der
22. August 1804 war zur Auffahrt festgesetzt. Diesmal
traf der Graf eine günstige Witterung. Einer seiner frühe=
ren Begleiter, Andreoli, hatte sich auch wieder zu dem

8*

neuen Wagniß entschlossen. Der Ballon wurde mit Wasserstoffgas gefüllt, das zugleich aus 16 Tonnen entwickelt
wurde und zu welchem 3550 Pfd. Zink verbraucht wurden.
Der Ballon wurde zuerst so belastet, daß er durch ein kleines
Uebergewicht am Steigen verhindert wurde; man wollte die
Kraft der Erwärmung durch die Lampe erforschen; der
Ballon wurde auch nur bis auf Zweidrittel gefüllt, um
dem Gase bei der Erwärmung Raum zur leichten Ausdehnung zu lassen.

Zuerst wurde noch ein Versuch mit Rudern gemacht,
um durch Aufschlag derselben den Ballon zum Sinken zu
bringen. Gegen 11 Uhr Vormittags bestiegen Zambeccari
und Andreoli die Gondel, welche an einem 50 Fuß langen
Seile gehalten wurde. Sie warfen nun 25 Pfund aus,
um auch ohne Lampenwärme steigen zu können. Der Ballon erhob sich so hoch, als das Seil es zuließ. Darauf
gelang es ihnen, durch Ruderschlag den Ballon wieder abwärts zum Boden zu bewegen und so also mit dem Ruder
eine Steigkraft von 25 Pfund zu überwinden. Am Boden
angelangt, nahmen sie die 25 Pfund Ballast wieder ein
und versuchten nun durch Erwärmung zu steigen. Zwei
angezündete Flämmchen reichten hin, den Ball so anzu-
schwellen, daß er sich langsam an dem Seil erhob; als sie
ausgelöscht wurden, senkte er sich wieder nieder. Nun wurden sechs Flämmchen angezündet, worauf der Ballon sich
schnell bis zur Höhe des Strickes erhob; das Auslöschen
der Lämpchen bewirkte wieder ein Fallen, jedoch nur ein
langsames, weil das Gas zur Abkühlung längere Zeit ge-
brauchte, als zur Erwärmung.

Nach diesen gelungenen Experimenten, welche Zambeccari's Idee als richtig und praktisch bestätigten, zündeten
sie 8 Flämmchen an, um nun vom Seil losgelassen sich in

die Lüfte zu erheben. Der Ballon stieg mit ruhiger Würde
auf. Es wehte nur ein schwacher Wind, der sie nicht weit
von der Stadt wegbrachte, so daß der zahlreichen Zuschauer-
menge lange Zeit der Anblick des schönen Schauspiels blieb.
Während dieser Zeit ließen sich die Reisenden mehrmals bis
nahe zur Erde nieder und stiegen wieder auf. Das Anzünden noch eines Flämmchens genügte schon, den Ballon
steigen zu lassen, während er bei einer immer gleichen Anzahl von Flammen sich fast immer in derselben Höhe erhielt. Sie stiegen bis zu einer Höhe von 8000 Fuß auf,
immer nur durch die Kraft der Flammen, da der Ballon
sonst über seine Steigkraft belastet war. Um 1 Uhr befanden sie sich etwa sechs Meilen von Bologna, und da
kein hinreichender Wind war, um eine längere Reise zu
unternehmen, und da ihre Kräfte nicht hinreichten, um die
mannigfachen Versuche und Beobachtungen sorgsam auszu-
führen, so ließen sie sich zur Erde nieder, um ihre Reise zu
beendigen. Sie trafen aber gerade auf einen Morast, wo
sie nicht festen Fuß fassen konnten. Durch das Anzünden
zweier Flämmchen erhoben sie sich wieder, bis sie ein Brach-
feld fanden, wo der Anker bei einem Baume haftete. Der
Ballon sinkt und wird von dem Jubel einer großen Menge
empfangen.

Aber vom Anlanden bis zum Verlassen der Gondel
giebt es immer noch kritische Momente, und ehe der Luftschiffer nicht mit beiden Füßen fest auf der Erde steht, kann
er immer noch nicht sagen, daß die Reise glücklich beendet
sei. Das sollten auch unsre beiden Freunde erfahren, und
es sollte sich hier zeigen, daß, wie guten Erfolg auch die
Idee des Erwärmens hatte, doch die Wahl des Spiritus
dazu eine sehr unglückliche war. Beim Niedersteigen nehmlich verwickelte sich das Ankerseil in den Baumzweigen, die

Gondel kommt in eine schiefe Stellung, und der brennende Spiritus läuft aus. Schnell verbreitet sich das Feuer auf der Gondel, eine große Spiritusflasche wird erwärmt, der Kork springt ab und 30 Pfund Spiritus stehen in Flammen. Mit dem Spiritus verbrennt ein Theil des Gewichtes; durch diese Erleichterung und durch die Erwärmung hebt sich der Ballon, so daß die Leute, die unten das Ankerseil hülfreich erfaßt haben, es nicht mehr halten können. Zambeccari ist eifrig beschäftigt, das Feuer um sich her, das auch schon seine Kleider ergriffen hat, zu löschen. Andreoli denkt nur an seine Rettung, er ergreift das Ankerseil und klimmt daran hinunter, ein nicht sehr sanfter Fall bringt ihn zur Erde. Aber nun fehlt dem Ballon eines Mannes Gewicht, er fühlt sich so leicht, und mit ungeheurer Kraft reißt er sich los und steigt mit Zambeccari in der brennenden Gondel mit pfeilschneller Geschwindigkeit hoch in die Lüfte, so daß in wenigen Momenten die Menge nichts mehr von ihm sieht.

Doch der kühne Graf verliert nicht die Geistesgegenwart; es gelingt ihm, das Feuer zu löschen; die dünne Luft, in die er emporgehoben wurde, kam ihm darin auch zu Hülfe. Die Kälte, die ihn nun umfängt, sagt ihm, daß er wieder eine ungeheure Höhe erreicht hat; an dem Barometer kann er es nicht sehen, es war zerbrochen; aber wie einen dunklen Abgrund sah er die dunklen Wolken tief unter sich. Jetzt erfaßt ihn eine Luftströmung und führt ihn wieder seinem alten feindlichen Bekannten, dem adriatischen Meere zu. Er hat nicht mehr die Lampe zur Disposition, um sein Fahrzeug, das nicht für's Wasser eingerichtet ist, von dem feindlichen Element fortzuheben. Er muß es ruhig geschehen lassen, daß der Ballon sich auf das Meer, zehn Meilen vom Lande niederläßt. Aus Feuer-

gefahr kommt er in Wassernoth; er steht wieder bis an
den halben Leib im Wasser, diesmal aber allein, ohne Ge=
fährten, nur Himmel und Wasser um sich her, nirgends
ein rettendes Schiff in Sicht. Noch eine Hoffnung, unten
bläst ein dem obern entgegengesetzter Wind; hatte ihn jener
vom Lande weggeführt, so wird dieser ihn wieder zurück=
bringen. So wartet er, er schifft dem Lande zu, aber keine
Küste will sich zeigen, und doch treibt der Wind ihn mäch=
tig und doch ist schon so lange Zeit in diesem schrecklichen
Zustande verstrichen. Da wird er der Täuschung gewahr;
er zieht das Ankerseil an sich, um sich fest zu binden, da
er einzuschlafen fürchtet. Aber der Anker hat Grund ge=
faßt, er ist die ganze Zeit über auf derselben Stelle ge=
blieben, nur die Wogen sind an ihm vorübergerauscht in
der Richtung nach dem Lande zu; er wähnte sich mit in
Bewegung und war doch von dem Anker festgehalten. Nun
galt es, sich los zu machen; aber es war kein Instrument
da, um das seidne Ankerseil zu durchschneiden. Franklin
sagte einmal: ein Physiker muß mit der Säge bohren und
mit dem Bohrer sägen lernen. Die Noth lehrt noch grö=
ßere Dinge. Zambeccari nahm eine Glaslinse aus dem
noch vorhandenen Fernrohr, und da er diese mit der er=
frornen Hand nicht ordentlich handhaben konnte, so mußten
die Zähne Handdienste verrichten. So, die Glaslinse zwi=
schen den Zähnen, durchsägte er mit der scharfen Kante
derselben allmählig das Seil. Er wird flott und treibt
nun mit vollem Segel der Küste zu. Aber wenn nicht
bald Hülfe kommt, ist er doch verloren; vier Stunden schon
steht er im Wasser, die Steigkraft des Ballons, die ihn
über dem Wasser erhält, schwindet immer mehr, schon reicht
ihm das flüssige Element bis an den Hals. Da kommen
ihm mehrere Fischerbarken entgegen, aber die Furcht läßt

sie vor dem fliehen, der ihrer Hülfe harrt. Endlich be=
gegnen ihm muthige Männer, die ihn in ihre Barke neh=
men und an das Land bringen. Der Ballon, nun der Last des
Unglücklichen entledigt, schwingt sich in die Luft und eilt
über das Meer, um den Türken einen Besuch abzustatten.
Zambeccari wurde bei seiner Rückkehr in Bologna mit
großem Jubel empfangen; aber der Versuch kostete ihm
wieder zwei Finger, die, vom Frost zerstört, abgenommen
werden mußten.

Die Versuche des Grafen Zambeccari geschahen zu einer
Zeit, in der noch die Ansicht herrschend war, daß es ge=
lingen werde, dem Luftballon eine allgemeinere Anwendung
zu geben. Allmählig kam man von dieser Ansicht zurück,
wenn freilich auch Einzelne bis in die neuesten Zeiten noch
diesen Gedanken verfolgten. Sonst beschränkte sich die Luft=
schifffahrt hinfort nur darauf, daß Einzelne damit zu ihrem
Erwerb der Menge ein Schauspiel vorführten, mit dem sich
hier und da wissenschaftliche Untersuchungen verbanden.
Was man noch Neues ersann, hatte besonders den Zweck,
solche Luftfahrten billiger und sicherer machen zu können.

Bedeutend billiger wurden die Luftreisen durch Anwen=
dung des Leuchtgases, dessen sich zuerst der Engländer
Green bediente. Dieser ist durch die vielen Luftfahrten,
die er im dritten und vierten Decennium dieses Jahr=
hunderts in fast allen Ländern Europa's unternahm, sehr
bekannt geworden. Auch Berlin erfreute er mit diesem
Schauspiel, und es erinnert sich wohl noch Mancher, wie
dieser kühne Mann, ganz frei in dem Ring über der Gondel
stehend und zum Gruß den Hut schwenkend, über die
Stadt hinschwebte. Besonders ist die Reise, die er am
7. November 1837 mit zwei Gefährten von London aus
unternahm, durch die weite Strecke, die er durchschiffte, be=

merkenswerth geworden. Er war Nachmittags um zwei Uhr aufgestiegen, hatte um 5 Uhr Dover erreicht, fuhr in 10 Minuten über den Kanal nach Frankreich, schiffte dann in der Nacht über Belgien hin und ließ sich am anderen Morgen um 7 Uhr in Nassau nieder, nachdem er in 17 Stunden einen Weg von 100 deutschen Meilen zurückgelegt hatte. Sein Ballon hatte gegen 60 Fuß Durchmesser, der Anker war an einem 1000 Fuß langen, dehnbaren Seile befestigt, das durch eine Winde auf- oder abgewunden wurde. Als Ballast hatte er Wasser in kupfernen Gefäßen, um diese, wenn sie geleert waren und er über Wasser kam, hinablassen und wieder füllen zu können.

Zur größeren Sicherheit für vorkommende Unglücksfälle wurde zu dem Ballon noch ein neuer Apparat hinzugefügt, nehmlich der von dem Franzosen Blanchard erfundene Fallschirm. Die Idee, mittelst eines Schirms von großen Höhen hinabzuspringen, ohne eine Verletzung fürchten zu müssen, stammt freilich schon aus alter Zeit und ist asiatischen Ursprungs. Bei den chinesischen Gauklern, die es in solchen Dingen sehr weit bringen, ist es ein altes und häufig vorgeführtes Kunststück, daß sie mit Hülfe zweier ausgespannter Schirme, die am Gürtel befestigt sind, sehr hoch hinabspringen. Die Einrichtung aber, wie sie mit Nutzen beim Luftballon angewendet wird, hat dem Fallschirm erst Blanchard gegeben. Er sprang selber zuerst im Jahre 1785 mit einem solchen von einem hohen Thurm in Basel hinab und erreichte unversehrt den Erdboden. Ein solcher Fallschirm, in der Form ähnlich einem Regenschirm, doch halbkugelförmig, hat einen Durchmesser von 25—30 Fuß und ist so fest gearbeitet, daß er dem bedeutenden Luftdrucke Widerstand leistet. Von dem Umkreise des Schirmes gehen 30 Fuß lange Seile nach unten hin und vereinigen

sich zu einem dicken Seile, an welchem der für den Sitz
des Menschen bestimmte Korb hängt. Der Fallschirm hängt
unter dem Ballon schlaff herab, nur ein wenig durch einen
innern Reifen auseinandergehalten; sobald er hinabfällt,
öffnet er sich von selbst durch den Luftdruck. Ehe sich der
Schirm ganz geöffnet hat, fällt er freilich mit ungeheurer
Schnelligkeit, die sich aber bald in Folge des Luftdrucks,
den der geöffnete Schirm beim Fallen zu überwinden hat,
mäßigt, so daß ein langsames, gleichmäßiges Fallen ein=
tritt. Es kommt natürlich Alles auf die Geschwindigkeit
an, die der Schirm zuletzt erreicht hat, damit der Korb
nicht zu unsanft auf die Erde kommt. Diese Endgeschwin=
digkeit läßt sich aus dem Umfang des Schirmes, aus seiner
Belastung und dem Widerstande der Luft berechnen. Ist
z. B. der Durchmesser 30 Fuß, die Last 212 Pfund und
die Höhe bedeutend genug, damit erst eine Gleichmäßigkeit
des Falles eintreten kann, so ist die Endgeschwindigkeit so,
als ob ein Mensch vier Fuß hoch hinabspringt. Im An=
fang des Falles kommt allerdings noch die Gefahr hinzu,
daß der Schirm, bis das Gleichgewicht hergestellt ist, in
pendelartige Schwingungen geräth, und in Folge davon
der Korb schief, wohl gar in horizontale Lage zu hängen
kommt. Da gilt es denn freilich sich festzuhalten. Der
schon oben erwähnte Luftschiffer Garnerin ließ sich öfters
aus seinem Ballon mit einem Fallschirme von bedeutender
Höhe herab, zuerst im September 1802. Wenn er hoch
in der Luft im Korbe Platz genommen hatte, so schnitt er
den Strick, mit welchem der Fallschirm am Ballon hing,
durch und hielt seine Niederfahrt zur Erde, die manchmal
doch etwas unsanft war. Wenn ein Mensch bei einer Luft=
reise etwa durch einen Schaden, den der Ballon erleidet,
in Gefahr kommt, so kann er sich wohl noch mit dem Fall=

ſchirm retten. Doch Geiſtesgegenwart gehört allerdings
dazu, und wenn mehrere Reiſende ſind, ſo möchte die Gunſt
des Fallſchirms doch nicht Allen zu Gute kommen. Bei
den Luftfahrten der neueſten Zeit findet man den Gebrauch
des Fallſchirms ſelten erwähnt. Von dieſen Luftreiſen
wollen wir nachher noch berichten. Zunächſt wollen wir
noch einen Blick auf die Anwendung werfen, welche der
Luftballon außer den Vergnügungsfahrten bisher ſchon ge=
funden hat.

Am meiſten hat man in Frankreich von den Aëroſtaten
Gebrauch gemacht. Man hoffte dort, für die Kriegführung
großen Gewinn aus der Luftſchifffahrt zu ziehen. Deshalb
wurden ſchon 1794 ganze Compagnien „Aëroſtiers" er=
richtet, welche in Luftſchiffen die Stellungen des Feindes
recognosciren, auch militairiſche Signale verbreiten ſollten.
So wird auch der Sieg, den der General Jourdan bei
Fleurus im Juni 1794 über die Oeſtreicher erkämpfte, der
glücklichen Auskundſchaftung durch Luftballons zugeſchrieben.
Auch auf die Expedition nach Aegypten nahm Napoleon
Aëroſtaten mit. Nachher ſchien es doch, als ob die Koſten
mit dem gewährten Vortheil nicht in Einklang ſtänden, und
das Aëronauten = Corps wurde wieder aufgelöſt. Die be=
deutenden Koſten ſind es auch, welche manche andere vor=
geſchlagene Anwendung der Ballons verhindert haben. So
wollte man ſie namentlich auch zum Heben und Trans=
portiren von Laſten anwenden, z. B. um große Steine,
Obelisken, Denkmäler u. ſ. w. auf Höhen hinaufzuſchaffen;
allerdings können ſie dazu gebraucht werden, aber man
kann es jetzt mit den andern mechaniſchen Vorrichtungen
billiger ſchaffen. Wo aber für einen nützlichen Zweck nichts
zu gewinnen iſt, da weiß der Menſch doch noch für das
Vergnügen etwas herauszupreſſen. So wendet man jetzt

kleine Luftballons an, um das Schauspiel eines Feuerwerks in den obern Luftschichten zu gewähren. Die Feuerwerks- körper steigen mit dem Ballon auf und entzünden sich dann oben. Bei dem nach der Krönung erfolgten feierlichen Ein- zuge des Königs Wilhelm in Berlin wurde die Menge auch durch solches Ballonfeuerwerk hoch in den Lüften erfreut.

Doch eines nicht unbedeutenden Nutzens, den die Luft- schifffahrt gebracht hat und noch mehr bringen kann, dürfen wir nicht unerwähnt lassen. Das ist der Nutzen für die Wissenschaft, besonders für die Meteorologie. Nur durch die Luftballons ist es möglich, den Zustand der oberen Luft- schichten in mancherlei Beziehungen zu erforschen, z. B. in Rücksicht auf Feuchtigkeit, auf Zusammensetzung der Luft, auf Electricität, auf Wärmegehalt und Durchsichtigkeit, auf thierische Lebensthätigkeit, ferner den Einfluß des Erdmagne- tismus auf die Magnetnadel in verschiedenen Höhen, u. a. m. Zu solchem wissenschaftlichen Zwecke haben schon am 23. August 1804 die berühmten französischen Physiker Gay- Lussac und Biot eine Luftfahrt unternommen, welche durch die Untersuchungen, die sie in den eben genannten Gegenständen anstellten, von großer wissenschaftlicher Be- deutung geworden ist. In demselben Jahre, am 15. Sep- tember, unternahm Gay-Lussac noch einmal allein eine Fahrt, bei der er sechs Stunden in der Höhe zubrachte und in dieser Zeit viele Beobachtungen am Barometer, Thermometer, am Feuchtigkeitsmesser und an der Magnetnadel anstellte und verzeichnete. Er erreichte dabei die größte Höhe, die bis dahin je ein Mensch erlangt hatte, vielleicht den Grafen Zambeccari ausgenommen, der indeß, weil ja sein Baro- meter zerbrochen war, die Höhe nicht messen konnte. Gay- Lussac kam noch 1450 Fuß über die Höhe des Chimborasso, nehmlich 21550 Fuß hoch, und hatte dabei eine Kälte von

8 Grad und starke Athembeschwerden zu ertragen. Hum=
boldt war mit seinem Freunde Bonpland bei Ersteigung
des Chimborasso 19300 Fuß hoch) gekommen; auch eine
schöne Höhe! nur muß man bedenken, daß, wie schon er=
wähnt ist, die Temperatur auf Bergen in derselben Höhe
nicht so niedrig ist, wie in der freien Luft, abgesehen da=
von, daß die Temperatur des Chimborasso durch seine Lage
in der Nähe des Aequators schon viel milder ist, als in
senkrechter Erhebung über Frankreich. Es könnten in dieser
Beziehung noch mancherlei Untersuchungen, namentlich in
noch größern Höhen angestellt werden; und wenn es Men=
schen in so bedeutender Höhe nicht aushalten können, so
hat man gar mancherlei metereologische Instrumente, die
sich selbst registriren, d. h. bei denen man an gewissen
Merkmalen nachher noch sehen kann, welche Veränderungen
an ihnen die verschiedene Temperatur, Luftverdünnung,
Feuchtigkeitsgehalt der Luft, Windrichtung u. dgl. hervor=
brachten. Man könnte solche Instrumente allein mit einem
Ballon zu ungeheuren Höhen hinaufsenden. Die Electri=
cität der obern Luft ist schon mannigfach durch Ballons,
von denen eine Schnur mit leitenden Metallfäden zum Erd=
boden herabhing, untersucht worden.

Wir wollen nun noch Einiges von den Luftfahrten der
allerneuesten Zeit berichten. Zunächst ist einer Fahrt zu
erwähnen, welche am 13. Juli 1858 in Berlin unternom=
men wurde, und bei welcher Dr. Pitschner mit aufstieg,
um wissenschaftliche Untersuchungen zu machen. Sie er=
reichten eine Höhe von 14800 Fuß, gleich dem Niveau des
Montblanc, und hatten dabei eine Temperatur von 5 Grad
R. Kälte. Da in unserer Breite schon bei 8000 Fuß Höhe
die Region des ewigen Schnees beginnt, so hätte man
wohl eine noch niedrigere Temparatur in jener Höhe ver=

muthet. Das Heberbarometer erwies sich hier seiner Schwan=
kungen wegen wenig anwendbar, bessere Dienste leistete
das Aneroidbarometer.  In Folge einer optischen Täuschung
erschien die Erde nicht wie ein Kugelstück, sondern kessel=
förmig ausgehöhlt.  Die Erfahrungen des Ohrensausens,
des beschleunigten Pulsschlages, der Nothwendigkeit des
lauten Sprechens, um sich verstehen zu können, machten
auch sie.  Eine Fortbewegung des Ballons nahmen sie gar
nicht wahr, sondern konnten diese nur am Steigen und
Fallen des Barometers beobachten.  Sie sahen die Sonne
untergehen, und zwar 10 Minuten später, als unten der
Sonnenuntergang erfolgte.  Nach einer Fahrt von 71 Mi=
nuten, wobei der Ballon in südöstlicher Richtung über Köp=
nik getrieben wurde, landeten sie glücklich beim Dorfe Münche=
hofe, 8 Meilen von Berlin.

Eine zweite Luftreise, die Dr. Pitschner am 17. August
1862 mit dem Luftschiffer Regenti in Begleitung des
Tagesschriftstellers Wachenhusen unternahm, verlief nicht
ganz so glücklich.  Sie fuhren Abends 6 Uhr auf und
schwebten über Spandau, Potsdam, Nauen hin und er=
reichten eine Höhe von 11000 Fuß.  Alle drei klagten zu
gleicher Zeit über Ohrenbrausen; sie mußten stark rufen,
um sich zu verstehen, und doch drang das Gerassel eines
unter ihnen fahrenden Eisenbahnzuges zu ihnen hinauf.
Es ist dies eine Erscheinung, die wir nachher noch bei einer
andern Fahrt werden kennen lernen, und die darin ihren
Grund hat, daß, wie früher schon erwähnt, der Schall von
unten nach oben, oder vielmehr aus dichter in dünnere Luft
sich leichter fortpflanzt.  Die Bewegung des Eisenbahnzuges
erschien ihnen übrigens, wie natürlich bei solcher Entfernung,
wo Alles so kleine Dimensionen annimmt, äußerst träge
und langsam.  Sieht man doch schon von der Bastei in

der sächsischen Schweiz den auf der Eisenbahn jenseits der
Elbe daherbrausenden Bahnzug in scheinbar sehr langsamer
Bewegung! Regenti hatte um halb acht Uhr die Klappe
geöffnet und dadurch ein Fallen des Ballons bewirkt. Sie
sanken schnell; die Häuser, die Bäume wuchsen schneller, als
ihr Auge es fassen konnte; die Erde schien ihnen eilend
entgegen zu kommen; ein etwas beängstigender Anblick!
Endlich erfassen sie die Strickleitern, um beim Landen nicht
so unsanft aufzustoßen; der Anker wird ausgeworfen, das
Fahrzeug stößt auf die Erde auf, aber der Anker hat nicht
gefaßt. Nun kommt wieder etwas vom Scheitern im An=
gesicht des Hafens. Der Ballon hat nicht mehr Steigkraft
genug, um sich mit seiner Last in die Lüfte zu erheben; so
fegt er denn über die Feldmark hin, während der Korb
mit den drei Passagieren immer nahe an der Erde schleift;
bald werden sie gegen einen Zaun geschleudert, bald schwirren
ihnen die Telegraphendrähte der Eisenbahn um den Kopf.
Stöße und Quetschungen sind wohlfeil, sie bekommen sie
reichlich als Zugabe zu ihrer Luftfahrt. Immer weiter saust
der ächzende Ballon dahin, der Anker findet keinen Gegen=
stand zum Haften, nur Festhalten an den Strickleitern kann
sie vor der Hand noch retten. Aber da breitet sich vor
ihnen ein Wald aus; fahren sie dahinein, so werden sie
an den Stämmen und Aesten zerschmettert. Jetzt kommt
ihnen ein Moment, wo sie mit Tasso sprechen können:
„So klammert sich der Schiffer endlich noch am Felsen
fest, an dem er scheitern sollte." Sie werden gegen einen
Telegraphenpfahl geschleudert. Es thut eben nicht sanft,
aber es gilt Rettung, schnell 'erfassen sie den Pfahl und
klammern sich daran fest; dem Regenti gelingt es, sie daran
festzubinden. Aber die Gefahr ist noch nicht vorüber; von
dem Ballon können sie nicht so schnell los, und dieser zerrt

mit ungeheurer Kraft, um sich los zu machen und seine wilde Jagd fortzusetzen. Der Pfahl knackt; wenn er bricht, so ist es um sie geschehen. Da eilt der Schäfer vom Bredower Vorwerk mit Weib und Kind herbei, sie befestigen den Anker an einer Umzäunung. Aber auch diese hätte der tobende Ballon bald überwältigt. Jetzt eine neue Gefahr! ein Bahnzug saust daher; wenn nun der Pfahl bricht und sie dem Zuge entgegengeworfen werden! doch der Führer hat die Gefahr rechtzeitig bemerkt; es gelingt ihm, den Zug zum Halten zu bringen. Nun eilen die Schaffner herbei und bewältigen den Ballon. Die Passagiere waren gerettet, doch mit Beulen und blutigen Köpfen. Der Ballon aber, der nun auf dem Felde niedergeschnürt wurde, machte sich die hereingebrochene Dunkelheit zu nutze; als einer der Leute, die ihn bändigen wollten, dabei etwas ungeschickt war, entschlüpfte er aus dem Netze und schwang sich nun pfeilschnell in die Lüfte. So gewaltig ist solches Ungethüm. Man hat ihn später zerfetzt wieder gefunden. Das ist ein Beispiel davon, wie eine der Hauptschwierigkeiten der Luftschifffahrt gerade das Landen ist. Wir sahen das schon bei der Fahrt des Grafen Zambeccari, wir werden nachher noch von einem andern Beispiel aus der neuesten Zeit hören.

Eine andere wissenschaftliche Luftreise wurde im August 1862 in England von Glaisher unter Leitung des Luftschiffers Corwell unternommen. Sie ist besonders dadurch merkwürdig, daß sie zeigt, wie sehr das Steigen oder Fallen des Ballons von der Witterung und von einem Wechsel derselben abhängig ist. Als sie nehmlich 8000 Fuß hoch waren, passirten sie eine dicke Wolkenschicht; plötzlich aber klärte sich die Atmosphäre auf, und nun dehnte sich das Gas im Ballon so rasch aus, daß sie mit rasender

Schnelligkeit in die Höhe fuhren. Als sie eine Höhe von
14,000 Fuß erreicht hatten, warfen sie Tauben aus, um
ihren Flug zu beobachten; aber die Tauben fielen wie ein
Stein abwärts. Der Ballon stieg immer höher; als sie
bis zu einer Höhe von 5 englischen Meilen oder 23,760
Fuß gekommen waren, einer Höhe, wie sie noch nie ein
Mensch erreicht hatte, fühlte sich Glaisher fast ganz erblin-
det und verlor das Bewußtsein. Der letzte Thermometer-
stand, den er beobachtet hatte, war 10 Grad R. unter
Null. Während der Ballon noch weitere zehn Minuten
mit großer Schnelligkeit stieg, blieb Coxwell noch bei
Bewußtsein und berechnete die Höhe auf 6 englische Meilen oder 28,500 Fuß. Nun spürte aber auch er Anwand-
lungen von Ohnmacht; er wollte die Klappe öffnen, ward
aber zu seinem Schrecken gewahr, daß er keinen Finger
bewegen konnte. Schnell gefaßt, packte er die Schnur,
welche die Klappe am Ballon öffnete, mit den Zähnen;
das Gas entwich langsam, und der Ballon begann allmählig zu sinken, worauf Glaisher wieder zu sich kam und
seine Instrumente benutzen konnte. Ein selbstregistrirendes
Thermometer zeigte ihnen, daß sie bis zu einer Kälte von
20 Grad R. unter Null vorgedrungen waren. Eine Flasche
mit Wasser war in der That vollständig zugefroren und
thaute erst nach einer Stunde auf. Coxwell's Hände
waren ganz schwarz unterlaufen. Merkwürdig ist, daß sie
bei der enormen Höhe, die sie erreichten, doch die leichten
Federwolken (cirri) noch in großer Höhe über sich schweben
sahen. Im Uebrigen ging die Fahrt gut von Statten, und
sie landeten glücklich auf einer Wiese.

Glaisher hat noch andere Luftfahrten in den Jahren
1863 und 1864 unternommen und dabei manche interessante
Beobachtungen gemacht. So hat es sich gezeigt, daß bei

heiterem Himmel die Wärme im Verhältniß zur Höhe viel
schneller abnimmt, als bei bedecktem Himmel, so daß man
also, wenn der Himmel eine Wolkendecke hat, viel höher
steigen kann, ehe man von der Kälte übermäßig belästigt
wird. Es ist dies auch den erkannten Gesetzen gemäß, da
bei heiterm Himmel die Wärme viel ungehinderter von der
Erde in den freien Weltraum hinein zurückstrahlen kann.
— Ferner zeigte sich bei diesen Fahrten auch in recht auf=
fallender Weise, wie sehr die Fortpflanzung des Schalls
erleichtert wird, wenn er keinen hindernden Gegenstand zu
passiren hat und wenn er vom dichteren in das dünnere
Mittel, nicht umgekehrt, dringt; die Luftschiffer hörten in
einer Höhe von 21,879 Fuß, also über eine Postmeile weit,
deutlich das Rollen eines Eisenbahnzuges. Natürlich wirkt
hier auch der heitere Himmel günstig; wenn der Schall
Gewölk passiren muß, so wird er mehr aufgehalten und
geschwächt. — Auch an dem Spectrum des Sonnenlichts
(dem Regenbogenbilde, in welches das Sonnenlicht durch
ein Glasprisma zerlegt wird,) machten sie bemerkenswerthe
Beobachtungen. Es kann hier nur angedeutet werden, daß
in diesem Spectrum immer verschiedene dunkle Linien er=
scheinen, die je nach der Ursache, die sie hervorruft, sich an
verschiedenen bestimmten Stellen zeigen. Solche Ursach ist
theils die Lichtquelle, also hier die Sonne selbst, theils die
Atmosphäre, durch welche die Strahlen dringen müssen.
Die dunklen Linien nun, welche in Folge des Durchgangs
der Sonnenstrahlen durch die Atmosphäre entstehen, zeigten
sich bei den Versuchen in der Luftballonhöhe nicht, so daß
also in dieser Beziehung der Einfluß der Atmosphäre dort
schon aufhört.

    In neuester Zeit ist von Paris aus eine Luftreise aus=
geführt worden, die schon vorher durch die geschickte Re=

klame des Unternehmers und durch die Großartigkeit der
Vorbereitungen, nachher aber durch den traurigen Ausgang
die Aufmerksamkeit und die Theilnahme fast ganz Europa's
erregte. Die Reise geschah mit einem Ballon von einer
Größe, wie vorher noch keiner angefertigt worden war, und
in einem Fahrzeuge, das nicht mehr wie sonst die bescheis
dene Form und die Dimensionen eines Korbes hatte, son=
dern an Gestalt und Größe sich zu dem Vergleich mit
einem Eisenbahnwagen emporschwang; auch die verschiede=
nen Coupées darin fehlten nicht. Eine nähere Beschrei=
bung des Ballons erfolgt nachher. Der Unternehmer der
Fahrt und zugleich Eigenthümer des Ballons war Nadar,
die technischen Leiter waren die Gebrüder Godard; im
Ganzen gehörten neun Personen zur Reisegesellschaft. Am
18. October 1863 Nachmittags um 5 Uhr stieg der Ballon,
der den bezeichnenden Namen Géant (Riese) trug, in Ge=
genwart des Kaisers Napoleon und einer ungeheuren Men=
schenmenge in Paris auf. Der Wind trieb nach Nordosten
gen Belgien zu, die Reise ging ganz nach Wunsch, und
die Passagiere waren in der frohesten Laune. Man hielt
sich absichtlich in den unteren Luftschichten, um das in der
oberen dünneren Luft so begünstigte rasche Entweichen des
Gases zu vermeiden. Man hatte ja keine wissenschaftlichen
Untersuchungen zum Zweck, es sollte eine Vergnügungsreise
sein, die man möglichst lange ausdehnen wollte. Die Ge=
brüder Godard, von den Vorbereitungen und von der durch=
wachten Nacht erschöpft, wünschten, als sie über Holland
hinfuhren, zu landen. Aber die Reisegesellschaft, die sich
in stolzer Fröhlichkeit von dem Erstaunen und dem Schrecken
unterhielt, den ihr Ungeheuer bei Menschen und Thieren
erregen würde, wollte diesen Schrecken auch gern noch den
ungehobelten Deutschen gönnen, und so wurde denn die

9 *

Weiterfahrt beschlossen. Man kam zu den hannoverschen Ebenen, flog Morgens 9 Uhr über Diepholz, später über Nienborf hin. Da man die Eisenbahn bemerkte, die hier nach der Stadt Hannover führt, so schien dies eine bequeme Stelle zum Landen, um mit der Eisenbahn schnell wieder in die civilisirte Welt, nach Paris, zurückzueilen. Aber der deutsche Boden war zu ungeschickt und zu unhöflich, um den feinen Parisern recht hülfreich zur Hand zu gehen. Genug, sie mußten auch die Erfahrung machen, daß das Anlanden das Gefährlichste von der ganzen Luftpartie ist. Als die Ventilklappe geöffnet wurde, um Gas ausströmen zu lassen, gerieth diese in Unordnung, so daß nicht genug Gas entweichen konnte und der Ballon nur so weit entleert wurde, daß das Fahrzeug die Erde berührte, aber vom Ballon noch getragen wurde. Der scharfe Wind trieb nun den Ballon schnell über die Ebene hin; diese Fahrt ging aber in sehr unerquicklichen Sprüngen, denn sobald die Gondel die Erde berührte, wurden die Verbindungsstricke schlaff, der Ballon, so seiner Last entledigt, hob sich und riß die Gondel unsanft empor, die dann dafür sich rächend mit ihrem Gewicht den Ballon wieder abwärts zog. So war zwischen Ballon und Gondel ein fortwährender Krieg, die Kriegskosten mußten aber die Passagiere bezahlen. Die Gondel lag bald auf der Seite, bald stand sie wieder aufrecht; die Bewegung war so heftig, daß die Wiese auf lange Strecken hin wie umgepflügt war. Nur durch ihre Zähigkeit, indem sie aus spanischem Rohr geflochten war, widerstand die Gondel solchen mächtigen Stößen. Schade nur, daß die Glieder der Menschen nicht eben so zähe waren.

Man warf einen Anker aus; er riß wohl Zäune und Hecken um, zerstörte Dach und Schornstein eines Garten-

hauſes, aber als er endlich die Erde faßte, riß das Hanf=
tau, obgleich es ſehr gut gearbeitet und einen Zoll ſtark
war, wie abgebiſſen durch.  Der zweite Anker folgte dem
boshaften Vorbild des erſten.  Sie hatten keinen dritten
zu verſenden und waren völlig den Launen des Ballons
preisgegeben.  Jetzt näherten ſie ſich der Eiſenbahn, auf
der ein Zug daherbrauſte; die Furcht eines Zuſammenſtoßes
war gegenſeitig und wahrlich mehr begründet, als die
Furcht vor dem Zuſammentreffen unſerer Erde mit einem
Kometen, die kurz zuvor ſo viele Gemüther geängſtigt hatte.
Der Zuſammenſtoß wurde vermieden, aber kurz vor dem
Bahnzuge ſetzt der Rieſe über die Bahn, nicht ohne zuvor
mannigfache Zerſtörungen anzurichten.  Die Gondel ſchlägt
nehmlich gegen den Bahndamm, reißt ein Stück heraus
und hebt ſich dann; dabei ſtoßen die Verbindungsſtricke
gegen die Telegraphendrähte und reißen dieſe mit einem
Ruck durch, eine Arbeit, zu welcher die Zugkraft der ſtärk=
ſten Locomotive erforderlich iſt.  Der Ballon ſetzt nun in
Sprüngen ſeinen Weg fort und wirft dabei die Paſſagiere
entſetzlich hin und her, ſo daß ſie ganz zerſchlagen und ge=
ſchunden werden und einen Theil ihrer Sachen verlieren.
Dadurch und durch endliches Auswerfen von Ballaſt ge=
winnt der Ballon die Herrſchaft wieder und hebt ſich, ſo
daß die Stöße nun aufhören.  Um landen zu können, muß
aber dem Ballon ein beträchtlicher Theil ſeiner Steigkraft
genommen werden, und doch war die Klappe zum Luft=
auslaſſen in Unordnung gekommen und konnte nicht ge=
öffnet werden.  Da klettert Jules Godard mit Lebensge=
fahr an dem Netz des Ballons in die Höhe und öffnet
die Klappe.  Nun wird der Rieſe überwunden und fällt
gänzlich; aber der Wind hat auch noch ein Wort mitzu=
ſprechen.  Er macht ſich das boshafte Vergnügen, den

ganzen Apparat in der Nähe der Stadt Rethem in ein
Gehölz zu treiben, an deſſen Stämmen und Aeſten der
Ballon noch einige Zeit lang Holzhauerarbeit verrichtet und
dann erſchöpft zuſammenſinkt, um von den herzugelaufenen
Bauern angegafft zu werden. Aber was iſt nun aus den
Paſſagieren der grande nation geworden? Einige ſind ſo
zerſchlagen, daß ſie ſtill ihr weiteres Schickſal abwarten
müſſen, einige ſpringen, als der Ballon fällt, vorzeitig aus
der Gondel und verletzen ſich dabei noch. Wehe aber dem,
der mit der Crinoline in den Himmel ſteigen will! Weib=
liche Luftſchiffer pflegen ſonſt Mannskleider anzulegen; Frau
Nadar aber war mit der Crinoline in die Arche geſtiegen,
und als ſie dieſelbe verlaſſen wollte, bleibt ſie hängen, der
Rieſe athmet noch einmal auf und wirft die Gondel ſo
ungeſchickt um, daß die unglückliche Frau darunter zu lie=
gen kommt und ſchrecklich gequetſcht wird. Eine ſchreckliche
Laſt! Die Gondel iſt etwa 20 bis 30 Centner ſchwer,
vergebens bemühen ſich die Reiſenden, ſie zu heben; end=
lich werden Bauern zur Hülfe geholt, denen die Befreiung
gelingt, nachdem Frau Nadar zwei Stunden lang in
Todesangſt und Schmerzen unter der Laſt zugebracht hat.
Nun wurde Anſtalt gemacht, Perſonen und Sachen, Kranke
und Geſunde nach der nächſten Eiſenbahnſtation zu Rethem
zu bringen. Aber nun die babyloniſche Sprachverwirrung!
Die Söhne der großen Nation ſind höchſt entrüſtet über
dies pouple sauvage, das nicht einmal ihre Sprache ver=
ſteht und zum Theil mit der Hülfe ſäumt, weil dieſe Na=
turkinder nicht verſtanden, was von ihnen gefordert wurde.
Der Eine aus der Geſellſchaft, Monſieur d'Arnould, er=
kühnt ſich ſogar, durch Drohen mit dem Revolver die
Bauern zur Hülfsleiſtung zu zwingen. Die Herren hatten
wohl Waffen mitgenommen, weil ſie fürchteten, in deutſcher

Luft unter Menschenfresser zu kommen. Doch genug davon;
der schlimme Ausgang der mit so großer Ruhmredigkeit
unternommenen Fahrt mag sie wohl unmuthig gemacht
haben. Ohne Verletzung war kaum Einer, mehrere hatten
sehr bedeutende Quetschungen, der Eine hatte den Arm
gebrochen. Die Eisenbahn schaffte sie bald alle nach Paris.

Nun noch etwas von der Form und den Dimensionen
dieses Riesen unter den Ballons. Er bestand aus zwei
übereinander hängenden Ballons, von denen der obere
größere birnförmig und mit Gas gefüllt war, während der
untere kleinere bei ähnlicher Form zuerst ganz schlaff darunter hing und den Zweck hatte, oben in der dünnen Luft
das ausströmende Gas des oberen aufzunehmen. Der
größte Durchmesser des obern Ballons war 70 Fuß, seine
Höhe 100 Fuß, die Höhe des untern 24 Fuß, die ganze
Höhe mit der Gondel und den Verbindungsstricken 150 Fuß.
Wer von dieser Höhe nicht gleich eine klare Anschauung
hat, der bedenke, daß die Höhe des königlichen Schlosses
zu Berlin (ohne Kuppel) 110 Fuß beträgt. So wird man
auch die Kühnheit des Jules Godard zu würdigen wissen,
der in solcher Höhe am Ballon hinaufstieg, um die Klappe
zu öffnen. Der Ballon war aus mehr als 20,000 Ellen
starkem, gefirnißten Seidenzeuge gefertigt und kostete mit
dem übrigen Zubehör 26,000 Thaler. Zu seiner Füllung
gehörten ca. 190,000 Kubikfuß Gas. An diesem Tage
feierte man in Deutschland das Jubelfest der Schlacht von
Leipzig; das zu dem Ballon verbrauchte Gas reichte hin,
um die ganze Beleuchtung der Stadt Bremen an diesem
Jubelabende zu versorgen. So wird man den Aufwand
ermessen können, welchen solche Luftreise verursacht. Freilich reichte der Ballon auch für mehr Personen hin; bei
einem vorläufigen Probeaufflug in Paris sollen 35 Per-

sonen mit aufgestiegen sein, die er nach seinen Dimensionen auch wohl tragen kann. Die Gondel war in Kastenform und hatte bei 9 Fuß Breite und ebenso vieler Höhe 14 Fuß Länge, hatte oben eine Plattform und an den vier Seiten zusammen 12 Fenster und 2 Thüren. Was das Gewicht anbetrifft, so wog der Ballon ohne Füllung   6 Centner,

$$
\begin{array}{lr}
\text{die Gondel} & 24 \quad '' \\
\text{die Taue } \mathfrak{c}. & 17 \quad '' \\
\text{Werkzeuge } \mathfrak{c}. & 5 \quad '' \\
\text{9 Personen} & 12 \quad '' \\
\hline
\text{Summa} & 64 \text{ Centner.}
\end{array}
$$

Wir werden nachher aus einer Tabelle ersehen, daß der Ballon seiner Ausdehnung nach mehr als das Dreifache tragen konnte.

Am 26. September 1864 hat Nadar mit seinem wieder-hergestellten Géant, ebenfalls mit zusammen neun Personen, von Brüssel aus wiederum eine Luftreise angetreten. Es war das Jahresfest der Unabhängigkeit Belgiens, der König mit seiner Familie und eine ungeheure Volksmenge waren zugegen. Bei der Füllung hielten 200 Soldaten die Seile und konnten kaum die Kraft des Riesen bewältigen. Als etwas Neues war in der Gondel eine Glocke mit vier Federn angebracht. Von jeder Feder hing eine Schnur, die verschieden, 150, 300 \mathfrak{c}. Fuß lang war, herab und endigte mit einem Gewicht. Es sollte dies zum Schutz dienen, damit sie sich in der Nacht nicht unbemerkt dem Erdboden zu sehr näherten. Sobald nehmlich das Gewicht einer Schnur am Erdboden aufstößt, so löst sich die be-treffende Feder und die Glocke fängt an zu läuten. Die Fahrt begann Abends um halb sechs Uhr und verlief glück-lich. Um 10 Uhr Abends landete die Reisegesellschaft wohl-behalten bei Ypern in Westflandern. Der Riese wird nun wohl seine Rundreise durch die Hauptstädte Europa's machen. Möge er von recht vielen Lesern dieser Blätter als ein alter Bekannter begrüßt werden.

Zum Schluß wollen wir noch etwas über die Berech= nung der Steigkraft eines Ballons hinzufügen. Es habe z. B. ein Ballon Kugelform und dabei 26 Fuß Durch= messer, wie der von dem Professor Charles zuerst ange= wendete, so ist sein Inhalt 9000 Kubikfuß. Es werden also durch seinen Umfang 9000 Kubikfuß atmosphärische Luft verdrängt. Diese wiegen 825 Pfund. Das Gas ist etwa sechsmal leichter, das Gas im Ballon also $825/6 =$ 137 Pfund schwer; es bleiben also noch 687 Pfund Steig= kraft, wenn der Ballon kein Gewicht hätte. Beträgt das Gewicht der Hülle 100 Pfund, die Gondel mit zwei Men= schen und Ballast 500 Pfund, so bleiben 87 Pfund Steig= kraft, welche hinreichen, den Ballon zu einer beträchtlichen Höhe zu erheben. Die Steigkraft wächst natürlich mit der Größe des Ballons. Folgende Tabelle zeigt die Steig= kraft von kugelförmigen Ballons mit verschiedenen Durch= messern nach Abzug des Gewichts der seidenen Hülle, doch ungerechnet alle andere Belastung, und mit Gas gefüllt, das sechsmal leichter als atmosphärische Luft ist.

| Bei | 5 | Fuß Durchmesser ist die Steigkraft | | | | | 1⅓ | Pfd. |
|---|---|---|---|---|---|---|---|---|
| " | 10 | " | " | " | " | " | 24 | " |
| " | 20 | " | " | " | " | " | 225 | " |
| " | 30 | " | " | " | " | " | 928 | " |
| " | 40 | " | " | " | " | " | 2276 | " |
| " | 50 | " | " | " | " | " | 4542 | " |
| " | 60 | " | " | " | " | " | 7955 | " |
| " | 80 | " | " | " | " | " | 19546 | " |
| " | 100 | " | " | " | " | " | 37796 | " |

Kleine Ballons, die man zum Vergnügen im Zimmer

oder im Garten will steigen lassen, müssen folgende Dimensionen haben. Ballons von Wachstaffent mit unreinem Wasserstoffgas gefüllt, haben bei 5 Fuß Durchmesser erst 1⅓ Pfund Steigkraft; bei 1½ Fuß Durchmesser ist ein solcher Ballon gerade so schwer als die Steigkraft des eingeschlossenen Gases; wenn er steigen soll, muß er also wenigstens 2 Fuß Durchmesser haben. Zu kleineren Ballons muß man leichteres Material nehmen; es eignet sich dazu das Collodium (Auflösung der Schießbaumwolle in Salpetersäure). Ballons von diesem Stoff steigen, mit Wasserstoffgas gefüllt, bei den kleinsten Dimensionen. Größere können von Goldschlägerhaut (aus den obersten Häuten der Rindsdärme angefertigt) sein, doch nicht unter 9 Zoll Durchmesser; soll ein solcher mit Leuchtgas gefüllt werden, so muß er wenigstens 1½ Fuß Durchmesser haben. Will man kleine Montgolfieren von Papier anfertigen, in denen man dann die Luft durch eine untergehaltene Spiritusflamme erwärmt, so gebe man ihnen zwei Fuß Durchmesser.

So kann man die Luftschifffahrt als ein Experiment im Kleinen in der Stube nachahmen. Wer aber Muth und sonstige Mittel und Lust hat, eine Luftfahrt im Großen zu machen, der findet dazu wohl hier und da Gelegenheit, denn es wird immer wieder Luftschiffer geben, die auf die Schaulust der Menge speculiren. Wer aber hofft, einmal einen geregelten Luftschifffahrtsverkehr, sei es auch nur zu irgend einem bestimmten, beschränkten Zweck, entstehen zu sehen, der kann lange warten, und von uns wird es keiner erleben.

# Sechster Vortrag.

## Von dem Winde und der Windrichtung.

(Hierzu die Karte.)

----

Von dem Winde soll dieser Vortrag handeln. Es sieht damit aber gar nicht so windig aus, als Mancher wohl denkt. Die meisten Menschen meinen noch immer, der Wind sei ein gar geheimnißvolles Ding mit den wunderlichsten Launen, dahinter man nimmer kommen und daraus man nie klug werden könnte. Aber es ist gar nicht so arg, man thut ihm viel Unrecht und seinem Herold, der Windfahne, auch; die Windfahne könnte es sich fast verbitten, daß man sie zum Bilde eines launenhaften oder gesinnungslosen Menschen nimmt, eines Menschen, der ohne guten und vernünftigen Grund bald so, bald anders ist.

Es geht vielmehr mit dem Winde auf sehr gesetzmäßige und ordentliche Weise zu; er hat eigentlich gar keine Launen, sondern handelt nach bestimmten, festen Principien, und meistens kann man es wohl nachweisen, warum er es so oder anders macht. Für manche Fälle, wo er noch launenhaft erscheint, wird wohl die Wissenschaft später auch noch Aufklärung bringen, besonders wenn sich mehr solche gescheute Leute darüber machen wie unser Professor Dove in Berlin. Dove hat in neuerer Zeit dem Winde am besten

in die Karten gesehen; freilich vor diesem haben ihm auch
andere kluge Leute schon Manches abgelauscht.

Der älteste von diesen ist Aeolus; das ist freilich eine
mythische Person, von der man nichts Sicheres weiß. Es
werden im Alterthum drei verschiedene Aeolus genannt,
die oft vermengt werden. Der Aeolus, der uns hier an-
geht, ist wohl ein Abkömmling des Aeolus, der einer der
Stammväter der Griechen war. Unser Aeolus also soll
ein König auf einer der liparischen oder aeolischen Inseln
bei Sicilien gewesen sein. Die Sage erzählt, er sei sehr
fromm und gefällig gegen Fremde gewesen, habe den Gebrauch der Segel gelehrt und aus dem Nebel und Rauch
jener vulkanischen Inseln Wind und Wetter vorausgesagt.
Er war also darin Dove's Vorgänger. Damals gab es
aber noch keine Vereine, in denen Vorträge für Jedermann
gehalten wurden und worin Jeder die Gründe zu solchen
Voraussetzungen erfahren konnte. Darum erfuhren auch
die Leute dergleichen nicht und deshalb meinten sie, der
Aeolus habe die Winde in seiner Gewalt und könne sie
beliebig loslassen oder einsperren. So wurde er später
zum Gott der Winde gemacht und sollte nun ein Sohn
des Jupiter oder des Neptun sein.

Dieser Windgott sollte seinen Sitz in einer unterirdi-
schen Höhle jener Inseln haben, aus welcher öfters ein
heftiger Wind hervorbrach. (Jene Inseln zeigen Ueberreste
früherer vulkanischer Ausbrüche, und es giebt dort unter-
irdische Höhlen, die wohl mit dem Aetna zusammenhängen.)
Nach einer andern Sage residirte er in einer Höhle in
Thracien. Aus Homers Odyssee wissen wir, daß Odysseus
auf seinen Irrfahrten auch zum Aeolus kam, der aber nicht
in einer Höhle, sondern ganz anständig in einer Stadt mit
ehernen Mauern wohnte, und daß dieser dem Odysseus

beim Abschiede einen Sack voll Wind zum beliebigen Gebrauch für seine Seefahrt mitgab.

Der Nachfolger des Aeolus, unser Dove, kann freilich
den Schiffern solchen Windvorrath nicht mitgeben; aber
er giebt ihnen etwas Besseres mit, eine durch die Erfahrung hinlänglich bestätigte Theorie der Winde und Stürme,
bei deren vernünftigem Gebrauch sie besser vor den Gefahren der Stürme bewahrt bleiben als Odysseus mit seinem Windsack, der ihm bekanntlich kurz vor seiner Heimath
noch zum Verderben wurde. Denn seine neugierigen Gefährten öffneten den Sack zur Unzeit, und es brach nun
aus diesem ein Sturm hervor, der das Schiff wieder weit
ins Meer zurücktrieb.

Die Leute im Alterthum machten sich also bei diesem
Glauben an einen Windgott nicht viel Kopfzerbrechens
über die Winde. Fing ein Wind an zu wehen, so hieß
es, Aeolus habe wieder einmal seine Höhle geöffnet und
diesen oder jenen Wind herausgelassen. Damit waren sie
fertig; alle Launen des Windes wurden dem guten Aeolus
in die Schuhe geschoben; er war der launenhafte Gott,
den besonders die Schiffer sich zum guten Freunde zu erhalten suchten.

Nachdem nun aber die Herrschaft des Aeolus aufge-
hört hat, müssen wir uns auf andere Weise die Antwort
auf die Frage suchen, woher der Wind kommt und wohin
er geht. Darauf wollen wir nun näher eingehen.

Wir fragen also zunächst nach der Ursach der Winde
und zwar zuerst ganz im Allgemeinen, wie überhaupt Wind
entsteht, und sehen dann, wie es sich mit den besonderen
Richtungen der Winde und deren Ursachen verhält.

Also die Ursach des Windes im Allgemeinen erforschen wir zunächst. Es wird uns dazu die Frage verhelfen,

was denn der Wind eigentlich sei. Wind ist eine Bewe=
gung der Luft, die schnell genug ist, um sich deutlich be=
merkbar zu machen. Es gehört dazu eine Schnelligkeit
von wenigstens vier Fuß in der Sekunde, oder von ½—¾
Meilen in der Stunde. Da hält also der Wind mit einem
guten Fußgänger Schritt. Gewöhnliche Winde, bei denen
man wohl sagt, es sei windig, durchlaufen 20—30 Fuß
in der Secunde, oder 3—4 Meilen in der Stunde, heftige
Winde aber 40—60 Fuß, respective 7—11 Meilen. Da
können kaum noch die Lokomotiven bei aller Anstrengung
mitkommen. Die Winde aber, die zu den Schnellläufern
unter ihres Gleichen gehören, nehmen auch einen stolzeren
Namen an; sie nennen sich Stürme bei einer Geschwin=
digkeit von etwa 120 Fuß in der Sekunde, und Orkane,
wenn sie 30—40 Meilen in der Stunde schaffen. Sie
können schon auf einen höheren Titel Anspruch machen,
denn mit ihrer Geschwindigkeit wächst auch ihre Macht;
sie wenden sie freilich nicht immer segensreich an, sie be=
tragen sich oft wohl zornig und unwirsch und zertreten
und zerstören in ihrer ungebändigten Wuth Alles, wohin
sie kommen. Aber das ist auch sonst wohl manchmal die
Art der hohen und gewaltigen Herren gewesen. Doch mit
diesen Namen nennen blos wir Landratten die Winde;
was aber ein richtiger Seemann ist, der hat andere Ausdrücke,
und wenn wir einmal eine Seereise machen, so müssen wir
das wohl wissen. Da redet man von Wind blos, wenn
man seine Richtung nach dem Kompaß bezeichnen will;
nimmt man Rücksicht auf seine Stärke, so wird der Wind
„Kühlte" getauft, und man redet dann je nach seiner
Geschwindigkeit von einer flauen Kühlte, Bramsegelkühlte,
Marssegelkühlte und von einer steifen Kühlte. Wächst die
Geschwindigkeit über 40 Fuß in der Sekunde, so beginnt

der Sturm, und fährt die Kühlte mit einer Geſchwindig=
keit von 100 Fuß daher, ſo iſt es ein fliegender Sturm.

Aber wie kommt nun die Luft in ſolche Bewegung?
Durch Alles, was ſie in ihrem Gleichgewicht ſtört. Sie
läßt ſich nicht gern aus dem Gleichgewicht bringen, es iſt
ihr das .ein unerträglicher Zuſtand, und deshalb bemüht
ſie ſich, gleich wieder ihr Gleichgewicht herzuſtellen. Dazu
muß ſie bald hier, bald dorthin laufen; wo man ſie zu
leicht und dünn gemacht hat, dahin eilt ſie, um den Man=
gel wieder auszufüllen. Sie hat aber gar manche Feinde,
die ihr keine Ruhe laſſen, und ſo muß ſie ſich fortwährend
abquälen, das geſtörte Gleichgewicht herzuſtellen, und kommt
damit doch nie zu Ende; ſie hat wirklich das ruheloſeſte
Daſein von allen Geſchöpfen auf der Erde.

Ihr Hauptfeind iſt die Wärme; dieſe bringt in ſie ein,
dehnt ſie aus und macht ſie dünner und leichter; die leichte
Luft muß nun in die Höhe ſteigen. Wo alſo eine Stelle
der Erde mehr erwärmt wird, da ſteigt die Luft auf und
ſammelt ſich oben an; bald wird es oben zu viel und ſie
muß dort nach allen Richtungen hin abſtrömen. Unten
aber, wo die Luft aufwärts geſtiegen iſt, iſt nun Platz,
und dahin bringt von den Seiten her die kältere, ſchwerere
Luft. So haben wir alſo eine Luftſtrömung oben und
eine Luftſtrömung unten, einen oberen und einen unteren
Wind. — Nun macht ſich aber die Sonne bei ihrem täg=
lichen Spaziergang um die Erde das Vergnügen, abwech=
ſelnd erſt die eine, dann die andere Stelle der Erde zu
erwärmen; dadurch wird die Luft immer in Athem geſetzt,
muß auf= und niederſteigen und hierhin und dorthin fließen.
Das bringt uns namentlich den Morgenwind, der bei und
kurz vor dem Aufgange der Sonne entſteht. Dies obere
Abſtrömen und untere Zuſtrömen der Luft bei einem er=

wärmten Ort zeigt uns im Winter jede geheizte Stube, wenn man die Thür ein wenig öffnet; hält man an der geöffneten Spalte oben ein brennendes Licht, so wird die Flamme von der ausströmenden Luft nach außen getrieben; unten aber wendet die eindringende Luft die Flamme nach innen; in der Mitte heben sich beide Strömungen gegenseitig auf und die Flamme bleibt aufrecht stehen.

Ein anderer Feind, der die Luft in Bewegung bringt, der aber eigentlich nur ein Abkömmling der Wärme ist, ist die Veränderlichkeit des in der Luft befindlichen Wasserdunstes. An der Oberfläche der Gewässer verwandelt sich fortwährend Wasser in Wasserdunst, dieser steigt in Gasform in die Atmosphäre auf und vermehrt also die Gasmenge, die Luft wird dadurch dichter und ihre Spannkraft vermehrt. Bei Steigerung der Temperatur an einem Orte wird dort auch die Verdunstung vermehrt. So wird die Atmosphäre in verschiedenen Gegenden auch mit verschiedener Menge Wassergas gefüllt; dadurch wird ihre Spannkraft in ungleichem Grade verändert, und es ist damit eine fortwährende Ursach zu Luftbewegungen gegeben.

Aber auch der entgegengesetzte Fall bewirkt eine Störung des Gleichgewichts in der Luft, wenn nehmlich das Wassergas durch Abkühlung wieder zu Wasserbläschen wird und so seine Gasform verliert. Als Wasser nimmt es einen weit kleineren Raum ein als in Gasform; beim Uebergang aus der letztern in Wasser verliert die Atmosphäre in dieser Gegend eine Menge Gas, es entsteht ein Deficit, und die umliegende Luft beeilt sich, durch Hinzuströmen dasselbe auszufüllen. So verwandelt sich namentlich bei Gewittern oft eine ungeheure Menge Wassergas in kurzer Zeit in Regen; dadurch wird dort die Luft plötzlich so verdünnt, daß von allen Seiten her andere Luft mit großer Heftigkeit zuströmt, und so die bei Gewittern häufigen Stürme entstehen.

Ein recht anschauliches Bild davon, wie durch die Er-wärmung und Abkühlung der Luft Winde entstehen, ist der regelmäßige Wechsel der Land- und Seewinde, die sich an der Meeresküste fast täglich zeigen; besonders ist dies an den Küsten zwischen den Wendekreisen der Fall, aber auch häufig in der gemäßigten Zone, z. B. bei Italien, Griechenland und selbst an der Ostsee, besonders regelmäßig aber bei den meisten Inseln. Selbst bei den größeren Landseen in Nordamerika und in der Schweiz finden sich diese Winde.

Es verhält sich damit nehmlich so: des Morgens, einige Zeit nach Sonnenaufgang, erhebt sich der Seewind, vom Meere gerade gegen das Land zu, zuerst schwach, dann immer stärker und Nachmittags zur Zeit der größten Tages-hitze am stärksten. Gegen Abend tritt eine Windstille ein, und in der Nacht weht umgekehrt der Landwind, vom Lande dem Meere zu, und gewinnt seine größte Stärke gegen Sonnenaufgang. Der Grund dieser Erscheinung ist leicht zu erkennen; durch die Strahlen der aufgehenden Sonne nehmlich wird das Land schneller und mehr er-wärmt als das Wasser, weil es wegen seiner größern Dichtig-keit und Ruhe die Sonnenstrahlen leichter aufnimmt als die weniger dichte und bewegliche See. So wird ja auch eine Metallplatte leichter warm als Wasser, aber kühlt freilich auch schneller wieder ab als dieses. So wird nun bei Tage das Land und darum auch die Luft über dem Lande wärmer als die Luft über dem Meere; sie steigt über dem Lande in die Höhe, und die kältere Luft vom Meere her dringt an ihre Stelle, also ein Seewind vom Meere nach dem Lande. In der Nacht kühlt sich das Land

und die darüber befindliche Luft schneller ab als die Luft
über dem Meere und strömt daher vom Lande dem Meere
zu, wo die wärmere, dünnere Luft von ihr verdrängt wird.
Diese Winde, Brisen genannt, sind übrigens im Ganzen
nur schwach, sind aber gleichwohl für die heißen Gegenden
eine große Wohlthat, indem dadurch die Tageshitze nicht
unbedeutend gemildert wird.

Diese Land= und Seewinde sind eine kleine Probe davon,
wie es in viel großartigerer Weise auf der ganzen Ober=
fläche der Erde zugeht, und wie auf derselben bestimmte
Windrichtungen entstehen, die zwar in vielen Gegenden
durch andere Einflüsse gehemmt und abgeändert werden,
in andern aber in constanter Weise Jahr ein, Jahr aus
wehen, und aus denen sich eine Uebersicht und eine Gesetz=
mäßigkeit der anscheinend so ganz zufällig und regellos
eintretenden Winde auf der ganzen Erde gewinnen läßt.
Hierbei ist aber nicht die Wärme allein thätig, sondern sie
hat einen Bundesgenossen, der mit ihr zusammen fort und
fort an dem großen Werk arbeitet; dieser Bundesgenosse
ist die Umdrehung oder die Rotation der Erde. Diese
beiden Genossen, Wärme und Rotation, bringen zu=
nächst die ganz regelmäßig wehenden Passatwinde hervor.
Wir wollen zunächst diesen Winden in ihrem Lauf nach=
gehen und dann in die geheime, lange Zeit verborgen ge=
wesene Werkstatt hineinschauen, in der sie erzeugt werden.

Wir müssen eine recht bedeutende Reise machen, um
diese Winde zu verfolgen, denn sie nehmen ihren Lauf um
die ganze Erde. Um sie nicht aus dem Gesicht zu ver=
lieren, thun wir gut, uns eine Karte von der ganzen Erde,
einen Planiglobus vorzunehmen.

Diese Winde wehen in der heißen Zone und in den
zunächst anstoßenden Theilen der gemäßigten Zone das

ganze Jahr hindurch, und zwar auf der nördlichen Halb=
kugel von Nordoſt, auf der ſüdlichen von Südoſt her. In
beſtimmter Regelmäßigkeit wehen ſie jedoch nur auf dem
Meere und beſonders merklich erſt etwa 40 Meilen von
dem Lande entfernt. Je mehr dieſe Winde ſich dem
Aequator nähern, deſto mehr gehen ſie aus Nordoſt und
Südoſt in Oſt über, ſo daß ſie endlich reine Oſtwinde
werden und alſo auf dem atlantiſchen Ocean von Afrika
nach Mittelamerika, und auf der ſüdlichen Halbkugel von
Afrika nach Südamerika wehen. Im großen ſtillen Ocean
iſt ihr Lauf von Amerika nach Aſien und Auſtralien. Dieſe
Winde waren es, welche die Genoſſen des Columbus auf
ſeiner erſten Entdeckungsreiſe ſo beſorgt machten; da ſie
nehmlich von dem Winde unabläſſig nach Weſten getrieben
wurden, ſo fürchteten ſie, daß ihnen dadurch die Rückkehr
nach Europa unmöglich gemacht würde. Wir werden
ſehen, wie die Rückreiſe in anderer Weiſe bewerkſtelligt
wird.

Weil dieſe Winde die Ueberfahrt von einem Feſtlande
zum andern ſo ſehr erleichtern, ſo heißen ſie Paſſate d. h.
Ueberfahrtswinde; die Engländer nennen ſie Handelswinde,
die Franzoſen vents alizés d. h. regelmäßige Winde. Von
den ſpaniſchen Schiffern wurden ſie ſcherzweiſe auch Damen=
winde genannt, weil ſie die Schifffahrt ſo leicht machen,
daß eine Dame das Steuer führen könnte.

Wo in der Gegend des Aequators die beiden Paſſate
von Nord und Süd zuſammentreffen, heben ſie ſich einander
ganz auf und bilden die Gegend der Windſtillen oder
Calmen. Sowohl von den Windſtillen als von den
Paſſaten wollen wir nachher noch Näheres beibringen;
jetzt wollen wir erſt die Urſachen dieſer Erſcheinungen
betrachten.

10*

Da fordert zunächst die Wärme, die von der Sonne ausgeht, ihre Beachtung, denn diese ist die Kraft, welche zur ganzen Luftbewegung den ersten Anstoß giebt. In den Gegenden des Aequators, wo die Sonnenstrahlen fast senkrecht den Erdboden treffen, wird Erde und Luft viel stärker erwärmt als weiter nach den Polen hin; die Luft wird dadurch dort dünner und leichter, während sie nach den Polen zu kälter und dichter bleibt. Die Folge davon ist, daß in den tropischen Gegenden die verdünnte Luft in die Höhe steigt, und unten die dichtere Luft von den Polar= gegenden her nach dem Aequator strömt. So hätten wir denn zunächst unten auf der Oberfläche der Erde eine be= ständige Luftströmung von den Polen nach dem Aequator, also auf der nördlichen Halbkugel einen Nordwind, auf der südlichen einen Südwind. Wo bleibt aber die Luft, die in den tropischen Gegenden in die Höhe steigt? Sie muß sich natürlich einen Abfluß nach beiden Seiten hin suchen, und dazu findet sie auch Raum, denn indem die Luft von den Polargegenden fortströmt, fängt es endlich dort auch an zu fehlen; es findet so die in der heißen Zone aufgestiegene Luft Gelegenheit, oberhalb nach den Polen hinzuströmen. Auf dieser Wanderung wird sie all= mählig kälter und dichter, senkt sich wieder und kehrt, wenn sie sich die Polargegenden besehen hat, unten wieder nach ihrer heißen Heimath zurück, um dort von neuem in die Höhe getrieben zu werden und ihren Kreislauf wieder zu beginnen. So giebt es auf beiden Halbkugeln einen untern und einen obern Wind, die einander entgegengesetzt sind.

So weit besorgt dies Alles die Wärme allein; aber nun kommt noch der andere Genosse dazu, von dem wir vor= her schon sprachen. Der hilft auch noch, giebt aber nach seiner Weise der Sache eine andere Wendung. Dieser

Gehülfe ist die Rotation der Erde um ihre Achse, welche bekanntlich von Westen nach Osten erfolgt.

Die Einwirkung, welche diese tägliche Umdrehung der Erde auf die Luftströmung ausübt, ist ein wenig ver= wickelt, wir müssen daher unsere Aufmerksamkeit schärfen. Wir wollen uns in Gedanken auf einen Ort unter dem Aequator hinstellen, etwa an der Westküste von Afrika am Meerbusen von Guinea. Wir blicken nach Osten, also in Afrika hinein; die Erde dreht sich mit uns auch nach Osten hin, so daß wir, zwar stillstehend, doch mit unserm Stand= punkt schnell gen Osten eilen. Nach 24 Stunden haben wir den großen Kreislauf der Erdumdrehung mit ihr vollendet und haben in dieser Zeit einen Weg von 5400 Meilen gemacht, denn so groß ist der Umfang der Erde unter dem Aequator. Wir haben uns also außerordentlich schnell bewegt, in der Minute beinahe 4 Meilen; wenn diese Fahrt gegen die still stehende Luft gehen sollte, so würden wir letztere als einen furchtbaren Orkan empfinden, dergleichen es sonst auf Erden gar nicht giebt. Aber glück= licher Weise gehört die Luft auch mit zur Erde und nimmt an ihrer Umdrehung auch mit Theil; so macht denn die Luft die Fahrt so schnell mit als wir, und wir fühlen von ihrer Bewegung nichts.

Nun wollen wir weiter nach einem Pole hin gehen und uns etwa an das Nordcap am äußersten Nordende von Norwegen hinstellen. Der Umkreis, den dort die Erde gleichlaufend mit dem Aequator hat, ist etwa nur 1800 Meilen; wir durchreisen dort also in der Minute nur unge= fähr 1⅓ Meilen, immer noch eine respectable Schnellig= keit, die unsere Dampfwagen nimmer erreichen werden, aber doch bedeutend langsamer als am Aequator. Der Luft geht es natürlich auch so, sie wird dort in der Polargegend durch die Rotation der Erde auch in langsamere Bewegung gesetzt als in der heißen Zone. Nun ist allen Dingen das Beharrungsvermögen eigen, d. h. sie haben das Streben, in dem Zustand der Ruhe oder Bewegung, in welchem sie sich befinden, zu verbleiben. Eine rollende Kegelkugel möchte mit ihrer ursprünglichen Schnelligkeit ohne Ende fortrollen, wenn nur nicht der Widerstand der Luft und die Reibung an der Bahn ihr endlich Stillstand geböten. Wenn wir schnell auf einem Wagen fahren, und derselbe hält plötzlich an, so fallen wir nach vorn über, denn unser Körper beharrt noch in der ihm mitgetheilten Bewegung nach vorn; aber ebenso, wenn wir ganz langsam fahren, und die Pferde ziehen plötzlich an und galoppiren davon, so fallen wir nach hinten zurück, weil unser Körper noch in der langsamen Bewegung verharrt. Die Luft macht es ebenso; in der Polargegend ist ihr eine verhältnißmäßig langsame Rotationsbewegung nach Osten zu mitgetheilt; durch den Einfluß der Wärme wird sie gezwungen, nach der heißen Zone hinzufließen; aber ihre langsame Bewegung nach Osten will sie dabei behalten, davon kann sie sich sobald nicht losmachen. So kommt sie nach den tropischen Gegenden, etwa nach der Westküste von Afrika beim nördlichen Wendekreis, wo Alles viel schneller rotirt, d. h. nach Osten zu eilt; das kann sie nicht gleich mitmachen, man muß sich doch daran erst allmählig gewöhnen. Sie bewegt sich zwar auch nach Osten, aber viel langsamer als die andern Theile der Erde dort. Sie bleibt zurück, Afrika und das atlantische Meer eilen unter ihr fort, ohne daß sie so schnell mit kann; sie kommt also allmählig von Afrika nach Amerika an, d. h. sie hat trotz ihrer Rotation nach Osten hin doch für diesen Theil der Erdoberfläche einen Weg von Osten nach Westen gemacht, sie ist also jedenfalls denen, mit

welchen sie auf dem atlantischen Ocean zusammengetroffen
ist, als ein von Osten kommender Wind erschienen. Und
so ist es in der That, sie ist bei ihrer Wanderung vom
Pol zum Aequator, je nachdem sie vom Nordpol oder
Südpol herkommt, aus einem Nord= oder Südwind all=
mählig ein Nordost= oder Südost= und endlich vollkommen
ein Ostwind geworden. So empfindet es auch Jemand,
der oben frei auf einem Eisenbahnwagen sehr schnell nach
Osten fährt; es ist vielleicht ein sehr schwacher Westwind,
der auch nach Osten strebt, also in derselben Richtung wie
der Eisenbahnzug; aber der Bahnwagen fährt schneller,
der Wind bleibt zurück, und man empfindet es so, als ob
der Wind entgegenkäme, als ob er ein Ostwind wäre.

In der Mitte am Aequator stoßen die beiden Winde,
die vom Nordpol und vom Südpol her kommen, zusam=
men und hindern sich gegenseitig. Zugleich ist dort der
großen Hitze wegen die aufsteigende Bewegung der Luft,
es kann also dort gar keine horizontale Luftbewegung, d. h.
gar kein Wind stattfinden; wir sind in der Region der
Windstillen. Durch die rasch aufsteigende Luft werden
dort aber auch viel Wasserdünste mit in die Höhe geführt,
es bilden sich schnell Wolken, Electricität sammelt und ent=
ladet sich. Dadurch entstehen plötzliche lokale Luftverdün=
nungen, und die furchtbarsten Stürme sind die Folgen
davon. So haben Schiffe, welche in die Gegend der Cal=
men kommen, eine doppelte Gefahr zu bestehen; kein Wind
bläst in die Segel, mit dem sie aus dieser Gegend hinaus=
kommen könnten, so daß die Mannschaft solcher Schiffe
öfters schon den Hungertod gefunden hat. Und doch sind
häufig heftige Stürme, die ihnen den Untergang drohen,
ohne sie aus diesen gefährlichen Gegenden hinauszuführen.
Der schlimmste Theil dieser Region ist die sogenannte

Regen- oder Donnersee zwischen 4° und 10° nördlicher Breite und zwischen dem Meridian des grünen Vorgebirges und und dem der östlichsten von den Inseln des
grünen Vorgebirges. Es hütet sich jeder Schiffer, dieser
Gegend nahe zu kommen; sie ist von häufigen Regengüssen
und heftigen Gewittern heimgesucht, und doch erhebt sich
kein Wind, um aus dieser furchtbaren Gegend hinauszuführen. Fährt man mit Dampf, so ist die Gefahr freilich
geringer, und englische Dampfschiffe machen es sich deshalb
in neuerer Zeit zur besonderen Aufgabe, in jenen Gegenden
zu kreuzen, um Segelschiffe, die dorthin gerathen sind, zu
retten.

Wir haben nun noch die obere Luftströmung, den
Aequatorialstrom, zu betrachten, der in den oberen
Schichten vom Aequator zu den Polen fließt. Auch dieser
Strom kann wegen der Rotation der Erde sich nicht direkt
südlich und nördlich nach den Polen hin bewegen, sondern
erleidet auch, aber gerade in entgegengesetzter Weise als
die untere Strömung, eine Ablenkung. Diese Luftströmung
kommt ja aus Gegenden, die eine schnelle Rotation haben,
sie hat also auch eine schnelle Bewegung nach Osten hin.
Nun kommt sie allmählig in Gegenden, die langsamer ro-
tiren, deshalb eilt sie, da sie ihre Rotationsgeschwindigkeit
nicht gleich verlieren kann, der Bewegung jener Orte nach
Osten hin voraus, oder sie überholt gleichsam bei ihrer
Rotationsbewegung diese Orte. Sie zieht in der Richtung
nach Osten über ihnen fort und erscheint also als Westwind; aber in Verbindung mit ihrer Strömung nach den
Polen hin erscheint sie natürlich auf der nördlichen Halbkugel als Südwestwind, auf der südlichen Halbkugel als
Nordwestwind.

Aber woher weiß man denn, daß dort oben wirklich

solche Winde wehen? Es sind mancherlei Umstände, die
davon Zeugniß geben. Zunächst thun es in den Passat=
regionen die hoch ziehenden Wolken kund, die fast immer
eine Richtung von Südwest haben, während unten der
Passatwind von Nordost her weht. Oder steigen wir selbst
in solche Höhe hinein, etwa auf einer Reise nach den ca=
narischen Inseln an der Westküste Afrika's; dort finden
wir auf der Hauptinsel Teneriffa einen vulkanischen
Berg, den Pico de Teyde. Wenn wir diesen Berg be=
steigen, was zwar etwas beschwerlich ist, denn er ist
11,400 Fuß hoch, so finden wir dort oben einen Süd=
westwind, während unten der Nordostwind vorherrschend
ist. Dasselbe können wir wahrnehmen, wenn wir unsere
Reise nach dem großen Ocean zu den Sandwich=Inseln
fortsetzen und dort auf der Insel Owaihi die bis zu
14,000 Fuß hohen Berge besteigen. Daß uns die Ein=
wohner dort erschlagen, wie sie es leider 1779 mit dem
Weltumsegler Cook gethan haben, brauchen wir jetzt nicht
mehr zu fürchten, denn sie sind seitdem civilisirter geworden.
Ein anderer Zeuge von dem hochgehenden Aequatorial=
winde ist auch die Asche, die von Vulkanen ausgeworfen
wird. Blicken wir auf der Karte nach Mittelamerika hin,
so finden wir unter den kleinen Antillen die Insel St.
Vincent; bei einem Ausbruche des Vulkans auf dieser
Insel flog die Asche nach der Insel Barbados hin, ob=
gleich St. Vincent 20 Meilen westlich von Barbados liegt
und obgleich unten der Nordostpassat wehte. Dasselbe
geschah im Februar 1835 in Guatemala, wo ebenfalls
die Asche von dem Vulkan Cosiguina nach der zu den
großen Antillen gehörigen Insel Jamaika flog, also auch
mit einem Südwestwinde, während unten Nordostwind war.
Und wir im mittleren Europa können auch gar viel

von diesem südwestlichen Aequatorialstrom spüren, nur daß
er bei uns nicht mehr blos hoch oben in den Lüften ist,
sondern sich zu uns herunterbemüht; denn wenn er in
unsere angenehme Temperatur kommt, so kühlt er sich schon
recht ordentlich ab, er ist dann nicht mehr so leicht, wird
schwerer und ernster und steigt bedachtsam zu uns hernieder. Unsere häufigen Südwestwinde haben wir also dem
zurückfließenden Passate zu verdanken.

Wir wollen nun noch die Fahrt mit dem untern Passate,
die wir vorher schon im allgemeinen Umriß angaben, noch
genauer verfolgen. Wenn die ganze Oberfläche der Erde
oder wenigstens der mittlere Gürtel derselben Wasser wäre,
so würde um die ganze Erde herum fortwährend ein regelmäßiger Ostpassatwind wehen. Dies wird aber durch das
Festland verhindert, und zwar durch dessen von der des
Oceans abweichenden Temperatur, durch die hohen Berg-
züge und durch die verschiedene Küstenbildung. Durch
diese dreifache Einwirkung wird die Richtung des Passats
mannigfach verändert.

Am regelmäßigsten ist der Passatwind auf dem großen
stillen Ocean; er weht dort das ganze Jahr hindurch
von der Westküste Amerika's nach der Ostküste Asiens und
Australiens. Durch diesen Wind begünstigt, fuhr der erste
Weltumsegler Magelhaens still und unangefochten über
den großen Ocean und gab deshalb demselben den Namen
des stillen Meeres; und die spanischen Goldschiffe haben
ein Paar Jahrhunderte hindurch mit diesem Winde ihre
Fahrten von dem Hafen der mexikanischen Stadt Acapulco
ungefährdet über den großen Ocean nach der ostindischen
Insel Manila (die zu den Philippinen gehört) gemacht.
Die weitere Strömung dieses Windes wird dann durch
Asien und Australien verhindert.

Wir wenden uns nun zum atlantiſchen Ocean; hier iſt der Paſſatwind ſchon weniger regelmäßig, indem er durch die nahe gelegenen großen Continente manche Abweichung erfährt. So wird er namentlich in ſeiner ganzen Hauptrichtung mehr nach der nördlichen Seite hinübergedrängt; es geſchieht dies vornehmlich durch die Einwirkung des Südpolarwindes, der ſich freier als der nördliche entwickeln kann. Wir ſehen auf der Karte den großen Unterſchied darin zwiſchen der nördlichen und ſüdlichen Hälfte des atlantiſchen Meeres. Der nördliche Theil iſt durch Afrika, Europa und Nordamerika ſehr zuſammengedrängt; der Polarwind, der hier vom Nordpol nach dem Aequator hin ſtrömt, findet durch das Land mit ſeinen Gebirgszügen viel Aufenthalt und wird dadurch geſchwächt; er kann nicht mit ganzer Kraft nach den tropiſchen Gegenden des Meeres hingelangen. Anders iſt es auf der ſüdlichen Seite, dort hat das Waſſer das Uebergewicht, Afrika und Amerika ragen nur mit ihren Spitzen in das Meer hinein. Da kann denn der vom Südpol kommende Polarwind ſich recht nach Luſt und Belieben ausbreiten, Aeolus kann hier mit vollen Backen blaſen. Natürlich iſt er dann, wenn er nach dem Aequator hinkommt, nicht ſo geſchwächt als ſein Bruder aus dem Norden, er drängt dieſen zurück und ſtrömt in ſein Gebiet hinein. So kommt es denn, daß die Gegend der Calmen, wo beide Winde ſich gegenſeitig aufheben, ganz auf der nördlichen Seite des Aequators liegt, und ſo iſt auch die Gegend der Oſtpaſſatwinde auf der nördlichen Seite breiter als auf der ſüdlichen, während dies im ſtillen Meere gleichmäßig zu beiden Seiten vertheilt iſt.

Wir blicken nun noch nach dem indiſchen Ocean hin. Hier erſcheint der Paſſat unter ganz veränderten

Verhältnissen; namentlich der nördliche Theil des Oceans, auf drei Seiten von Afrika und Asien umschlossen, nimmt fast den Charakter eines Binnenmeeres an. Der größere Theil dieses Oceans liegt südlich vom Aequator; in diesem Theil, zwischen Madagascar und Australien, weht noch regelmäßig der Südostpassat. Aber in dem enger einge= schlossenen nördlichen Theil herrschen alternirende, d. h. wechselnde Winde; nehmlich im Winter vom October bis April weht ein Nordostwind, im Sommer vom April bis October ein Südwestwind. Diese wechselnden Winde wer= den Monsune oder Moussons genannt, nach einem arabi= schen Worte moussin, welches Jahreszeit bedeutet. Diese Winde erklären sich leicht aus dem Einfluß des Festlandes. Zur Zeit unseres Winters hat das ganz auf der Nordseite des Aequators gelegene Südasien ebenfalls Winter; die Luft über demselben kühlt sich bedeutend ab, während Süd= afrika dann seinen Sommer hat und die Luft über dem= selben sehr stark erhitzt ist. Es muß davon ein Wehen der kälteren Luft von Südasien, namentlich von Persien und Indien über den indischen Ocean nach Südafrika hin die Folge sein, also ein Nordostwind. In unseren Som= mermonaten wird es umgekehrt; dann kommt Südasien unter den Einfluß der senkrechten Sonnenstrahlen, die Luft wird jetzt hier erhitzt, während sie über Südafrika, das nun in seinen Winter tritt, abgekühlt wird. Die Folge davon ist, daß nun die Luft umgekehrt von dem kälteren Süd= afrika nach Indien strömt und also als Südwestwind er= scheint.

Freilich nicht blos von Südafrika, sondern auch von den südlichen Theilen des indischen Oceans bis Australien hin strömt um diese Zeit die Luft nach Asien zu, also von Süden nach Norden. Sie kommt aber dabei in niedrigere

Breiten, in Gegenden mit langsamerer Rotationsgeschwin=
digkeit und wird dadurch, ebenso wie dies vorher bei dem
oberen Passat deutlich gemacht worden ist, nach Osten hin
abgelenkt, so daß sie nicht nach Norden, sondern nach
Nordost hin sich bewegt, also als Südwestwind erscheint.

Die hier gegebene Erklärung der Passate und der übri=
gen Luftströmungen ist schon von Hadley aufgestellt; er
war namentlich der Erste, der den bedeutenden Einfluß
der verschiedenen Rotationsgeschwindigkeit auf die Richtung
der Winde hervorhob. Er ist nicht zu verwechseln mit
Halley, der früher die Erklärung der regelmäßigen Winde
allein aus dem Wärmeeinfluß der Sonne versuchte. Die
gegebenen Auseinandersetzungen erklären aber genügend
nur die Windverhältnisse in der heißen Zone und in den
zunächst anliegenden Theilen; aber über die so ganz un=
regelmäßig erscheinenden Winde der gemäßigten und kalten
Zone geben sie keinen Aufschluß. Darin hat erst in neue=
rer Zeit Dove in Berlin Klarheit gebracht und ein Gesetz
für die Winddrehung aufgestellt, das die Erfahrung voll=
kommen bestätigt hat. Das wollen wir im folgenden Vor=
trag betrachten. Wir haben es dann also besonders mit
den Winden in unserer Gegend zu thun und müssen ver=
suchen, den Knäuel der Verwirrung, in welchem scheinbar
die verschiedenen Winde ungeordnet durcheinander gewickelt
sind, aufzulösen. Nach Dove's Forschungen wird uns das
wohl gelingen, und wir werden lichte Ordnung sehen, wo
dem Unkundigen Alles nur als regelloser Zufall erscheint.
Wir können diese Ordnung aber nur aus dem Resultat
erkennen, das wir jetzt gefunden haben, und fassen dies
deßhalb noch einmal kurz in folgende Sätze zusammen:
Es geht eine stetige Luftströmung unten von den Polen
zum Aequator, wir nennen diese den Polarstrom; ferner

eine Luftströmung oben vom Aequator zu den Polen, diese bezeichnen wir als den Aequatorialstrom. Der Polar= strom erscheint in Folge der Rotation auf unserer nörd= lichen Halbkugel zuerst als Nordwind, weiterhin als Nord= ostwind und endlich in den Tropen ganz als Ostwind. Der Aequatorialstrom erscheint zuerst als Südwind, weiter= hin als Südwest= und endlich als Westwind. Das ist das nothwendige Fundament für den nächsten Vortrag.

————

# Siebenter Vortrag.

### Fortsetzung des vorigen. Von dem Winde und der Windrichtung.

———

Wir sprechen nun zunächst von den Winden in den gemäßigten und kalten Zonen, also auch namentlich von den Winden in unserer Gegend; wir hatten zum Verständniß derselben im vorigen Vortrage das Fundament gelegt, worauf wir jetzt weiter bauen müssen. Wir sprachen von den beiden Haupt=Luftströmungen, vom Polarstrom und dem Aequatorialstrom, die beide Geschwister sind, Kinder der Wärme und der Rotation der Erde, die aber wie ein Paar feindliche Brüder immer entgegengesetzte Wege gehen; wenn sie einmal zusammentreffen, wird es nicht friedlich abgehen.

Wir wissen wohl, daß wir in unseren Gegenden mit dem Winde nicht gut daran sind, er ist ein zudringlicher Gast, und man ist nach keiner Seite hin vor ihm sicher. Mit dem Sonnenschein z. B. können wir einen ehrlichen Contract machen und können sicher sein, daß er gehalten wird. Suchen wir uns eine Wohnung, so können wir wählen, Sonnenseite oder Schattenseite; nehmen wir uns eine Stube, die nach Norden liegt, so sind wir gewiß, daß die Sonne uns nur am frühen Morgen und am späten Abend mit einigen kurzen Blicken in's Fenster schaut; die übrige Zeit, wenn sie ihre liebeheißen Strahlen sendet, kümmert sie sich gar nicht um uns, und im Winter, wo wir ihren warmen Gruß wohl recht gern hätten, will sie vollends nichts von uns wissen. Aber mit dem Winde kommen wir so gut nicht auseinander, der gehört zu den Mächten, mit denen kein ewiger Bund zu flechten ist. Wollen wir uns nicht etwa die Aussicht ganz verbauen, so können wir eine Stube wählen, nach welcher Himmels= gegend wir wollen, der Wind wird immer Gelegenheit finden, uns an die Fenster zu klopfen, und an manchem Tage treibt er sein Spiel so toll, daß er die ganze Wind= rose durchläuft; wir können aus einer Stube in die andere retiriren, er kommt uns immer nach.

Mit solchem Gesellen haben wir es nun zu thun, dem wollen wir auf seinen Schleichwegen nachgehn, ja noch mehr, wir wollen uns überzeugen, daß er ein ganz ordent= licher Bursche von festen Grundsätzen ist.

Zunächst kann man bei einiger aufmerksamen Beobach= tung schon das leicht herausfinden, daß der Wind bei uns doch zwei Lieblingsgegenden hat, die er ganz besonders aufsucht. Er weht nehmlich entweder nach Südwesten hin, also über Deutschland fort nach Italien, Frankreich, Spanien und erscheint dann also als Nordostwind; oder er kommt von dort her und geht über Deutschland fort nach Norwegen, Schweden, Rußland und ist dann also ein Südwestwind. Also Nordost= und Südwestwind sind bei uns die herrschenden, sie wehen die längste Zeit des Jahres hindurch; die übrigen Winde, die freilich nicht fehlen, sind doch nur als Uebergangswinde anzusehen, bei denen der Wind auf der Reise ist, um sein Standquartier zu verändern; diese Reisewinde dauern daher auch selten lange.

Die beiden Hauptwinde werden durch die Polarströmung

und durch die Aequatorialſtrömung hervorgebracht. Der
Polarſtrom geht, wie wir im vorigen Vortrage nachge-
wieſen haben, in Folge der Rotation der Erde aus einem
Nord- in einen Nordoſtwind über, und durch dieſelbe Urſache wird der Aequatorialſtrom aus einem Südwind ein
Südweſtwind. In den Tropen und den angrenzenden
Theilen macht ſich allein der Polarſtrom geltend, weil der
Aequatorialſtrom nur in den höheren Luftſchichten weht.
Aber in dieſen Höhen iſt durchaus keine überflüſſige Wärme,
wie jeder rechtſchaffne Luftſchiffer wohl weiß; man kann ſich
allenfalls die Finger erfrieren, wenn man keine Handſchuhe
mitnimmt. Der in der Zone der Calmen aufgeſtiegene
heiße Luftſtrom kühlt ſich daher dort oben auch mit der
Zeit ab, und wenn er ſeine Reiſe nach den Polen zu etwa
bis zum 30. Grad vom Aequator fortgeſetzt hat, ſo fängt's
ihn an zu frieren und er möchte ſich gern hier unten
wieder ein wenig auswärmen. Das Hinabſteigen gelingt
ihm auch, denn durch die Abkühlung ſind die Lufttheilchen
enger an einander gerückt, die Luft iſt dichter und ſchwerer
geworden und ſenkt ſich daher allmählig nieder. Eine
andere Urſache dieſes Niederſteigens liegt auch darin, daß
dem Luftſtrom allmählig der Raum zu enge wird. Die
Gürtel um die Erde (Zonen, Streifen zwiſchen den Parallel-
kreiſen) werden nach den Polen zu immer kleiner; aus der
weiten Ausdehnung am Aequator kommt die Luft in die
immer engeren Kreiſe der gemäßigten Zone; ſie muß daher,
da ſie ſich ihrer Schwere wegen nach oben hin nicht genügend ausdehnen kann, nach unten hin Raum ſuchen.
Ueber den 30. Grad hinaus fängt dieſer niederſteigende
Luftſtrom ſchon an, ſich bemerklich zu machen; im nördlichen Theile des atlantiſchen Meeres gewinnt er ſchon
ganz die Herrſchaft, ſo daß dort zwiſchen Europa und

Nord-Amerika fast beständig ein Südwestwind von Amerika nach Europa weht. Dieser Wind gewährt eine bequeme Rückfahrt nach Europa, wenn man mit dem Passatwinde nach Amerika gefahren ist. Doch bei den Fahrten nach den nördlichen Theilen von Amerika benutzt man jetzt über- haupt wenig den Passatwind, man wählt den kürzeren Weg, der von Europa nach Nordamerika freilich gegen diesen Südwestwind geht; die Schiffer nennen das „Bergauf fahren." Die Fahrt dauert aber auch 12—17 Tage länger als zurück von Amerika nach Europa.

Dieser Aequatorialstrom kommt also allmählig auch zu uns hernieder und weht nun als Südwestwind über unsere Fluren; aber er hat sich ein Terrain gewählt, das ihm noch nicht allein gehört; es hat noch ein zweiter Factor der Gesetzgebung mitzusprechen, und es fragt sich, ob dieser das aufgestellte Budget so ohne Weiteres gut heißt. Das ist der gestrenge Polarstrom, der aus dem Norden herbläst und bei uns schon als Nordostwind erscheint. Wir sind nun gerade in der unglücklichen oder glücklichen Gegend des Kampfplatzes; hier begegnen sich beide Herren, jeder be- ruft sich auf die bezüglichen Paragraphen der Erdverfassung und pocht auf sein Recht. Der Eine, der Polarstrom, ist von unten geboren und meint natürlich, hier ein ausschließ- liches Recht zu haben. Der Andre, der Aequatorialstrom, ist aus seiner schwindelnden Höhe, wo er wenig von dem Treiben hier unten vernommen und verstanden hat, gnädig heruntergestiegen und will sich natürlich einen Widerstand nicht gefallen lassen, an den er oben gar nicht gewöhnt war. Da ist denn der Conflict da, die beiden Herrn er- eifern sich gegen einander, es fallen gewaltige, brausende Worte, daß es öfters ganz wirblich wird; eine Weile heißt es dann wohl: Keiner siegte, keiner wich! Aber was hilft es! Die Verfassung steht fest, die hat sich hier schon seit manchem Jahrtausend eingelebt, ein Verfassungsbruch ist unmöglich. So muß denn endlich doch der Eine nach= geben. Entweder siegt der hochgeborne Südwestwind und herrscht dann eine Weile, oder es siegt der niedrig geborne Nordostwind und behält eine Zeit lang das Regiment. Ja, immer nur eine Zeit lang; denn endlich hat sich der Andre doch inzwischen gestärkt und überwindet dann seinen Gegner, so daß sich in der That beide in die Herrschaft theilen, nur nicht gleichzeitig wie zwei Consuln des römischen Reichs, sondern nach einander.

Während des Kampfes aber kommt der Wind aus den zwischenliegenden Himmelsgegenden, doch keineswegs in unregelmäßiger Weise, sondern so, daß der eine Wind in den andern immer nach einer und derselben Richtung hin übergeht, nehmlich von links nach rechts hin, so wie der Zeiger einer wagerecht liegenden Uhr, nicht rückwärts. Also legen wir uns in Gedanken eine Uhr so, daß oben die 12 nach Norden hin liegt, dann weiset die 3 nach Osten, die 6 nach Süden, die 9 nach Westen. Wäre nun Nordwind, also übereinstimmend mit der 12 auf der Uhr, so dreht sich der Wind um so wie der Uhrzeiger; es wird also aus Nord= wind erst Nordost= dann Ost= dann Südostwind u. s. w. Also die Windfolge ist die:

Nord, Nordost, Ost, Südost, Süd, Südwest,
West, Nordwest.

Dies ist das Drehungsgesetz der Winde, welches Dove aufgestellt und welches die Erfahrung bestätigt hat.

Aber wohl zu merken! es kann hierbei allerdings ge= schehen, daß der Wind z. B. von Ost wieder durch Nord= ost nach Nord zurückspringt, er geht dann aber nach einiger Zeit wieder nach Nordost und Ost und geht endlich ganz

11*

sicher über Südost nach Süd und Südwest. Aber nie geschieht es, daß der Wind von Ost ganz rückwärts über Nord und West nach Süden ginge.\*)

Das Gesetz haben wir nun wohl verstanden, aber wir möchten doch auch wissen, worin es seinen Grund hat. Das wollen wir uns nun ansehen und dazu wieder unsere Aufmerksamkeit ein wenig anspannen. Wir gingen vom Nordwind aus; diesen bringt der Polarstrom zuerst. Indem nehmlich am Aequator die von den senkrechten Sonnen= strahlen erhitzte Luft fort und fort aufsteigt, rückt von den angrenzenden Gegenden die Luft nach in die leer gewordnen Plätze. Diese fortgerückte Luft hat auch wieder Platz ge= macht, und die Luft aus der gemäßigten Zone rückt nach. Endlich kommt es auch an die Hintersten; die Lufttheile in den Polargegenden sehen, daß vor ihnen Raum wird und daß es noch dazu dort wärmer ist; da schließen sie sich denn gern der allgemeinen Wanderung an und kom= men her zu uns. Sie kommen direct von Norden, brin= gen uns also eine ziemliche Portion Kälte mit.

Sie kommen aber nicht blos aus einer sehr kalten, sondern auch aus einer sehr trägen Gegend; die Erdober= fläche dreht sich ja in ihrer Heimath im Verhältniß zu uns sehr langsam; sie haben es daher auch nicht besser gelernt und indem sie über die immer schneller nach Osten hin rotirenden Länder nach Süden zu fortrücken, bleiben sie doch mit ihrem alten langsamen Rotationsschritt in der Richtung nach Osten hin immer mehr zurück, so daß es

---

\*) Der Verfasser hat seit mehreren Jahren täglich, mit Ausnahme kurzer Zeiten, wo er erkrankt war, die Windrichtung genau beobachtet und hat nie eine Abweichung von dem obigen Gesetze wahrgenommen. Er hat täglich die Windrichtung mit den andern meteorologischen Er= scheinungen aufgeschrieben.

uns nach unserer früheren Auseinandersetzung vorkommen muß, als zögen sie uns gegen Westen hin entgegen, kämen also nicht blos aus Norden, sondern zugleich aus Osten; und so ist denn aus Nord und Ost der Nordostwind geboren. Also die Windfahne sagt uns, daß der Wind sich von Nord nach Nordost gedreht hat; auf der Uhr wäre der Zeiger von 12 nun zwischen 1 und 2 angekommen.

Die Luft also, welche aus der Polargegend her zu uns kommt, erscheint hier immer als Nordostwind, nicht als Nordwind. Den Nordwind bildet für uns die Luft, die aus näheren nördlichen Gegenden kommt, die also früher als die Polarluft den Aufbruch nach dem Aequator hin beginnt und die auf der kurzen Strecke bis zu uns her noch nicht in die östliche Richtung hineingekommen ist. Daher ist auch der Nordostwind, der vom Nordpol kommt, der kälteste für uns, nicht der Nordwind.

Ist man aber erst einmal in die Reaction hineingekommen, so bleibt man immer weiter zurück. Die Polarluft, die sich mit ihrer angeborenen Trägheit gegen den zu schnellen Rotationsfortschritt der Länder, zu denen sie kommt, stemmen muß, wird dadurch endlich ganz zum Ostwind (geht nach Westen hin). Die Windfahne ruft uns knarrend zu, daß Ostwind geworden ist, und der Uhrzeiger zeigt auf die 3. Dieser Ostwind ist also ein Kind der Rotationsgeschwindigkeit der Erde und der Trägheit der Polarluft.

Aber es werden mehr Kinder geboren, immer von Neuem strömt die Luft vom Nordpol herzu. Nun findet sie aber in dem Ostwind, der sich ihr quer über den Weg gelegt hat, einen Widerstand. Wir eilen etwa eine Straße entlang, wir kommen an eine Querstraße, über die wir hinweg müssen; da marschirt ein Regiment Soldaten die

Querstraße entlang, es hilft nichts, wir müssen stille stehen, ob uns auch die Zeit lang wird. Der Polarstrom muß es auch thun, er kann durch den Ostwind, der quer vor ihm vorbeimarschirt, nicht hindurch; die Luft wird da gestaut und kann sich nicht weiter fortbewegen; sie kommt zum Stillstand. Inzwischen lernt aber die Luft, die den Ostwind bildet und die vom Pol hergekommen war, allmählig auch sich immer schneller mit der Erde drehen; die Erde kreist unter ihr von Westen nach Osten und zieht sie endlich doch mit sich fort, d. h. der Ostwind hört allmählig auf und es wird ruhig. Denn der ganze Ostwind war ja blos die träge Reaction der vom Pol gekommenen Luft gegen den zu schnellen Fortschritt der unter ihr kreisenden Erde; wird sie allmählig in diesen Fortschritt mit hineingerissen und kreist sie also dann ebenso schnell wie die Erde von Westen nach Osten, so ist gar kein Wind zu spüren, denn wir selber und alles Andre rotirt ja in demselben Tempo mit.

Es ist nun eine kleine Pause; was dann weiter folgt, das hängt davon ab, ob der Aequatorialstrom sich jetzt schon in's Spiel mischt, oder ob der Polarstrom noch unangefochten fortwehen kann. Wir nehmen an, es sei das Letztere der Fall, die Polarströmung dauert noch ferner fort und findet in dem nun zur Ruhe gekommenen Ostwind kein Hinderniß mehr. Es ist dann wieder wie zu Anfang, der Polarstrom kommt wieder direct aus Norden her; der Wind ist von Ost nach Nord zurückgesprungen, der Uhrzeiger hat sich von 3 nach 12 zurückgedreht, es ist dies der vorher bemerkte Fall. Nun wiederholt sich derselbe Vorgang wie vorher, der Nordwind wird durch die vorhergedachten Ursachen allmählig wieder Nordost= und endlich Ostwind. Dies kann sich möglicher Weise mehr=

mals wiederholen, der Wind kann sich längere Zeit in die=
sem Viertel der Windrose halten und zwischen Nord,
Nordost und Ost wechseln. Im Ganzen aber ist dies
Zurückspringen des Windes auf der Ostseite doch nur sel=
ten; auf der Westseite, zu der wir gleich kommen, geschieht
es öfter.

Wir betrachten nun den andern Fall, wenn nehmlich,
nachdem Ostwind entstanden war, der Aequatorialstrom
sich einmischt. Dieser hat sich also genug abgekühlt, senkt
sich und weht nun von Süden her. Die Luftströme, die
in der heißen Zone über einander in verschiedener Richtung
hinströmten, wehen nun in der gemäßigten Zone neben
einander. Durch die Aequatorialströmung wird zunächst
die Luft, die in den uns zunächst liegenden südlicheren
Ländern ist, nach dem Pole zu in Bewegung gesetzt und
kommt also als Südwind; als solcher kann er aber noch
nicht zur Erscheinung kommen, denn er trifft unten mit
dem Ostwind zusammen. Jeder drängt den andern etwas
von der Seite, so daß sie beide in eine Zwischenrichtung
gedrängt werden und nun zusammen als Südostwind
wehen. Der Uhrzeiger würde also von der 3 sich zwischen
4 und 5 gestellt haben, um anzuzeigen, woher jetzt der
Wind kommt. Allmählig bekommt der Aequatorialstrom
immer mehr Oberhand, die Windfahne zeigt vollen Süd=
wind und der Zeiger stellt sich auf die 6. In diesem
Viertel pflegt sich der Wind nicht lange zu halten; denn
sobald der Aequatorialstrom das Uebergewicht gewonnen
hat, so wird aus dem Südwinde, wie schon früher aus=
einandergesetzt ist, ein Südwestwind. Die Luft kommt
immer mehr vom Aequator her, dort hat sie sich an eine
schnelle Rotation von Westen nach Osten gewöhnt; mit
dieser süßen Gewohnheit ihres Daseins kommt sie in unsere

Gegenden, wo es im Verhältniß zu ihrer Rotationsgeſchwindigkeit ein ganz Theil langſamer geht. Ihr geht es
natürlich zu langſam und ſie eilt uns in der Richtung
nach Oſten hin voraus und wird uns ſo ein Südweſt-
und endlich ein Weſtwind. So iſt der Wind alſo in dem
Viertel zwiſchen Süd und Weſt, oder auf der Uhr zwiſchen
6 und 9. In dieſem Viertel hält er ſich gern lange auf.
Es kommt auch hier, und zwar öfters, das Zurückſpringen
von Weſt durch Südweſt nach Süd vor; denn wenn der
Weſtwind entſtanden iſt, und nun das Zuſtrömen der Luft
aus Süden noch weiter fortdauert, ſo wird dieſe endlich
auch durch den quer vorbeifließenden Weſtwind geſtaut
und muß ſtille halten. Der Weſtwind, der nicht wie jener
Oſtwind aus Reaction, ſondern aus zu eiligem Fortſchritt,
aus Voraneilen entſtanden war, mäßigt ſich endlich auch;
er ſieht, daß ihm das Ueberſtürzen nichts einbringt, er
accommodirt ſich allmählig der Rotationsgeſchwindigkeit
der Gegenden, in welchen er ſich befindet, und kommt alſo
zur Ruhe, indem die Luft nun in demſelben Tempo rotirt,
wie das Land unter ihr und alſo gar nicht als eine Bewegung empfunden wird.

So muß ſich endlich doch Alles nach der Mutter Erde
und nach den durch ihre Natur bedingten Verhältniſſen
richten; ſie geht den feſten, ſicheren Lauf; der Träge, der
zurückbleiben will, wird endlich doch von der allgemeinen
Strömung mit fortgeriſſen und der zu flüchtig Voran-
eilende wird genöthigt, ſich zu mäßigen.

Iſt nun beim Winde wieder jene Pauſe eingetreten,
wo Alles ſcheinbar ruhig geworden iſt, ſo findet der Aequatorialſtrom auch in dem ruhig gewordenen Weſtwind kein
Hinderniß mehr. Er weht wieder aus dem Süden her,
alſo der Wind iſt von Weſt nach Süd zurückgeſprungen,

und es beginnt wie vorher der Durchgang durch Südwest zum Westwind. Dies Hin= und Hergehen in diesem Vier= tel dauert so lange, als der Aequatorialstrom überhaupt die Oberhand behält, und dies dauert, wie gesagt, meist ziemlich lange. Die Windrichtung aus dieser Gegend, namentlich der Südwestwind, ist der am meisten herr= schende bei uns. Wer nicht schon langjährige Beobach= tungen darüber angestellt hat, der kann sich doch durch einen Blick davon überzeugen, wenn er in einen frei lie= genden Obstgarten geht, in welchem der Gärtner nicht allzu scharfe Zucht unter den Bäumen von ihrer frühesten Jugend an gehalten hat. Er wird dann sehen, daß die Bäume sich fast alle etwas nach Nordost übergebogen haben, und wird daraus schließen, daß eine starke Hand sie von Südwest her gestoßen und gedrückt hat; diese Hand war der Südwestwind. Er hat freilich dabei noch einen Bundesgenossen, nehmlich den Regen, der ihn oft begleitet und das Land locker macht. Dieser westliche Wind ist auch gewöhnlich heftiger, als der nördliche; denn da die Parallelkreise in dem Maaße, als man vom Pol nach dem Aequator zu kommt, immer größer werden, das Terrain sich also immer weiter ausdehnt, so hat der Polarwind Raum genug, sich auszubreiten und kann sich also behag= lich und gemächlich in diesen Raum ergießen. Der Aequa= torialwind aber kommt umgekehrt aus einem weiten Raume in einen immer engeren; er ist wie ein Fluß, dessen Bett, nachdem er aus weiter Ebne gekommen war, durch Fels= wände immer mehr eingeengt wird. Er muß nun, weil die Wasser von hinten nachdrängen, durch die enge Gasse schneller hindurchbrausen. So werden wir es ganz in der Ordnung finden, daß der Südwestwind uns die Bäume nach Nordost drückt und daß er uns den Regen klirrend

an die Fenster wirft, während der Nordostwind meistens
viel sanfter und bescheidener auftritt. Doch wir folgen
nun dem Winde auf seiner Rundreise weiter.

Nun wird allmählig wieder der Polarstrom stärker und
führt uns in das vierte und letzte Viertel. Ist nehmlich
zuletzt ein Westwind entstanden, und es weht nun der
Polarstrom stärker aus Norden daher, so vereinigt sich dieser mit dem Westwind zu einem Nordwestwind; der Uhrzeiger wird uns dies zwischen 10 und 11 anzeigen und
endlich ganz nach der 12 hingehen, indem der Polarstrom
nun volle Geltung bekommt und der Wind ganz aus dem
Norden her bläst. So sind wir wieder beim Anfang, und
die Windströmungen beginnen von Neuem ihren Lauf durch
die Windrose zu machen; dies dauert oft längere Zeit,
manchmal aber auch nur einen oder einige Tage. Diese
Winddrehung läßt sich das ganze Jahr hindurch deutlich
wahrnehmen; nur im Sommer kommen namentlich durch
die Gewitter, die sich eigene lokale Winde machen, mancherlei Störungen.

Diese Winde haben aber auch natürlich großen Einfluß
auf die übrige Witterung, auf Wärme und Kälte, auf
Dürre, Nässe, Schnee und Regen. Wir wollen einmal
mit dem Winde die Windrose durchlaufen und dabei zugleich auf die Witterung achten. Zuvor aber müssen wir
uns deutlich machen, wodurch der Einfluß des Windes
auf die Witterung bedingt wird.

Der Wind ist ein guter Hausvater, er bringt den Sei-
nigen immer etwas mit aus den Ländern, die er durchreist
hat. Die Geschenke sind freilich sehr verschieden je nach
den Ländern, von denen er zu uns kommt; er kann nichts
anderes mitbringen, als was er dort findet. Kommt er
von Norden zu uns, so hat er in dem nördlichen Eismeere

eine längere Bekanntschaft mit den Eisbären gemacht; das ist eine kalte Gesellschaft, und er hat sich dabei auch eine gute Portion Kälte eingesteckt. Damit fährt er über Schweden und Norwegen und kann dort von seinem Mitgebrachten wenig absetzen; sie selber haben Kälte genug und könnten ihm noch abgeben. So kommt er zu uns und schüttet über uns seine kalte Gabe aus. Die kalte Luft, die er mitbringt, ist natürlich auch dicht und schwer und macht ihr Gewicht in der steigenden Quecksilbersäule des Barometers bemerklich.

Kommt der Wind dann aus Nordost und Ost zu uns, so hat er seine Reise über Sibirien und Nordrußland gemacht; da ist auch die Kälte viel wohlfeiler als die Wärme, und er bringt uns noch genug kalte und schwere Luft mit. Zugleich ging dort fast seine ganze Reise zu Lande; nirgends ein Meer, aus dem er sich einmal satt trinken konnte; er kommt daher durstig und trocken zu uns. Hängen etwa von früher her noch einige Wolken am Himmel, so saugt er sie schnell auf, daß der ganze Himmel klar und heiter wird, denn die trockene Luft kann eine große Menge Wasser in sich aufnehmen; dabei verwandelt sich das Wasser in Dunst oder in Wassergas und schwebt unsichtbar in der Luft. Hat die Hausfrau nasse Wäsche auf die Leine gehängt, so macht sich der Ostwind schnell darüber und saugt alle Nässe ein, daß die Wäsche im Umsehen trocken ist. So löscht er nicht blos seinen Durst, sondern verdient sich auch von der Hausfrau noch einen schönen Dank, nehmlich wenn er nicht zu unmanierlich und ungestüm ist und nicht die Wäsche hin und her wirft; sonst schelten die Hausfrauen den windigen Patron tüchtig aus.

Sehen wir nun, was der Wind uns aus Süden mitbringt. Wir wissen, daß dies der hochgeborene Aequato-

rialstrom ist, der in den tropischen Ländern reichlich mit
Wärme ausgestattet ist und sich dann zu uns hernieder=
senkt, oder wenigstens als seine Vorposten die warme Luft
aus den uns näher gelegenen südlichen Ländern vorschiebt,
denn der eigentliche Tropenwind kommt zu uns schon als
Südwestwind.   Der Südwind reist zum Theil durch das
heiße Afrika und kommt über Italien und die Türkei zu
uns und ist ein Labsal für die frostigen Naturen, denn er
bringt viel Wärme mit.   Aber er hat seine Reise auch über
das mittelländische Meer gemacht und hat sich daher auch
mit Wasser versehen, das er in Gasform als Wasserdunst
mitbringt.   Bei uns kühlt sich das Wassergas ab und wird
zu sichtbaren Wolken; geht die Abkühlung weiter, so fällt
es als Regen oder im Winter als Schnee herunter.

Noch mehr leistet darin der Südwestwind, der ja recht
eigentlich aus der Tropengegend kommt; er weht über das
atlantische Meer, über Spanien und Frankreich zu uns
und bringt reichlich Wasser und Wärme mit.   Die Wärme,
die er mitbringt, reicht selbst im Winter hin, die Tempe=
ratur so zu erhöhen, daß kein Schnee entstehen kann, son=
dern das abgekühlte Wassergas als Regen herunterfällt.
Der Druck der Atmosphäre läßt nun nach, denn das Wasser=
gas, das erst die Spannung vermehrte, ist ja nun zu
Wasser geworden.   Man sieht diesen verminderten Druck
an dem fallenden Barometer.   Der Westwind, der auch
vom Meere her zu uns kommt, bringt auch Wasser mit:
aber gewöhnlich macht sich dann schon der Polarstrom
geltend, und so theilen West= und Nordwestwind schon
wieder eine Portion Kälte aus.   Das sind die Gaben der
Winde, die sie uns aus den verschiedenen Gegenden als
Geschenke mitbringen.

Wir wollen nun den Wind= und Witterungswechsel

beobachten, wie er namentlich im Winter sich fast regel=
mäßig einstellt. Wir fangen unsere Beobachtung an, wenn
reiner Nordwind weht; er bringt Frost und heiteren Him=
mel, das Barometer steigt und erreicht mit dem allmählig
eintretenden Ostwind den höchsten Punkt; das fallende
Thermometer aber zeigt die größere Kälte. Allmählig senkt
sich von oben her der Aequatorialstrom, feine Federwolken
entstehen von Süden her und zeigen ebenso wie das fal=
lende Barometer den in den höheren Schichten eingetrete=
nen südlichen Wind, während tiefer unten die Windfahne
noch Ostwind zeigt. Der Aequatorialstrom senkt sich nun
immer tiefer, auch unten wird Südost und endlich Süd=
wind; das Barometer fällt immer mehr, der Himmel be=
zieht sich und die Feuchtigkeit fällt als Schnee nieder.
Der nun entstehende Südwestwind bringt genug Wärme
mit, um die Temperatur über den Gefrierpunkt zu erwär=
men und den Schnee in Regen zu verwandeln, wobei das
Barometer seinen niedrigsten Stand erreicht hat. Allmählig
beginnt der Polarstrom wieder seinen Einfluß geltend zu
machen; der Wind geht durch West nach Nordwest, der
Regen verwandelt sich in dichten Flockenschnee, das Baro=
meter steigt rasch, und der bald eintretende Nordwind bringt
wieder Frost und heitern Himmel. Die Reihe der Wand=
lungen beginnt von Neuem und wird nur dann und wann
von dem vorherbemerkten Zurückspringen des Windes un=
terbrochen. Dieser regelmäßige Wechsel ist auch den Land=
leuten wohl bekannt und wird von ihnen beachtet. Sie
rechnen einen solchen Verlauf durch Frost und Schnee
hindurch bis zum Thauwetter für einen besondern kleinen
Winter und 'zählen danach in einem Wintersemester drei,
vier, fünf oder mehr Winter, je nachdem dieser Wechsel
sich mehr oder weniger oft wiederholt.

Im Allgemeinen herrschen übrigens in allen nördlichen Gegenden der nördlichen Halbkugel die Südwestwinde vor den Nordostwinden vor; es scheint also mehr Luft von dem Aequator nach den Polen hinzufließen, als von dort zurückfließt. Wo bleibt denn diese Luft? Das ist sehr einfach; mit dem Südwestwinde kommt auch sehr viel Wasserdunst in Luftform nach den nördlichen Theilen hin: dort wird er aber in Regen und Schnee verwandelt, fällt nieder und kann daher nicht wieder als Luft zurückfließen. Oefters aber herrscht in einem Theil der gemäßigten Zone die südliche Strömung ungewöhnlich stark vor und bringt dann dort einen milden Winter; diese größere Zuströmung muß dann freilich in andern nördlichen Gegenden von dem Pol wieder nach dem Aequator zurückfließen, d. h. es muß in andern Gegenden die Polarströmung vorherrschen und also einen strengen Winter bringen. Die Erfahrung be= stätigt das auch; denn bei gelinden Wintern in Europa haben gewöhnlich das nördliche Asien und Amerika einen strengen Winter. So stellt sich das Gleichgewicht immer wieder her. Oertliche Verhältnisse können natürlich be= stimmte Aenderungen in der Windrichtung hervorbringen; so weht z. B. an der spanischen Nordküste am Meerbusen von Biscaya nie ein Südwind, weil dieser durch die hohen Pyrenäen und durch das cantabrische Gebirge abgehalten wird. In Meerengen, die von hohen Ufern eingeschlossen sind, kann sich der Wind nur in den Richtungen der Meer= enge geltend machen; so giebt es also in der Meerenge von Gibraltar und im Bosporus nur einen Ost= und Westwind, in der Meerenge von Messina nur einen Nord= und Südwind.

Wir haben bisher von den Windströmungen gesprochen, ohne auf die Stärke und Heftigkeit derselben Rücksich=

zu nehmen; wir müssen nun auch auf diese noch einen
Blick werfen, auf die besonders heftigen Windströmungen,
die wir Stürme nennen. Das sind freilich sehr unge=
stüme Gesellen, die im Haushalt der Natur zwar auch
ihren segensreichen Beruf haben, die aber oft doch großen
Schaden anrichten und denen Alle, besonders aber die
Schiffer auf dem Meere, gern ausweichen, wenn sie nur
können. Es ist nun auch das Verdienst des Professor
Dove, daß er den Schiffern ein Mittel an die Hand ge=
geben hat, wie sie dem Sturm entgehen können; er hat
eine Theorie aufgestellt, welche durch zahlreiche Beobach=
tungen bestätigt ist. Wir wollen sehen, wie wir auch hier
hinter das Geheimniß kommen und auch dem unbändigen
Sturm seine Ursach und die Gesetzmäßigkeit in seinem
Lauf ablauschen.

Im Allgemeinen rühren die Stürme von besonders
heftigen Störungen des Gleichgewichts der Atmosphäre her.
Die Ursachen zu diesen Störungen können mannigfache
sein, häufig wohl eine schnelle Verdichtung des Wasser=
gases in der Atmosphäre, indem nehmlich durch eine starke
Abkühlung der Luft schnell viel Wassergas in Wasser
übergeht. Dadurch wird natürlich in dieser Gegend eine
theilweise Leere erzeugt, und die Luft aus den umliegenden
Gegenden wird mit Gewalt dort hindrängen, um die Leere
auszufüllen. Diese Leere wird noch vermehrt durch die
frei werdende Wärme. Wenn nehmlich ein luftförmiger
Körper in Flüssigkeit übergeht, so wird viel Wärme frei;
es gehört viel Wärme dazu, um aus Wasser Wasserdunst
zu machen; diese Wärme hat der Wasserdunst in sich auf=
genommen; wird der Wasserdunst wieder zu Wasser, so
läßt er die Wärme wieder frei. Diese frei werdende
Wärme bewirkt nun auch, daß die Luft dort schnell auf=

wärts steigt; also auch dadurch entsteht ein theilweiser luft=
leerer Raum, der von der umgebenden Luft ausgefüllt
werden muß. — Auch rein mechanische Ursachen können
einem Sturme zu Grunde liegen, z. B. wenn ein gewöhn=
licher Wind sich zwischen hohen Bergen hindurchdrängen
muß und dadurch in schnellere Bewegung gesetzt wird.
Denn die hintere Luft drängt ja in breiterer Strömung
nach; soll nun durch den Engpaß in gleicher Zeit eben so
viel Luft hindurch, als von hinten zuströmt, so muß die
Luft durch den Engpaß schneller hindurcheilen. Es ist so,
wie wenn ein breiter Menschenzug an ein enges Thor
kommt; stehen die Hinteren nicht still, sondern drängen im
bisherigen Schritt vorwärts, so müssen die Vorderen schneller
durch das Thor gehen. So giebt es fast in allen Städten
sogenannte Windgassen, besonders bei Kirchen und andern
hohen Gebäuden, wo die Luft durch die enge Gasse schneller
hindurchgetrieben wird. Daher rühren auch die starken
Windströmungen in den vorher genannten Meerengen.

Eine andere mechanische Ursache des Sturmes ist auch
die, wenn eine fortschreitende Luftmasse gegen hohe Ge=
birge stößt, dadurch zur Umkehr gezwungen wird und mit
der hinzuströmenden Luft in Kampf geräth. Denn wenn
ein Theil umkehrt, und der nachfolgende noch fortschreiten
will, so kommt es immer zu einem Kampf, sei es bei der
Umkehr der Luft oder bei der Umkehr der Wissenschaft oder
sonst einer andern Umkehr. Dabei giebt es aber auch
immer Drehungen und Schwenkungen. Wenn zwei Men=
schen schnell hinter einander gehen und der vorderste kehrt
plötzlich um, so laufen beide aneinander; damit sie aber
an einander vorbei kommen, wird der Eine sich nach rechts
der Andere nach links drehen, und sie werden sich etwa
die Schultern streifen. So kommt bei solchem Zusammen-

stoß die Luft auch in eine drehende oder wirbelnde Bewe=
gung, und wir werden gleich sehen, daß dies die eigen=
thümliche Bewegung bei den Stürmen ist.

Welches nun auch die Ursach eines Sturmes sein mag,
jedenfalls findet dabei eine Verminderung des Luftdrucks
statt, welche im Mittelpunkt des Sturmes am bedeutendsten
ist, weshalb auch dort das Barometer am meisten fällt.
Dieser Mittelpunkt des niedrigsten Barometerstandes oder
des Sturmes selbst hat eine fortschreitende Bewegung,
welche bei uns in der nördlichen gemäßigten Zone von
Südwest nach Nordost geht. Es ist hier wohl zu unter=
scheiden; es ist nicht die Meinung, daß bei einem Sturm
an irgend einem Ort die Windrichtung immer aus Süd=
westen käme; nein, der Wind kann dabei aus allen mög=
lichen Richtungen kommen, wie er denn auch während des
Sturmes mannigfach umschlägt. Aber der ganze Sturm
schreitet von Südwest nach Nordost vorwärts, d. h. die
Orte, die er nach einander trifft, liegen in der Richtung
von Südwest nach Nordost, der Sturm wird also etwa
erst in Spanien, dann in England, dann in Norwegen
sein, oder erst in Frankfurt a. M., dann in Berlin, dann
in Königsberg, nicht umgekehrt.

In welcher Art nun aber die Bewegung der Luft im
Mittelpunkte des Sturmes stattfindet, darüber giebt es
zweierlei Ansichten. Nach der einen ist die Bewegung eine
centripetale, so daß nach dem Mittelpunkt des Sturmes
die Luft von allen Seiten her hinströmt. Nach der andern
Ansicht ist die Bewegung eine wirbelnde, centrifugale, so
daß die Luft sich um den Mittelpunkt in immer größeren,
also schneckenförmigen Kreisen bewegt und dabei von dem
Mittelpunkt flieht. Bei der ersten Ansicht ist die im Mit=
telpunkt entstehende Verminderung des Luftdrucks die Ursach

des Sturmes; bei der zweiten ist die Verminderung des
Luftdrucks eine **Folge** des Sturmes, nehmlich eine Folge
der vom Mittelpunkt fliehenden Luft. Die letztere, von
Dove begründete Ansicht ist durch die Erfahrung, welche
hier nur allein entscheiden kann, als die rechte bestätigt
worden. Es kann natürlich die plötzliche Verminderung
des Luftdrucks an einem Orte die erste Ursach des Sturmes sein und ist es gewiß oft; aber wenn der Sturm eine
weitere Ausdehnung gewinnt, so kommt dabei die Luft in
eine großartige wirbelnde Bewegung.

Wir wollen uns den Unterschied beider Ansichten mit
ihren Folgerungen an den Figuren I. und II. deutlich
machen. Die Figur I. stellt die erste Ansicht dar; der

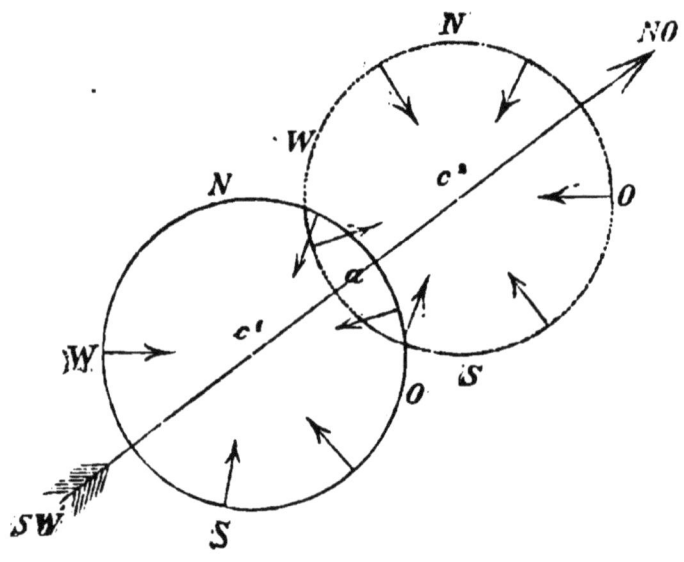

Sturm schreitet von Südwest nach Nordost in der Richtung des großen Pfeils fort, der Mittelpunkt ist erst bei $c^1$

dann bei c², die Luft bewegt sich in jedem Fall allseitig
nach c zu. Betrachten wir nun den Punkt a im ersten
Kreise, wo der Mittelpunkt des Sturmes ihn noch nicht
erreicht hat; die Luft strömt dort über a zum Mittelpunkt
c¹ hin, kommt also für a aus Nordost; diese Windrich=
tung ist also für a im Anfang des Sturmes. Hat dann
das Centrum des Sturmes den Ort a überschritten, so daß
wir ihn in dem zweiten, dem punktirten Kreise betrachten
müssen, so streicht über ihn die Luft nach c² hin, kommt
also für ihn aus Südwest; die Windrichtung wird also
während des Sturmes von Nordost nach Südwest um=
schlagen.

Sehen wir nun, wie bei der zweiten Ansicht, die in
den Kreisen der Figur II. dargestellt ist, die Windrichtung

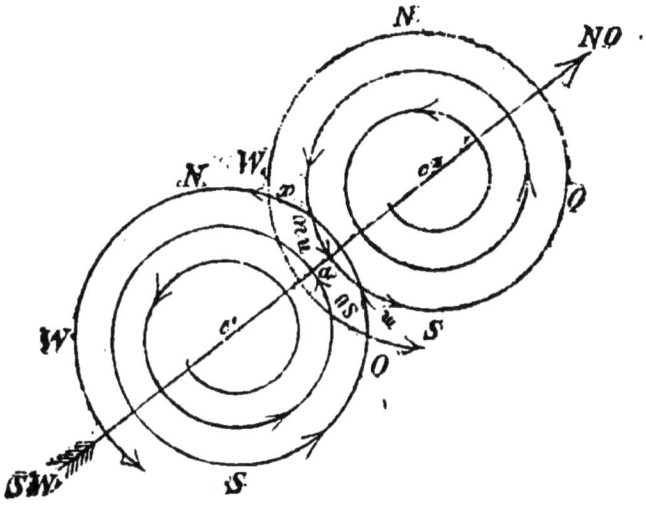

sich stellen wird. Der Mittelpunkt des Sturmes schreitet
auch hier von c¹ nach c² fort; der Ort a liegt zunächst

in dem Kreise c¹, wo ihn also das Centrum des Sturmes noch nicht erreicht hat. Die um das Centrum wirbelnde Luft kommt aber von Südost her zu ihm, wie die Pfeilspitze in der Schneckenlinie anzeigt. Im Anfange des Sturmes hat dieser Ort also Südostwind, während er nach der ersten Ansicht Nordostwind haben müßte. Hat nun das Centrum des Sturmes den Ort a überschritten und ist bei c² angekommen, so daß für a der Sturm zu Ende geht, so zeigt uns die Lage von a in dem punktirten Kreise um c², daß nun der Wind aus Nordwest kommt, während er nach der ersten Ansicht beim abgehenden Sturm aus Südwest kommen müßte. — Für Orte, welche südöstlich von der Richtungslinie des Sturmes liegen, wie z. B. m, muß nach Dove's Theorie der Wind zu Anfange mehr südlich, also aus SSO, zu Ende desselben mehr westlich, als aus WNW kommen, wie man aus der Richtung der Pfeilspitzen bei m ersieht. Auf der entgegengesetzten, der nordwestlichen Seite des Sturmes, z. B. bei x, muß der Wind zu Anfange mehr östlich, also aus OSO, zu Ende mehr nördlich, also aus NNW kommen.

Es sind nun in neuerer Zeit sehr viele Stürme an mannigfachen Orten beobachtet worden, und es hat sich dabei durch die Erfahrung bestätigt, daß Dove's Theorie vollkommen richtig ist.

Es ist dies Resultat für die Schifffahrt äußerst wichtig; bei genauer Beobachtung der sich daraus ergebenden Folgerungen wird man den meisten Stürmen ausweichen können. Vor Allem muß man das Barometer fleißig beobachten; tritt ein plötzliches bedeutendes Fallen ein, so kann man auf einen nahen Sturm schließen. Es fragt sich nur, wohin man steuern muß, um ihm zu entgehen und nicht etwa gerade in denselben hinein zu gerathen. Die Antwort darauf giebt Dove's Theorie. Wir haben gesehen, daß an Orten, die südöstlich von der Sturmlinie liegen, der Wind mit SSO einsetzt und durch Süd und West nach WNW geht. Wenn daher das stark fallende Barometer einen Sturm anzeigt und der Wind mit SO einsetzt und durch Süd nach West sich dreht, so kann man schließen, daß man sich auf der südöstlichen Seite des Sturmes befindet. Man muß daher nach Südost fahren, um aus dem Bereich des Sturmes zu kommen; wollte man nörd= lich oder nordwestlich steuern, so würde man gerade in den heftigsten Sturm hineinkommen. Setzt dagegen der Wind mehr östlich ein und geht nach Norden hinüber, so be= findet man sich auf der Nordwestseite des Sturmes und muß nordwestlich steuern; bei einer östlichen oder südöst= lichen Fahrt würde man sich dem vollen Sturme aussetzen. Durch Beobachtung dieser Regeln ist schon gar manches Schiff gerettet worden.

Diese Regeln gelten für die nördliche gemäßigte Zone, und wir sehen dabei zugleich, daß die Sturmwirbel sich in entgegengesetzter Richtung drehen, als sonst nach dem Drehungsgesetz der Winde die Windrichtungen auf einander folgen, nehmlich nicht von Nord durch Ost und Süd nach West, sondern von Nord durch West und Süd nach Ost, also wie ein rückwärts gedrehter Zeiger auf einer horizontal liegenden Uhr.

Für die heiße Zone und für die Gegenden der südlichen Halbkugel lassen sich nach Dove's Theorie ebenfalls die Regeln finden und sind durch mannigfache Beobachtungen bestätigt worden. In dem nördlichen Theil der heißen Zone drehen sich die Wirbel in derselben Richtung wie in der gemäßigten Zone, also wie ein rückwärts gedrehter Uhr= zeiger. Nur die Richtung, in welcher der ganze Sturm

fortschreitet, ist der in der gemäßigten Zone schräg entgegen=
gesetzt; in der nördlichen heißen Zone gehen nehmlich die
Stürme, wie z. B. die im Antillen=Meer häufig wehenden
Hurrikans, von Südost nach Nordost. Sobald sie aber
über den nördlichen Wendekreis hinauskommen, biegen sie
um und gehen auch von Südwest nach Nordost. Auf der
südlichen Halbkugel drehen sich die Sturmwirbel entgegen=
gesetzt wie auf der nördlichen, also wie der richtig fort=
schreitende Uhrzeiger. Die Richtungslinie in der südlichen
heißen Zone geht von Nordost nach Südwest; beim Ueber=
gang in die südliche gemäßigte Zone biegt sie aber auch
fast rechtwinklig nach Südost um.

So kann der Schiffer auf allen Meeren der Erde nach
dieser Theorie die Regel finden, die ihm die Richtung zeigt,
in der er einem nahenden Sturme entfliehen kann. Es
giebt andere Stürme, denen man mit aller Klugheit, mit
aller Kunst und Wissenschaft nicht entgehen kann. Man
wird mitten hineingeführt. Aber es giebt eine Wissen=
schaft, die mehr mit dem Herzen als mit dem Kopf auf=
genommen wird und die uns lehrt, wie wir uns in solchen
Stürmen verhalten müssen, um nicht Schiffbruch zu er=
leiden. Sie weist uns an Einen, von dem es heißt: Er
bedrohete den Wind und das Meer, da ward es ganz still.
Möge er der Steuermann sein, den wir in allen Stürmen
bei uns haben!

# Achter Vortrag.

## Die Luft als Wasserträger.

———

Von einem wunderbaren Dienst wollen wir jetzt reden, von einem Dienst, den die Luft als Wasserträger dem gesammten Festlande und allen organischen Wesen auf demselben in höchst segensreicher Weise leistet. Wir wissen, daß in manchen Städten, denen die Natur das Brunnenwasser nur mit sparsamer Hand zugetheilt hat, wie z. B. in Paris, besondere Dienstleute das Geschäft haben, den Familien das Wasser zuzutragen oder in Karren zuzuführen. Namentlich früher war in Paris das Geschäft der Wasserträger ein sehr ausgedehntes. Aber was die verschiedenen Hausstände zum Trinken, Kochen, Scheuern und dgl. an Wasser brauchen, das ist doch etwas äußerst Geringes und kommt kaum in Anschlag gegen die ungeheure Wassermenge, welche auf dem jährlichen Verbrauchsetat der Gärten, Wiesen, Felder und Wälder steht. Da bittet jede Pflanze täglich um ihren Schluck Wasser, damit sie ihre Zunge kühlen und ihren Durst löschen kann; und manche unter ihnen sind gar durstige Seelen. Wieviel trinkt die Kartoffel oder gar die Wasserrübe in sich hinein! Wenn man 100 Pfund Kartoffeln hat, so hat man 80 Pfund Wasser darin. Die Gurken, Kürbisse und Melonen machen es noch ärger; darum kann man sie auch in der Zeit ihres

vollen Wachsthums täglich an Umfang zunehmen sehen;
sie nehmen dann alle Tage große Quantitäten Wasser zu
sich. Da braucht's denn wahrlich einer sehr großen Wasser=
menge, um all den Millionen Pflanzen, die Jahr ein, Jahr
aus in einem Lande wachsen, immer genug für den Durst
zu geben. Nun ist freilich die Mutter Erde keineswegs
arm an Wasser; sie hat ihre fünf großen Wasserreservoire,
die fünf Weltmeere, worin sie einen unerschöpflichen Vor=
rath aufgesammelt hat. Das Wasser nimmt ja bekannt=
lich gegen drei Viertheile der ganzen Erdoberfläche ein, und
tief genug ist es auch, daß man's nimmer ausschöpfen
kann. Aber was hilft das den Pflanzen auf dem Lande!
Sie können doch nicht an's Meer gehen, um zu trinken,
wie man etwa eine Heerde Kühe zur Tränke an den Dorf=
pfuhl treibt. Es muß ihnen das Wasser zugetragen werden,
sonst verschmachten sie und kommen um. Aber welche Un=
zahl von Wasserträgern müßte fort und fort in Arbeit sein,
um jeder Pflanze nur ein Tröpflein zu bringen.

Doch wie denn, hat denn das Land nicht selber Wasser=
vorrath, um seine Pflanzen sättigen zu können? Es könnte
auf den ersten Blick wohl so scheinen, aber es ist doch nur
Täuschung. Wenn man auch einen noch so großen Kasten
voll Geld hat und nimmt täglich etwas heraus und thut
niemals wieder etwas dazu, so wird der Kasten sicherlich
einmal ganz leer; und wer solchen Kasten hat und keinen
Zufluß dazu, der wird zuletzt doch ein armer Mann. So geht es
dem Festlande auch; es hat große Wasserschätze, es hat sein
Grundwasser, es hat seine Quellen, seine Seen und Flüsse.
Aber es hat aus diesem Grundcapital auch täglich ungeheure
Ausgaben zu bestreiten; wenn es nun nicht fortwährend reich=
liche Einnahmen hat, so wird sein Soll und Haben bald nicht
mehr stimmen, und ein schreckliches Deficit wird die Folge sein.

Thun wir einmal einen Blick in das Ausgabebuch. Eine Hauptbranche der Ausgabe ist die tägliche Versorgung der Pflanzen und Thiere. Jede Pflanze streckt ihre Wurzeln und tausendfältigen Wurzelfaserchen in den Erdboden hinein und saugt Feuchtigkeit auf; es ist vielleicht nicht sehr viel, was jedes Faserchen täglich nimmt, aber von allen zusammen summirt es sich zu ungeheuren Summen. Wir wissen es ja aus unserm Haushalt; die großen Ausgaben, die selten kommen, könnte man wohl bestreiten, wenn nur nicht die fortwährenden kleinen Ausgaben wären. Aber was so groschenweise fortgeht und nimmer ruht und nimmer rastet, das macht den Beutel leer und kann Einen, der nicht sorgsam wirthschaftet, am ehesten banquerott machen. So wird auch der Erdboden von diesen täglichen kleinen Wirthschaftsausgaben sehr bald erschöpft, und wenn er einmal längere Zeit nicht von außen her, von einem andern Kapitalisten, von dem wir später sprechen wollen, Zufluß bezieht, so ist er bald ganz ausgedörrt, und sein Kapital an Grundwasser und Bodenfeuchtigkeit ist rein aufgezehrt. Er ist nicht mehr im Stande, seinen Kindern den täglichen Trunk zu geben, und sie senken alle traurig und verschmachtend ihre Köpfe.

Aber blicken wir nun in eine andere Branche hinein; da stehen fast eben so große Ausgaben, und doch gehen sie in noch kleineren Posten fort; ja, sie werden in einer Weise ausgegeben, daß man es fast gar nicht merkt, und doch summiren sie sich zu großen Zahlen; diese Branche trägt die Ueberschrift „Verdunstung."

In jedem Geschäft geht täglich etwas von der Waare verloren; das Getreide auf dem Boden trocknet ein und schwindet, es wird weniger, ohne daß man etwas davon nimmt; andere Waaren verderben, veralten, werden unbrauch-

bar, Geräthe nutzen sich ab. So muß man bei jedem
Geschäft ein gewisses Abnutzungscapital in Ausgabe stellen.
Aber in keinem Haushalt ist das Abnutzungscapital wohl
so hoch zu veranschlagen als in der Wasserwirthschaft eines
Landes; durch Verdunstung geht ungemein viel verloren.
Wir wissen, daß das Wasser, wenn es durch Hitze zum
Sieden gebracht wird, sich in Dampf auflöst; wir sehen
bei jedem kochenden Wasser den Dampf aufsteigen, und
wenn wir die Arbeit des Kochens lange genug fortsetzen,
so ist endlich das Wasser ganz verschwunden; es ist als
Dampf fort in die Weite gegangen. Auf diese Weise ist
das ganze Kapital schnell verausgabt oder abgenutzt. Mit
der Verdunstung geht es langsamer, sonst ist es eigentlich
dasselbe. Das Wasser hat die Eigenthümlichkeit, daß es
fortwährend und bei jeder Temperatur verdunstet, d. h. sich
in Wassergas, in eine unsichtbare Luftart auflöst. Gießen
wir ein wenig Wasser auf einen Teller und lassen es stehen,
so wird es nach einiger Zeit ganz verschwunden sein. In
der Wärme geschieht dies schneller als in der Kälte, und
ebenso fördern trockene Winde, die darüber hinstreichen, die
Verdunstung sehr stark. In einem luftleeren Raum geht
die Verdunstung noch schneller vor sich, denn der Druck
der Luft schränkt das Begehren des Wassers, sich frei in
den Weltraum hin zu zerstreuen, doch etwas ein. Ist dieser
Druck von ihm genommen, so kann es schneller und freier
dieser Lust folgen. Wenn nun aber auch in der Wärme
die Verdunstung beträchtlicher ist, weil das Wasser durch
die Wärme ausgedehnt wird, also seine Theilchen mehr
von einander entfernt und in loseren Zusammenhang gesetzt werden, so hört die Verdunstung bei der Kälte doch
keineswegs auf; ja auch der Schnee und das Eis, selbst
das Eis in den Polargegenden, verdunstet fortwährend.

Wer das nicht glauben möchte, der lege nur ein Stück Eis
auf eine Waageschale und wäge es; er lasse es dort einige
Zeit liegen und er wird sehen, daß es an Gewicht ab=
nimmt.

So geht das nun auf dem Lande fortwährend mit all
seinem Wassergehalt; das Wasser in den Seen, in den
Quellen, die Feuchtigkeit im Boden, Alles schwindet fort=
während durch Verdunstung, bei Tage sowohl wie bei Nacht,
im Sommer und im Winter. Im Schatten ist es noch
mäßig; aber scheint die Sonne recht warm darauf, oder
bläst ein Wind darüber hin, so ist der Verlust in den
Vorrathskammern sehr groß. Man sieht ja, wie schnell
eine nasse Straße trocken wird, wenn ein Wind darüber
fegt; das Wasser ist durch Verdunstung schnell in Gas auf=
gelöst, das der Wind mit fortnimmt. Der Verbrauch durch
die Verdunstung ist gar nicht gering; er beträgt z. B. in
Deutschland von einer Wasserfläche im Schatten jährlich bis
zwei Fuß, so daß also ein Landsee jährlich um zwei Fuß
tief austrocknet, wenn nicht anders woher Wasser dazu
kommt. Mit der Feuchtigkeit im Boden geht es zwar lang=
samer, aber dafür verliert auch eine frei gelegene Wasser=
fläche im Sonnenlicht jährlich über 5 Fuß.

Wir sehen aus allem diesen, daß die Ausgabe und der
Verbrauch an Wasser, den das Festland jährlich zu be=
streiten hat, überaus groß ist, und daß es wirklich bald
banquerott werden müßte, wenn es nicht anders woher
reichlichen Zufluß bekäme.

Und doch haben wir noch gar keinen Blick in die dritte
Branche des Ausgabenbuches gethan, haben noch gar nicht
in Anschlag gebracht den bedeutenden Tribut an Wasser,
den das Festland jährlich dem Meere zollen muß. Da ist
eine ungeheure Menge von Wegen, auf denen fort und fort

dieser Wassertribut dem Meere zugeführt wird. Sehen wir alle die Quellen, Bäche, Flüsse und Ströme, die ohne Aufhören ungeheure Wassermengen dem Lande entführen und ins Ausland, ins Meer schicken! Es thut uns manch= mal so noth, wir möchten es gern behalten und unsere dürren Felder damit überrieseln, aber es hilft uns Alles nicht, es geht vor unsern Augen fort. Wenn einmal eine Getreidenoth im Lande ist, dann verbietet man die Aus= fuhr. Aber wenn das Wasser fehlt, wer kann da die Aus= fuhr verbieten! Die Flüsse und Ströme kehren sich nicht daran, sie führen Kraft und Saft des Landes fort.

Wer kann nun bei allen diesen großen Ausgaben noch zweifeln, daß das Land in wenigen Jahren ein total wasser= armer, ruinirter Mann wäre, wenn es nicht einen heim= lichen Freund hätte, der es immer von Neuem versorgte!

Oder meint etwa Jemand, der Wasservorrath des Landes sei wirklich unerschöpflich? Das wäre ein großer Irrthum. Denkt man etwa, in der Tiefe hätte es genug, und die Quellen pumpten es fort und fort aus der Tiefe herrer, daß es nicht fehlen könnte? Nun, so gehe man nur hin und sehe sich ordentlich bei den Quellen um; man wird finden, daß so manche Quelle versiegt und zu Zeiten kein Tröpfchen Wasser mehr giebt, wenn einmal jener heimliche Freund etwas zu lange mit seiner Gabe ausbleibt. Was die Quellen geben, das ist Alles kein ursprüngliches Eigen= thum des Landes, es ist Alles nur fremdes Geschenk, und wenn diese Geschenke ganz ausbleiben, dann würden end= lich auch die größten Ströme vertrocknen, und die Ausfuhr ins Meer verböte sich von selbst, weil nichts mehr zum Aus= führen da wäre.

Und mit dem Grundwasser, das wir uns in Brunnen und dgl. aus der Tiefe aufgraben, hätte es nun gar bald

ein klägliches Ende. Das müssen manchmal ganze Ort=
schaften schwer empfinden. Als im Sommer des Jahres
1855 jener heimliche Freund einmal längere Zeit geizig und
eigensinnig war, wurde es endlich auch im ergiebigsten
Brunnen knapp, und mehr als eine Ortschaft mußte das
nöthige Wasser aus irgend einem fernen See heranfahren.

Also das Land hält es nicht lange aus; alle seine
Wasserschätze schwinden, und binnen kurzem ist es total ver=
armt, es sei denn, daß es anders woher versorgt wird.

Und wer versorgt es denn nun, wer ist jener Freund,
der ihm immer wieder und wieder bringt, daß es alle seine
großen und kleinen Ausgaben bestreiten kann? Nun, die
große Schatzkammer, woraus alles Wasser, das auf dem
ganzen Festlande gebraucht und verbraucht wird, genommen
wird, ist das Meer; alles Wasser in den Flüssen und
Strömen, in den Seeen und Brunnen, alle Feuchtigkeit in
dem Boden, jeder Trunk, womit Menschen, Vieh und Pflan=
zen sich laben, es ist Alles Wasser aus dem Meere. Aber
wie kommt es zu uns? Land und Meer liegen neben
einander, sie berühren sich an großen Strecken; aber was
hülfe das! Das Meer kann sein Wasser uns nicht zu=
reichen, und wir können es uns nicht holen; das Land sähe
das Meer mit seinen Fluthen vor Augen und müßte doch
verschmachten. Da mengt sich nun der liebe, gute, ver=
borgene Freund hinein und macht für das ganze Festland
den Wasserträger, er schöpft unaufhörlich die Wasserfluthen
aus dem Meere und trägt sie ohne Rast dem Lande zu,
daß es sich und seine Kinder erquicke und labe und Frucht
bringe zum Nutzen für Vieh und Menschen. Dieser
freundliche, unermüdliche Wasserträger ist die Luft.

Sehen wir nun, auf welche Weise die Luft dies be=
werkstelligt. Da geschieht es nun wunderbarer Weise, daß

gerade das, was wir beim Lande als Abnutzungscapital
unter die Ausgaben setzen mußten, hier die vorzüglichsten
Dienste leistet und segensreichen Gewinn trägt. Das ist
ja auch die rechte wirthschaftliche Weise, daß man ein
Kapital daran setzt, um nachher größeren Nutzen daraus
zu ziehen. Es handelt sich hier nehmlich wieder um die
Verdunstung; das ist der Vorgang, auf dem das ganze
Wohl und Wehe der Erde beruht; ohne die Verdunstung
wäre es auf der Erde, wenigstens auf dem Festlande dürr
und todt; keine Pflanze könnte gedeihen, weder Menschen
noch Thiere könnten dort leben; nur das Meer wäre be=
lebt von Wasserthieren und Wasserpflanzen.

Die Verdunstung macht nun, daß auf dem ganzen weiten
Meeresspiegel fortwährend eine Menge Wasser sich in
Wassergas auflöst und sich als solches in die atmosphärische
Luft erhebt. Die Luft ist auch gern bereit, es aufzunehmen
und zu tragen, aber freilich mit Maaßen; es giebt eine
gewisse Grenze, über welche hinaus ihr die Last zu groß
wird, wie jedem Lastträger; soll ihr dann noch mehr auf=
geladen werden, so schüttelt sie es ab. Und das ist gerade
wieder eine sehr lebenswerthe Eigenschaft der Luft; denn
wäre sie stark genug, alles Wassergas ohne Beschrän=
kung zu tragen, so behielte sie es wohl für sich, und das
Land bekäme nichts davon; so aber giebt sie freundlich ab,
was ihr zu viel wird.

Wir müssen uns diese Eigenschaft der Luft näher an=
sehen. Zunächst müssen wir uns aber hüten, daß wir ihre
Verdienste auch nicht ungebührlich erheben und ihr nicht
etwas anrechnen, was ihr nicht zukommt; ihre Verdienste
bleiben doch noch groß genug. Wenn wir sagten, daß die
Luft bereit ist, das Wassergas aufzunehmen und zu tragen,
so ist das zunächst nur ein negatives Verdienst. Es be=

steht dies nehmlich darin, daß die Luft die Verbreitung des Wassergases in ihre Atmosphäre zuläßt und nicht behindert, wenigstens nicht in Beziehung auf die Menge, wenn auch in Beziehung auf die Schnelligkeit. Nehmlich, wenn die Luft gar nicht da wäre, also wenn über dem Meere ein luftleerer Raum wäre, so würde die Verdunstung zwar, wie wir schon früher sahen, etwas schneller vor sich gehen, aber es würde gerade eben so viel verdunsten, es würde sich eine ebenso große Menge Wassergas bilden können als jetzt, wo die Luft über dem Meeresspiegel gelagert ist. Die Luft ist so freundlich, darin gar nicht zu hindern; so viel Wassergas seiner Natur nach sich bilden will und kann, so viel nimmt sie auf; sie sagt nicht: nun ist es genug, du verengst mir den Platz, ich weiß zuletzt selber nicht, wo ich noch vor allem Wasserdampf Raum finden soll; nein, sie richtet sich ein, daß sie sagen kann: komm nur so viel da will, ich habe zwischen meinen Theilchen immer noch Platz. Aber der Wasserdampf hat zuletzt vor sich selber nicht Platz; es kann nehmlich in einen gewissen Raum nur eine gewisse Menge Wassergas verdunsten; dabei ist es ganz gleichgültig, ob der Raum leer ist, oder ob sich Luft oder etliche andere Gase schon darin befinden. Läßt man in ein Gefäß, welches Luft enthält, Wasser verdunsten, so viel da will, und wiegt es dann, um zu finden, wieviel Wassergas sich hineinbegeben hat, und macht dann das Gefäß ganz luftleer und läßt wieder Wassergas hinein verdunsten, so viel will, und untersucht wieder durch Gewicht, so zeigt sich, daß in das luftleere Gefäß auch nicht im Geringsten mehr Wassergas sich hineinbegeben hat, als in das lufterfüllte Gefäß.

Es bildet also das Wassergas seine eigene Atmosphäre in der Luftatmosphäre; sie wohnen friedlich neben einander

und in einander, ohne sich den Platz zu verengen. Aber
darin haben nun beide einen sehr verschiedenen Charakter;
nehmlich die Luft läßt sich sehr viel gefallen, man kann
in einen bestimmten eingeschlossenen Raum immer mehr
und mehr Luft hineinbringen, so viel man nur will, sie
geht hinein. Freilich ganz gutwillig nicht, man muß sie
hineinpressen; aber wenn man nur Kraft genug hat und
die Wände des Gefängnisses stark genug sind, so kann
man es sehr weit treiben; die Luft geht hinein und bleibt
Luft.

Anders macht es das Wassergas; es geht in einen bestimmten Raum absolut nur ein bestimmtes Maaß, auch
nicht ein kleinstes Theilchen mehr. Aber wenn man es
nun mit Gewalt hineinpreßt? Man hat ja doch sonst
Mittel, Gehorsam zu erzwingen; wo etwas nicht gutwillig
gehen will, kann man ja noch allerlei Maaßregelungen
anwenden. Sollte sich denn der Dunst allein nicht maaßregeln lassen? Ja, da stehen wir wirklich vor etwas ganz
Abnormen! Wir kennen aus unserer Kindheit her Märchen von Zaubrern, die sich beliebig in allerlei Gestalten
verwandeln können. Will man ihnen etwas anhaben, so
verwandeln sie sich plötzlich in einen furchtbaren Löwen,
oder sie verstecken sich als eine Maus in irgend einen
Winkel. Auch in der griechischen Mythologie wird uns
von solchem Zaubrer erzählt, von dem Proteus, einem
Sohne des Meergottes Oceanus und der Meergöttin Thetis,
der ebenfalls die Kunst verstand, allerlei Gestalten anzunehmen. Der Wasserdunst ist nun ein solcher Proteus;
will man ihn maaßregeln und ihn etwa in ein Gefängniß
sperren, das ihm zu eng scheint, schnell schlägt er den Leuten ein Schnippchen und verwandelt sich — zwar nicht in
einen Löwen oder in eine Maus, aber in — nun er kann

verschiedene Gestalten annehmen. Er erscheint etwa als Nebel oder als Thau, als Reif, als Regen, als Schnee, als Hagel, wie es ihm gerade nach den verschiedenen Umständen behagt, also mit einem Wort, die ganze Maaßreglung wird zu Wasser. So kann etwa eine ganze Stube voll Wasserdunst sich in ein kleines Wassertröpfchen verwandeln und sich in irgend einem Winkel verstecken, also noch ärger, als wenn aus einem Elephanten im Märchen eine Maus wird. Ja in der That, eine ganze Stube voll, denn der Wasserdunst ist zugleich ein Prahler, der sich überall recht groß machen will; findet er sonst nur Gelegenheit dazu, so kann der Dunst vom kleinsten Wassertropfen sich so ausdehnen, daß er einen ungeheuer großen Raum ausfüllt; er wird dann natürlich immer dünner. Also nach der einen Seite hin, in dem Sichgroßmachen, verhält sich der Dunst gerade wie die Luft; beide dehnen sich immer weiter aus, je mehr Raum ihnen gegeben wird, und beide werden dann dünner; wird ihnen der Raum entzogen, so behelfen sie sich auch mit einem kleineren, sie ziehen sich enger zusammen und werden also dichter. Die Luft kennt darin keine Grenzen, sie zieht sich so eng zusammen, als man es haben will. Der Dunst aber hat seine Grenzen; wird er zu eng zusammengedrückt, so zieht er sich nicht mehr dichter zusammen, sondern verwandelt sich in Wasser. Also in einen bestimmten Raum geht nur ein bestimmtes Maaß oder Gewicht Dunst als Dunst hinein.

Aber es kommt freilich noch ein Umstand hinzu, den wir bisher der Deutlichkeit wegen unberücksichtigt gelassen hatten, nehmlich die Temperatur. Unser Satz muß nun heißen: In einen bestimmten Raum von bestimmter Temperatur geht nur ein bestimmtes Maaß von Wasserdunst hinein. Wird nehmlich der Raum

erwärmt, so geht mehr Dunst hinein; er liebt also die
Wärme. Wird aber der Raum erkältet, so geht weniger
Dunst hinein, und war der Dunst schon in einem warmen
abgeschlossenen Raum und wird dieser Raum nun erkältet,
so verwandelt sich ein Theil des Dunstes in Wasser.

Also wir haben z. B. eine beiderseitig fest verschlossene
und luftleere Glasröhre, in welcher sich ein wenig Wasser
befindet. Das Wasser verdunstet nun zum Theil in den
leeren Raum der Röhre hinein. Je wärmer man nun
die Röhre macht, desto mehr Wasser verdunstet; also des
Wassers wird immer weniger, des Dunstes immer mehr,
er wird immer dichter. Läßt man die Röhre dann wieder
erkalten, so wird aus einem Theil des Dunstes wieder
Wasser, weil in diesem Raum bei geringerer Temperatur
nicht so viel Dunst existiren kann. Wäre aber die Röhre
so eingerichtet, daß sie an einem Ende durch einen ver=
schiebbaren, luftdichten Stöpsel verschlossen ist, durch dessen
Hin= und Herschieben der verschlossene Raum der Röhre
vergrößert oder verkleinert werden kann, so kann man dabei
auch in folgender Weise verfahren. Ist nehmlich die Röhre
sehr erwärmt und mit dichtem Dunst erfüllt, und man
schiebt dann, während sie erkaltet, zugleich den Stöpsel
zurück, so daß der innere Raum der Röhre größer wird,
so verwandelt sich auch beim Erkalten der Dunst nicht
wieder in Wasser, sondern bleibt Dunst, weil er nun auch
für die niedere Temperatur Raum genug hat. Oder ist
die Röhre bei hoher Temperatur mit Dunst erfüllt und
man stößt dann, ohne die Röhre erkalten zu lassen, den
Stöpsel hinein, so daß der innere Raum kleiner wird, so
verwandelt sich trotz der hohen Temperatur ein Theil des
Dunstes wieder in Wasser, weil es ihm nun an dem be=
haglichen Raum fehlt.

Kehren wir nun zu der atmosphärischen Luft zurück. Sie befindet sich über dem Meere und über andern Gewässern; an der Oberfläche des Wassers verdunstet dasselbe, und Wasserdunst steigt in die atmosphärische Luft, die ihn aufnimmt. Hier übt nun die Luft ihren ersten Einfluß aus. Durch ihre Temperatur bestimmt sie auch die Temperatur des Raumes, in welchen hinein der entstehende Wasserdunst sich begeben kann. Ist die Luft recht warm, so kann viel Dunst in den Raum, den sie einnimmt, oder zwischen ihre Theilchen hineinsteigen, oder die Luft kann dann viel Wasserdunst tragen. Ist sie kalt, so kann sie nur weniger Wassergas tragen.

Wir wollen uns dies an bestimmten Zahlen noch anschaulicher machen. Wir nehmen z. B. ein Kubikmeter Luft; ein Meter ist etwas über 3 Fuß lang, ein Kubikmeter ist also ein würfelförmiger Raum, der etwas über 3 Fuß lang, breit und hoch ist. Wieviel Wassergas kann nun in einem Kubikmeter Luft enthalten sein? Dies hängt ganz von der Temperatur der Luft ab; wir geben einige Beispiele. Ist die Temperatur der Luft gleich Null, so kann sie für jedes Kubikmeter nur 5²⁄₃ Gramm Wasserdunst aufnehmen. Ein Gramm ist ungefähr ½ Quentchen Neugewicht. Steigt die Temperatur der Luft auf

$4°$ R., so kann sie  7¹⁄₃ Gramm tragen,
bei  $8°$ „     „  „  9³⁄₅  „     „
„ $12°$ „     „  „  13     „     „
„ $16°$ „     „  „  17     „     „
„ $20°$ „     „  „  22½    „     „

Mehr als hier angegeben, kann die Luft bei der betreffenden Temperatur nicht aufnehmen. Ruht also z. B. eine Luftmasse über einem Gewässer, ist sie 12° warm und hat schon auf jedes Kubikmeter 13 Gramm Dunst aufgenommen,

so kann sie sich nun nichts weiter aufladen lassen. Die
Verdunstung muß aufhören, oder will noch irgendwie Dunst
hineindringen, so wird dieser gleich wieder zu Wasser. Die
Luft hat ihre Ladung, sie ist satt; man sagt daher auch,
die Luft sei mit Wasserdunst gesättigt, wenn sie so viel
desselben aufgenommen hat, als ihr nach ihrer Temperatur
zukommt. Wird ihre Temperatur gesteigert, dann kann sie
freilich gleich wieder mehr Wassergas verschlucken. Wird
aber die Luft kälter, und sie war schon gesättigt, so kann
sie den getrunkenen Dunst nicht alle bei sich behalten; der
Ueberfluß wird zu Wasser und fällt nieder. Je nach den
Umständen nun, unter denen der Dunst zu Wasser wird,
nennen wir ihn Regen, Thau, Nebel, Reif, Schnee.

Nun erkennen wir wohl, welchen großen Dienst die
Luft fort und fort den Ländern als Wasserträger leistet.
Sie ruht über dem Meere oder bewegt sich darüber hin;
dabei nimmt sie eine Menge Wasserdunst in sich auf.
Sie zieht z. B. von Südwest her über das atlantische
Meer; sie hat dabei etwa eine Temperatur von 20 Grad.
Sie könnte dabei 22½ Gramm Wasserdunst für jedes
Kubikmeter in sich aufnehmen. Sie bleibt aber nicht so
lange dort, um sich ganz zu sättigen, sie nimmt etwa nur
13 Gramm auf, also so viel, als sie bei 12 Grad gerade
tragen könnte. Nun zieht sie über Spanien, Frankreich,
sie wird kälter, aber ist immer noch über 12 Grad warm.
So kommt sie zu uns; hier sind etwa 8 Grad Wärme,
bei dieser Temperatur kann sie nur noch 9³⁄₅ Gramm
tragen. Der Ueberschuß, den sie hat, nehmlich 13—9³⁄₅ =
3²⁄₅ Gramm für jedes Kubikmeter, fällt als befruchtender
Regen auf unsere Saatfelder nieder und speist unsere Quellen
und Brunnen.

So hat sie für uns aus dem atlantischen Meere das

Waſſer geſchöpft und hat es über Spanien und Frankreich hin bis zu uns getragen. Wir brauchen es gerade, da giebt ſie es uns. Sie hat viel Mühe davon gehabt, und wir ſagen ihr vielleicht nicht einmal: danke ſchön!

Ja, ſie leiſtet uns dabei noch einen andern ſehr wichtigen Dienſt. Sollten wir uns ſelber das Waſſer aus dem Meere holen, ſo hätte dies, abgeſehen von der Rieſenarbeit, die wir nicht ſchaffen könnten, noch einen andern großen Uebelſtand. Wir könnten das Waſſer ſo noch gar nicht gebrauchen, weder zum Trinken, noch um unſere Gärten und Aecker damit zu begießen, denn dies bittere Salzwaſſer möchte uns wenig behagen, und den meiſten Pflanzen bekommt es auch nicht. Wir müßten nun erſt große Deſtilliranſtalten anlegen, um es vom Salz und andern Beimiſchungen zu reinigen, und woher ſollte dazu alles Brennmaterial kommen! Unſer lieber Waſſerträger aber, die atmoſphäriſche Luft, iſt ſo freundlich, uns das Waſſer gleich deſtillirt zu bringen, reines aqua destillata wie aus der Apotheke.

Wenn übrigens die Luft mit dem Waſſergehalt, den ſie aus dem Meere geſchöpft hat, zu uns kommt, ſo hängt es dabei noch von verſchiedenen Umſtänden ab, ob ſie ſich auch herbeiläßt, uns damit zu tränken oder nicht. Manchmal macht ſie Ausſicht dazu und läßt uns dann doch noch lange warten; manchmal täuſcht ſie uns auch ganz; manchmal wieder gießt ſie unvermuthet eine Menge Waſſer über uns aus, wenn wir vielleicht gerade ohne Regenſchirm, und die Damen mit ſeidenen Hüten auf dem Spaziergange ſind. Solche kleine Neckereien müſſen wir uns von dem lieben Freunde, der es ſonſt ſo gut mit uns meint, ſchon gefallen laſſen. Wenn nehmlich die Luft mit ihrem Waſſervorrathe zu uns kommt, iſt vielleicht die Temperatur noch

nicht so niedrig, daß jene darin schon von Dunst über=
sättigt ist; sie kann den Wasserdunst noch tragen und be=
hält ihn daher. Es wird aber windstill, die mit Dunst
geschwängerte Luft bleibt bei uns. In den obern Regionen
kühlt es sich so ab, daß der Dunst in Wasserbläschen über=
geht; es bilden sich Wolken, die immer dichter werden,
weil sich immer mehr Dunst in Wasser verwandelt. Wir
denken jeden Augenblick, nun wird es regnen. Aber hier
unten ist es noch wärmer, hier ist noch nicht die Tempe=
ratur, wo die Luft übersättigt ist. Indem also die Wolken
sich senken und in die wärmeren Schichten kommen, ver=
wandeln sich die Wasserbläschen wieder in Gas und steigen
wieder auf. So sehen wir fortwährend Wolken am Him=
mel und bemerken gar nicht, daß sie auf= und niedersteigen,
sich bald in Dunst, bald in Wasserbläschen verwandeln.
So können wir oft Wochen lang warten; die Luft ist hier
unten immer nahe am Sättigungspunkt, aber doch noch
nicht übersättigt; darum giebt sie noch nichts ab.

Nun kann sich aber etwas ereignen, um die Landleute,
deren Saaten schon halb vertrocknen, recht böse zu machen.
Es wird mit einemmal einige Grad wärmer, und fort sind
alle Wolken, der klare blaue Himmel lacht freundlich auf
alle unschuldigen Kinder nieder; der berechnende Landmann
aber lacht ·nicht. Bei der gesteigerten Temperatur ist die
Luft nun weiter vom Sättigungspunkte entfernt, es lösen
sich daher alle ·entstandenen Wasserbläschen schnell in un=
sichtbaren Dunst auf. Es ist noch gerade eben so viel
Wassergehalt in der Luft als vorher, da der Himmel voll
schwarzer Wolken hing; aber er ist nun bei der höheren
Temperatur als Dunst unsichtbar geworden. Du gehst
nun bei klarem Himmel spazieren, recht leicht angezogen,
nicht wie die vorsichtigen Engländer oder wie Klabberadatsch=

Schulze immer mit dem Regenschirm. Da erhebt sich ein
kälterer Wind, oder die Luft wird sonst plötzlich abgekühlt;
in wenigen Augenblicken ist die Temperatur der Luft so
verringert, daß sie von dem vorhandenen Wasserdunst weit
übersättigt ist, — und ein starker Regen strömt nieder.
Wenn Du dann ganz durchnäßt bist, dann denke: die
Engländer und Schulze haben doch Recht.

Aber es braucht sich auch die Temperatur gar nicht zu
verändern, und es kann doch zum Regnen kommen. Es
erhebt sich vielleicht in den oberen Schichten, nicht unten,
ein Wind, der von ferne her große Luftmassen zu uns
bringt, während unten die mit Dunst geschwängerte Luft
noch ruhig bleibt. Die obere zugeführte Luft drückt nun
auf die untere; dadurch wird diese mit Dunst geschwängerte
Luft mehr zusammengepreßt, ihr Raum wird, wie in jener
Röhre, verringert; dadurch kommt sie auch über den Sätti=
gungspunkt und läßt nun einen Theil des Wassergases als
Regen niederfallen. Es ist so, als wenn ein Schwamm
voll Wasser ist; er beherbergt Alles und läßt nichts fallen,
drückt man ihn aber, so regnet er in starken Strömen.

So sehen wir also, wie die mannigfachsten Ursachen
zusammenwirken, um uns und unsern Fluren das nöthige
Wasser darzureichen, wie es aber immer die Luft ist, welche
die Dienste des Wasserträgers für uns verrichtet und uns
das Wasser weit her aus den großen Wasserbehältern der
Erde zuführt.

Aber wir haben erst auf die offenbaren, recht in die
Augen fallenden Dienste geachtet, auf die größeren Wasser=
mengen, die sie uns als Regen zuführt. Aber ächte
Freunde und Wohlthäter thun auch viel Gutes im Ver=
borgenen und reichen womöglich täglich, wenn auch in
kleineren Portionen, ihre Liebesgaben dar, ohne viel Wesen

daron zu machen. Die Luft ist auch solch heimlicher Wohl=
thäter. Der Landmann blickt oft recht verdrießlich in den
klaren Himmel hinein; er denkt, wenn sich der Himmel
doch endlich mit Wolken überziehen möchte, dann wäre
doch Aussicht auf Regen. Aber er bedenkt nicht, daß in
regenloser Zeit ein klarer Himmel ihm ein besserer Freund
ist als ein bewölkter. Der Landmann ·ist ja frühe auf;
wenn er dann nur auch seine Augen recht aufthun wollte,
dann würde er sehen, daß bei heiterem Himmel fast jede
Nacht, während er schlief, Jemand auf sein Feld gegangen
ist und nicht etwa wie der Feind Unkraut unter den Wei=
zen gesäet, nein, sein ganzes Feld begossen hat und zwar
so sorgfältig, daß jedes Hälmchen sein Theil bekommen
hat. Dieser Freund war wieder die atmosphärische Luft,
die — da sie nicht genug zum Regnen hatte — sich doch
erbarmte und von ihrem Wassergehalt einen Theil als Thau
den durstenden Pflanzen zum Labetrunk gab. Und das
geschieht gerade nur bei heiterem Himmel; denn die Thau=
bildung ist eine Folge der Wärmeausstrahlung. Wenn
die Sonne untergegangen ist, so beginnt die Erdoberfläche
die Wärme auszustrahlen; ihre Temperatur wird dadurch
oft um 2—8 Grad niedriger als die der umgebenden Luft.
Dadurch wird die Luft, die zunächst mit den Gegenständen
in Berührung kommt, auch abgekühlt und zwar oft so,
daß sie bei dieser kühlen Temperatur an Wasserdunst über=
sättigt ist und dieser sich nun in Wassertropfen verwandelt,
die sich an die abkühlenden Gegenstände als Thau an=
hängen. Es ist derselbe Vorgang, wie das Beschlagen
kalter Gegenstände, z. B. einer Brille, wenn man mit
ihnen in eine warme, mit Wasserdünsten geschwängerte
Stube kommt. Rauhe und lose Gegenstände strahlen
schneller die Wärme aus, als glatte und dichte. Daher

bethauen auch Gräser, Halme, Pflanzen, auch Holz leichter
als Steine und Metalle. Die Pflanzen noch dazu um so
mehr, da sie einzeln in die Luft hineinragen und ihnen so
vom Boden her weniger Wärme zugeleitet werden kann.
Die Luft geht also mit ihrem Wassergehalt, wenn er noch
gering ist, sehr haushälterisch um. Sie denkt: ihr Steine
und ihr Metalle, aus denen man Schwerter und Lanzen
macht, ihr könnt es entbehren, euch gebe ich jetzt nichts.
Aber ihr Gräser und Pflanzen, die ihr mir meine lieben
Menschen ernähren und versorgen sollt, euch gebe ich gern,
so viel ich kann. Und so gießt sie ihre labenden Thau-
tropfen über die Saaten aus; aber die Steine und Metalle läßt sie trocken. Wenn einmal das Budget so über-
reich ist, daß sie es in Strömen ausgießen kann, dann
sollen die Metalle auch Ueberfluß haben.

So geht es bei heiterem Himmel zu, wenn es zugleich
windstill ist, daß nicht ein warmer Wind den Pflanzen
immer neue Wärme zuführt und sie nicht ganz abkühlen
läßt. Aber bei bewölktem Himmel bildet sich kein Thau;
denn die Wärme, die aus den Pflanzen ausstrahlt, wird
von der Wolkendecke immer wieder zurückgeworfen, zurück-
gestrahlt, so daß es nicht zu der nöthigen Abkühlung der
Saaten kommen kann. Daher thaut es auch unter Bäumen nicht, weil unter ihnen die Wärme des Erdbodens
nicht in den freien Himmelsraum ausstrahlen kann.

Wird nun in der Nacht die Temperatur der ausstrah-
lenden Gegenstände unter den Gefrierpunkt abgekühlt, so
bildet sich statt des Thaues Reif, indem die entstehenden
Wassertropfen gleich gefrieren. Bei Tage schmelzen sie und
kommen dann doch den Pflanzen zu Gute. Wir wissen nun
auch, warum hölzerne Gegenstände, Balken, Bohlen, Gelän-

der 2c. eher bereifen als Steine, weil sie nehmlich schneller
die Wärme ausstrahlen als diese.

Wie der Reif durch die Kälte aus dem Thau geboren
wird, so ist der Schnee ein Kind der Wolken, wenn die
Kälte den verdichteten Wasserdunst nicht in Wafferbläschen,
sondern in kleine Eiskrystalle verwandelt, die dann niederfallen und während des Fallens noch den Wasserdunst der
Luft in Eiskrystalle verwandeln und sich damit vergrößern.

Der Nebel ist nichts anderes als niedrig geborene
Wolken; er entsteht, wenn die Gewässer oder der feuchte
Boden wärmer ist als die Luft, und letztere schon sehr stark
mit Wasserdunst gesättigt ist. In Folge der unteren höheren Temperatur verdunstet das Wasser, der Dunst steigt
auf, wird aber gleich in Wafferbläschen verwandelt, weil
durch sein Hinzukommen die schon mit Dunst geschwängerte
Luft übersättigt wird.

So haben wir zuletzt noch die Wassergeschenke, welche
die Luft uns bringt, in ihren verschiedenen Formen ange-
schaut. Es ist alles dasselbe destillirte Wasser, aber die
Luft liebt es, unter Mitwirkung der Wärme uns diese
Geschenke zur Abwechslung in mannigfachen Gestalten darzureichen.

Wir haben nun im Allgemeinen die großen Dienste
überblickt, welche die atmosphärische Luft als Wafferträger
dem Festlande leistet. Sie ist die große Vermittlerin zwischen Wasser und Land, welche diese beiden Elemente zu-
sammenbringt und dadurch den Grund zu allem Leben
auf dem Festlande legt. Wohl berühren sich Land und
Wasser in großen Ausdehnungen, aber sie gehen doch kalt
und gleichgültig neben einander her, ohne einander zu
dienen oder mit einander zu wirken. Da kommt die Luft
und schließt durch ihre Vermittelung einen innigen Freund-

schaftsbund zwischen Land und Wasser und regt sie zu
gegenseitigem Dienst und zu gemeinsamem Wirken an,
und aus dieser Gemeinsamkeit erwächst auf der sonst todten
Erde ein reiches Leben in den mannigfaltigsten vegetabili-
schen und animalischen Gestalten.

Werfen wir nun aber noch einmal einen Blick in das
Ausgabenbuch des Naturhaushaltes und zwar in die Branche
der Zölle und Abgaben, und bemerken da den ungeheuren
Tribut an Wasser, den das Land fortwährend vermittelst
der Flüsse an das Meer zahlt, so bekommen wir nun einen
ganz andern Begriff davon. Was uns erst als eine so
ungeheure Abgabe erschien, das erkennen wir jetzt nur als
eine kleine Rückzahlung. Das Land giebt durch die Flüsse
dem Meere, von welchem es durch Vermittelung der Luft
ja alles Wasser empfängt, nur die Ueberschüsse zurück, nur
das, was es zu viel empfangen hat. Es sind nur die
Ueberschüsse, die in den Staatsschatz gelegt werden, um
seiner Zeit wieder für das Wohl des Landes verwendet zu
werden.

So sehen wir in diesem Haushalte eine großartige
Circulation, um überall Leben zu erwecken. Da kommt
nichts um, und nichts wird unnütz vergeudet. Das Kapital wird in den großen Verkehr der Thier- und Pflanzenwelt hineingegeben; es werden damit die großartigsten
und segensreichsten Werke zu Stande gebracht. Und wo
ein Theil gerade für diesen Verkehr nicht verwendbar ist
oder die Circulation schon durchgemacht hat, da fließt es
auf geordnetem Wege wieder in den großen Staatsschatz
zurück. Aber auch auf diesem Rückwege muß es große
Dienste leisten. Es bildet die bequemsten Verbindungs-
wege zwischen den innersten Binnenländern und den Küstenländern und dem Meere selbst und bietet so das Mittel,

die Producte, die es erst hat schaffen und bilden helfen, nun unter die verschiedensten Gegenden leicht zu vertheilen und so überall Mangel und Ueberfluß auszugleichen. Und zu dem Allen ist die atmosphärische Luft die Vermittlerin.

Wir haben nun die Arbeit der Luft als Wasserträger physikalisch betrachtet; in den folgenden Vorträgen wollen wir sie geographisch ansehen, d. h. wir wollen nachweisen, wie in den verschiedenen Ländern der Erde durch ihre mannigfachen Terrainverhältnisse dieser Dienst der Luft gefördert oder gehemmt wird, und wie danach Klima und Fruchtbarkeit der Länder sich gestaltet.

# Neunter Vortrag.

## Fortsetzung des vorigen. Die Luft als Wasserträger.

---

Im Anschluß an den vorigen Vortrag wollen wir nun in geographischer Beziehung die Dienste betrachten, welche die atmosphärische Luft dem Lande als Wasserträger leistet. Wir wollen dazu eine Reise über die ganze Erde antreten und alle namhaften Länder besuchen, um uns in ihnen danach umzusehen, in welcher Weise die Luft ihnen das Wasser zuträgt und ihre Fluren befruchtet, oder woran es liegt, wenn sie einem Lande solchen Dienst verweigert, so daß es fast verschmachten muß.

Wir müssen dazu auf die Terrainverhältnisse der verschiedenen Länder, auf ihre Lage zu dem Meere, auf ihre Gebirgszüge, auf ihre Hoch= und Tiefebnen und auf ihre Entfernung von dem Aequator oder von den Polen Rücksicht nehmen; denn das Alles hat auf die wasserbringenden Dienste der Luft einen sehr großen entscheidenden Einfluß. Wir werden uns dabei aber auch der verschiedenen Windrichtungen, wie wir sie in den frühern Vorträgen kennen gelernt haben, erinnern müssen, namentlich des untern Polarstroms und des obern, zurückfließenden Aequatorialstroms und der daraus entstehenden Passate, der Monsune und der Hauptwinde der gemäßigten Zonen. Denn die Luft kann ja das Wasser, das sie aus dem Meere schöpft, dem

Lande nur zuführen, wenn sie in Bewegung ist, also wenn sie als Wind auftritt, und dabei ist die Richtung dieser Bewegung für die verschiedenen Länder in Beziehung auf die Versorgung mit dem nöthigen Wasser heil= oder unheil= bringend.

Ehe wir aber unsere Reise antreten, wollen wir, wie es zu jeder Reise im Interesse der Wissenschaft nöthig ist, uns erst mit den noch nöthigen Vorkenntnissen ausrüsten, damit wir an jedem Ort gleich wissen, worauf wir unser Augenmerk besonders zu richten haben. Der vorige Vor= trag sollte den wichtigsten Grund zu diesen Vorkenntnissen in physikalischer Beziehung legen; jetzt wollen wir uns aus diesen physikalischen Vorkenntnissen die wichtigsten Fol= gerungen in Beziehung auf die mancherlei Terrainver= hältnisse ziehen, damit wir mit gewissen allgemeinen leitenden Grundsätzen ausgerüstet uns auf die Reise begeben können.

Wir haben gesehen, daß die Luft desto mehr Wasserdunst aufnehmen kann, je wärmer sie ist, und zugleich auch, daß in der Wärme das Wasser schneller verdunstet, als in der Kälte. Die natürliche Folge dieses Gesetzes ist, daß der Wassergehalt der Luft desto mehr zunimmt, je mehr man von den Polen nach der heißen Zone, nach dem Aequator hin kommt. Unsre Wahrnehmung durch das Gefühl und durch den Augenschein könnte uns darin leicht irre leiten und uns das Gegentheil als richtig erscheinen lassen. Denn in der heißen Zone ist der Himmel meist klar und heiter, und die Luft scheint trocken, während der Himmel im All= gemeinen desto bewölkter, und die Luft feuchter wird, je mehr man nach den gemäßigten und kalten Zonen kommt. Dies scheint dafür zu sprechen, daß in den kalten Gegen= den die Luft mehr Wassertheile mit sich führt. Aber das ist nichts als Prahlerei; es ist ein bloßer Flitterstaat, den sich die Luft in der Kälte umhängt; im Grunde ist sie dort sehr wasserarm und kann nicht viel abgeben. Sie kann in der Kälte nicht viel Wasserdunst beherbergen, sie ist dann schon von wenigem Dunst leicht übersättigt; der Dunst verdichtet sich daher dort bald in Wasserbläschen, die in Nebel und Wolken sichtbar werden und unsre Haut feucht machen. In der großen Wärme aber trägt sie alles Wasser als unsichtbaren Dunst.

Es ist dasselbe Verhältniß wie an einem und demselben Ort zu verschiedenen Zeiten. Bei uns hat die Luft im Sommer und am Tage mehr Wassergehalt als im Winter und bei Nacht, und doch zeigt uns der Winterhimmel weit mehr Wolken und Nebel, und wir müssen uns selbst nach heitern Sommertagen vor der feuchten Nachtluft hüten.

Diese Verschiedenheit des Wassergehalts der Luft in den verschiedenen Zonen äußert dann auch auf die Vegetation einen großen Einfluß. In der heißen Zone können die Pflanzen Monate lang des Regens entbehren und wachsen dabei doch in der üppigsten Fülle; die Luft ist so reich an Wassertheilen, daß die Pflanzen aus ihr auch ohne Regen ihren Wasserbedarf entnehmen können. In der gemäßigten und kalten Zone aber verkümmern die Pflanzen, wenn sie nicht häufig mit Regen getränkt werden, denn aus der wasserarmen Luft können sie nur äußerst wenig zur Stillung ihres Durstes nehmen. Zum Glück nimmt aber auch im Allgemeinen die Zahl der Regentage zu, je mehr man von dem Aequator nach den Polen wandert; die Zahl der Regentage, aber natürlich nicht die Menge des Regens, denn wer selber nicht gar viel hat, der kann wohl, wenn er es eintheilt, oft etwas geben, aber immer nur eine geringe Gabe.

Der reiche Wassergehalt der tropischen Luft kann eine

große Menge Regen geben; da aber diese heiße Luft das Wasser in großer Menge als Dunst tragen kann, so müssen auch besondere Umstände kommen, um die Luft so zu über= sättigen, daß der Dunst als Regen hinabfällt. Solche Umstände kommen nur selten — wir werden sie gleich näher kennen lernen —; wenn es aber zum Regnen kommt, dann kommen auch ungeheure Wassermengen herunter. Daher ist die durchschnittliche jährliche Regenmenge in der heißen Zone im Verhältniß zu der der übrigen Zonen sehr beträcht= lich; sie beträgt 90 Zoll, d. h. wenn ein Jahr hindurch sämmtliches Regenwasser, das in der heißen Zone nieder= fällt, stehen bliebe, ohne sich zu verlaufen und ohne zu ver= dunsten, so würde am Ende des Jahres über der Ober= fläche der ganzen heißen Zone das Regenwasser 90 Zoll hoch stehen. An einzelnen Orten aber beträgt die jährliche Regenmenge ungleich mehr; so z. B. auf St. Domingo 100 Zoll, in San Luis de Maranhao in Brasilien 259 Zoll, in Guadeloupe 274 Zoll, und in Mahaba= leschmar auf der Westseite von Ostindien sogar 283 Zoll, c. 24 Fuß hoch.

Und diese ganze Regenmenge fällt innerhalb weniger Wochen; ja in Cayenne, im französischen Guyana in Südamerika, fiel einmal an einem einzigen Tage 21 Zoll Regen. Die ganze übrige Zeit des Jahres ist dann heitrer, klarer Himmel.

In der nördlichen gemäßigten Zone beträgt die jähr= liche Regenmenge durchschnittlich nur 35 Zoll, auf der süd= lichen Halbkugel nur 25 Zoll. Es ist dies der mittlere Durchschnitt; auf die verschiednen Gegenden vertheilt sich die Regenmenge in verschiednem Verhältniß. So hat z. B. Petersburg nur 16 Zoll Regen, Berlin 20″, Trier 28″, Bern 43″, Deutschland durchschnittlich 26 Zoll.

In der kalten Zone, in welcher das Wasser meist als
Schnee niederfällt, ist die Quantität viel geringer, dagegen
nimmt die Zahl der Regen- und Schneetage sehr zu. Die
kalte Luft dort kann nicht viel Wasser als Dunst beherbergen, sie ist bald übersättigt und läßt daher ihren geringen
Wasservorrath sehr häufig als Regen oder Schnee niederfallen. Fast jede Erniedrigung der Temperatur oder Zu-
führung neuen Wasserdunstes durch einen Wind hat einen
Regen- oder Schneefall zur Folge. So hat im Durchschnitt jährlich das südliche Europa 120, das mittlere 145,
das nördliche 180 Regentage. Wir werden aber sehen,
daß dies Verhältniß der Regenmenge und der Regentage
nur gilt, wenn die sonstigen Verhältnisse dieselben sind; es
kommen andre Umstände hinzu, die bedeutende Veränderungen hervorbringen.

Durch den eben erwähnten Einfluß der Wärme auf
die Regenmenge und die Zahl der Regentage theilt sich
nun die ganze Oberfläche der Erde in zwei verschiedne
Regenzonen. Es giebt nehmlich eine Zone des periodischen Regens, wo also nur zu bestimmten Zeiten Regen
fällt, sonst aber gar nicht, und eine Zone des veränderlichen Niederschlags, wo sich Regen, Nebel oder Schnee
auf das ganze Jahr und über alle Jahreszeiten vertheilt,
wo also jeder Tag Regen bringen kann. Die heiße Zone
ist die Zone des periodischen Regens; es regnet dort zweimal des Jahres zu bestimmter Zeit und dann gleich einige
Wochen hinter einander. Für die ganze übrige Zeit des
Jahres ist ein Regenschirm so unnütz wie bei uns ein
Stubenofen im Juli. Diese Regenzeit findet für jeden Ort
dann statt, wenn die Sonne durch den Zenith geht, d. h.
wenn die Strahlen derselben den Ort senkrecht treffen. Wir
wissen, daß dies für jeden Ort zwischen den Wendekreisen

jährlich zweimal geschieht, indem der senkrechte Stand der Sonne sich jährlich von dem südlichen Wendekreise zum nördlichen und von da wieder zum südlichen zurückbewegt, bei dieser Wanderung folglich jeden Ort zweimal, beim Hin= und beim Zurückgange, trifft. Diese Zeitpunkte der senkrechten Sonnenhöhe fallen desto näher zusammen, je näher ein Ort einem Wendekreise liegt, und gehen an dem Wendekreise selbst ganz in einander über, während sie unter dem Aequator durch einen halbjährigen Zwischenraum ge= trennt sind.

Wir müssen uns nun daran erinnern, daß in der heißen Zone ein regelmäßiger Ostpassatwind weht; die Verdunstung der Gewässer ist dort außerordentlich stark, der Passatwind führt also eine große Menge Wasserdunst mit sich und bringt solchen den tropischen Ländern zu. Dieser Dunst kann sich aber nicht zu Regen verdichten, weil die heiße Luft dort viel Dunst tragen kann, und weil der Passatwind das Uebermaaß immer wieder fortführt. Nähert sich nun aber die Sonne dem Zenith des Ortes, d. h. wird der Bogen, den die Sonne über dem Ort beschreibt, immer höher, bis er endlich ganz senkrecht wird, so steigert sich die Hitze in fast unerträglicher Weise, die Luft wird im Verhältniß zu derjenigen der neben liegenden Gegenden so erhitzt und dadurch so leicht, daß sie mit großer Schnellig= keit aufwärts steigt. Durch diesen aufwärts steigenden Luftstrom wird der Passatwind ganz aufgehoben, aller Wasserdunst, der reichlich zugeführt worden ist und der durch die in der Hitze noch gesteigerte Verdunstung noch vermehrt wird, wird rasch in die Höhe geführt. So sam= melt sich in den obern Schichten mehr und mehr Dunst an, durch die Anhäufung und durch die oben erfolgte Ab= kühlung verwandelt er sich in Wasserbläschen, es bilden sich Wolken, erst einzelne, es fallen einzelne Regenschauer nieder; allmählig überzieht sich der ganze Himmel mit dunklem Gewölk, die Luft kann die Menge des Wassers nicht mehr tragen, und dies fällt nun in starken und an- haltenden Regenströmen Tage- und Wochen lang her- nieder.

Es ist dies die Zeit, wo zwar der Mensch in der so hoch gesteigerten feuchten Hitze erschlafft, wo aber die Pflanzenwelt in außerordentlicher Fülle und Ueppigkeit auf- wächst. In dem Maaße als die Sonne sich von dem Zenith entfernt, wird auch der Regen geringer; die Wolken verlieren sich allmählig, es wird heitrer, blauer Himmel, bis die Sonne auf ihrem Rückwege zum zweiten Mal in den Zenith tritt und eine neue Regenzeit bringt. Die Länder, welche in das Gebiet des periodischen Tropen- regens gehören, sind besonders: der ostindische Archipel, namentlich die sundischen Inseln, die Nordküste von Austra- lien, Vorder- und Hinterindien, die mittlere Ostküste von Afrika, die Küste von Senegambien und Guinea, die west- indischen Inseln, Guyana, Columbien und Brasilien.

Die Länder der gemäßigten und kalten Zone gehören in die zweite Regenzone oder in das Gebiet des veränder- lichen Niederschlags. Der Regen findet sich dort über alle Jahreszeiten vertheilt. Aber die größere oder geringere Menge des Regens hängt sehr von der Lage jedes Landes ab, und zwar ist dabei zunächst von Wichtigkeit, ob ein Land nahe am Meere oder weit ab von demselben liegt, ob es eine Insel, ein Küsten- oder ein Binnenland ist. Wir können so in Beziehung auf Regen und auch auf Temperatur ein insulares und ein continentales Klima unterscheiden.

Die Inseln haben ein feuchtes und verhältnißmäßig mildes Klima; die Winde kommen dort ja allerseits vom

14*

Meere her und bringen also reichlichen Wasserdunst mit;
an Feuchtigkeit kann es daher den Inseln nicht leicht fehlen.
Außerdem bringt ihnen aber die Luft, die ihnen so reichlich das Wasser zuträgt, auch eine gewisse Gleichmäßigkeit
der Temperatur mit. Das bewegliche Element des Meeres
ist ganz dazu geeignet, große Gegensätze in der Temperatur
zu verhindern. Das Wasser wird weder so schnell erwärmt
noch abgekühlt als das Land; die wärmeren Wasserschichten
als die leichteren sind immer oben; aber da das Meer so
vielfach bewegt wird, so kommen auch immer wieder von
unten her kältere Wasserschichten nach oben und kühlen die
Oberfläche ab. Zugleich erfolgt eine fortwährende Abkühlung durch die Verdunstung; denn das Wasser kann sich
nicht in Dunst verwandeln, ohne eine große Menge Wärme
zu verschlucken; entzieht man dem Dunst die Wärme, also
erkältet man ihn, so wird er ja, wie wir gesehen haben,
wieder zu Wasser. Der Dunst braucht also zu seinem
Bestehen eine ansehnliche Quantität Wärme; er nimmt
diese bei seinem Entstehen aus seiner Umgebung und kühlt
letztere daher ab. So kann es also auf dem Meere nie zu
einer übermäßigen Hitze kommen. Aber auch die Kälte
kann nicht sehr groß werden; denn wenn die oberen Wasserschichten abgekühlt werden, so tauchen sie unter und entziehen sich dem weiteren Einfluß der kalten Luft; sie werden nehmlich durch die Abkühlung dichter und schwerer
und sinken daher unter. So kommen andre Schichten,
die noch mehr Wärme haben und leichter sind, nach oben,
holen sich auch ihre Portion Abkühlung und tauchen dann
ebenfalls unter. So ist ein beständiges Auf- und Niedersteigen. Das ganze Meer aber bis in seine untersten
Schichten in hohem Grade zu erkälten, das wäre eine
Riesenarbeit, die ein Winter nicht vollbringt; hat er darin

ein Stück Arbeit geschafft, so kommt schon die Frühlings=
sonne wieder und macht seinem fruchtlosen Bemühen ein
Ende.

So kann es also auf dem Meere weder im Sommer
sehr heiß, noch im Winter sehr kalt werden, d. h. natürlich
im Verhältniß zu dem Breitengrade, unter dem es sich
befindet. Das Meer in der kalten Zone wird natürlich
viel kälter sein als in der heißen Zone; aber an jedem Ort
des Meeres für sich ist der Unterschied der Temperatur im
Winter und im Sommer kein sehr großer, die Temperatur
ist das ganze Jahr hindurch eine mehr gleichmäßige. Diese
Gleichmäßigkeit theilt sich dann in gewissem Grade auch
der darüber befindlichen Luft und durch diese auch den
Inseln mit. So findet sich denn auf den Inseln zwischen
Sommer und Winter kein so großer Unterschied, wie er auf
dem Festlande vorkommt.

Ein andrer Umstand, welcher den Orten in der Nähe
des Meeres eine mehr gleichmäßige Temperatur giebt, ist
der bedeckte Himmel, der sich dort mehr als im Binnen=
lande findet. Wolken hindern sowohl am Tage als in der
Nacht bedeutende Veränderungen der Temperatur. Am
Tage lassen sie die Wärme nicht zu groß werden, indem
sie die Sonnenstrahlen abhalten; in der Nacht hindern sie
die Wärmeausstrahlung aus dem Erdboden und den untern
Luftschichten in den freien Himmelsraum hinein und lassen
also keine große Abkühlung zu.

Auf dem Festlande kann der Unterschied in der Tem=
peratur sehr groß werden. Das Land nimmt die Wärme
sehr schnell auf und giebt sie auch schnell wieder ab; es
wird daher im Sommer durch die Sonnenstrahlen stark
erwärmt, im Winter ebenso stark erkältet. Selbst an einem
und demselben Tage kann im Binnenlande der Temperatur=

unterschied bei Tag und Nacht ein sehr großer werden.
So kommt es vor, daß selbst in der Sahara nach einem
heißen Tage sich in der Nacht Eis bildet. Daher ist der
Gegensatz zwischen Sommer und Winter unter gleichem
Parallelkreise desto größer, je mehr man in das Innere
eines Festlandes hineinkommt. Vergleichen wir z. B. die
Temperatur der Faröer-Inseln nördlich von Schottland im
62. Grad nördlicher Breite mit Ostsibirien unter derselben
Breite. Auf den Faröer-Inseln steigt die Wärme im
wärmsten Sommer nicht über 10° R., in Ostsibirien kommt
sie bis auf 18°; im Winter ist auf den Faröer-Inseln die
niedrigste Temperatur noch 1° R. über den Gefrierpunkt,
so daß es nicht einmal bis zum Gefrieren des Wassers
kommt, während in Ostsibirien selbst das Quecksilber friert,
also die Kälte unter 32° R. kommt. Auf den Faröer-Inseln
beträgt demnach der Unterschied zwischen dem heißesten Som-
mertage und dem kältesten Wintertage 9°, in Ostsibirien
unter demselben Parallelkreise beträgt dieser Unterschied 50°.

Wir brauchen auch nicht so weit zu gehen, um schon
einen ziemlichen Unterschied zu finden. Vergleichen wir
Dublin mit Berlin, welche unter gleichem Parallelkreise
liegen; in Berlin haben wir manchmal eine Kälte von
— 24° R. und noch mehr, während in Irland Myrthen und
Camelien im Freien überwintern können. Dagegen ist im
letztern Lande der Sommer von so geringer Temperatur,
daß nicht einmal die gewöhnlichen Obstsorten, wie Pflau-
men und Birnen, zur Reife kommen. Noch mehr fällt
der Unterschied in die Augen, wenn wir Berlin mit den
Faröer-Inseln vergleichen. Letztere liegen ungefähr 120
Meilen nördlicher als Berlin, und doch kommt es dort
nicht bis zum Gefrieren des Wassers, während man in
Berlin öfters Monate lang fußdickes Eis hat.

So ist es auch bekannt, daß im südöstlichen Rußland im Königreich Astrahan, etwa zwischen dem 45—50° nördlicher Breite, Südfrüchte und Trauben reifen, wie sie herrlicher fast nirgends gefunden werden, daß aber die Winterkälte dort nicht selten bis zum — 24° R. steigt, so daß im Winter die Bewohner des hohen Nordens, die Renntiere, bis hierher ihre Weideplätze ausdehnen, während sich im Sommer in derselben Gegend das Kameel heimathlich fühlt. So begegnen sich dort die kalte und die heiße Zone. Dagegen findet sich unter demselben Breitengrade an der Westküste Frankreichs am biscayischen Meerbusen eine ziemlich gleichmäßige Temperatur, die aber nicht so hoch steigt, um Trauben ordentlich zur Reife zu bringen.

Was hier von Inseln gesagt ist, gilt in fast gleichem Maaße von den Küstenländern.

Ist nun der Unterschied im Klima der Inseln und des Festlandes in Beziehung auf die Temperatur so groß, so ist er es ebenso auch in Beziehung auf die Feuchtigkeit, zumal ja der Niederschlag des Wassergehaltes in hohem Grade von der Temperatur abhängt.

Die Winde bringen vom Meere her viel Wasserdunst mit; bei ihrer Reise über das Festland setzen sie mehr und mehr einen Theil ihres Wassergehaltes ab, je nachdem die gerade stattfindende Temperatur sie dazu veranlaßt. Die Küsten haben natürlich die erste Anwartschaft darauf; sie bekommen am häufigsten und am meisten den Niederschlag des Wassers. Da geht es denn der Luft wie manchen Reisenden; im Anfange geben sie das Geld mit vollen Händen fort, jede Gelegenheit wird benutzt; allmählig aber wird der Beutel leerer, sie müssen sich einschränken und werden desto sparsamer, je weiter sie kommen. Die Luft macht sich auch keinen Ueberschlag, um auf ihrer ganzen

Reise gleichmäßig ausgeben zu können; zu Anfange bei den Küstenländern giebt sie von ihrem Wasservorrath über= fließend fort. Allmählig wird sie karger, und kommt sie dann nach langer Reise tief in's Binnenland hinein, so hat sie endlich gar nichts mehr übrig, sie muß Schulden machen. Sie bringt keinen Regen, sondern kommt als ein trockener, ausdörrender Wind dort an, der die etwa dort noch vorhandene Feuchtigkeit begierig einsaugt. Daher leiden die Länder, welche im Innern ausgedehnter Conti= nente liegen, immer an Dürre.

In Beziehung auf die Zahl der Regentage erkennen wir hieraus also wieder ein anderes Gesetz. Vorher sahen wir, daß zwar die Regenmenge desto mehr abnimmt, die Zahl der Regentage aber desto größer wird, je mehr man nach den Polen hinkommt. Jetzt haben wir das Gesetz gefunden: die Zahl der Regentage wird desto geringer, je mehr man von der Küste in das Innere eines Festlandes kommt. Hierdurch wird das erste Gesetz in Beziehung auf viele Gegenden bedeutend modificirt. Als Beispiel möge folgende Angabe dienen. Gehen wir von der West= küste Europa's immer nach Osten, so kommen wir in immer größere Dürre hinein. Britannien hat jährlich 156 Re= gentage, Mitteldeutschland 130, Ungarn 110, Ostrußland 90, Ostsibirien 60.

Eine andere Modificirung jenes Gesetzes wird aber auch durch hohe Gebirgszüge und durch Hochebenen her= beigeführt. Es kommt in dieser Beziehung außerordentlich viel darauf an, in welcher Richtung sich die Gebirgskette hinzieht, und welche Lage im Lande sie in Beziehung auf das Meer hat.

Wir nehmen den Fall an, daß ein wasserreicher Wind vom Meere her in ein Land eindringt. Die Luft ist noch

nicht übersättigt, und die Temperatur des Landes ist noch
hoch genug, um den Sättigungspunkt noch nicht herbei=
zuführen; der Wind weht über das Land, ohne besonders
viel von seinem Wassergehalt abzugeben. Nun kommt er
aber an eine hohe Gebirgskette, die sich quer vor ihm
hinzieht; er kann nicht weiter, von hinten drängt aber
mehr Luft nach; so ist die Luftbewegung genöthigt, in die
Höhe zu steigen, um das Gebirge zu überschreiten. Dabei
kommt aber die Luft in kältere Schichten, sie wird abge=
kühlt und kann nun nicht mehr so viel Wasserdunst tragen.
Letzterer verwandelt sich in Wasser, ehe die Luft das Ge=
birge überschreitet, und der größte Theil des Wassergehalts
setzt sich an dem diesseitigen Abhange des Gebirges ab
und speist dort viele Quellen und Bäche, welche das be=
fruchtende Element unten hin in die Ebene tragen. Die
andere Seite des Gebirges geht aber dann leer aus; der
Wind hat Alles ausgegeben, und wenn er in das jenseitige
Land kommt, bringt er nichts als Trockenheit mit. So
wird das Gebirge der einen Seite zum Segen, der andern
zum Unheil. Wir werden nachher mannigfache Belege
dazu finden.

Aehnlich wirken auch Hochebenen, die sich nicht fern
von den Küsten erheben. Indem die Luft an ihnen hin=
aufsteigen muß, setzt sie dabei an dem Abhange schon
einen großen Theil Wassers ab; kommt sie dann oben an,
um über die Hochebene hinzuziehen, so bringt ein anderer
Umstand oft eine schlimme Entscheidung. Sie hat noch
einen Theil Wassergehalt mitgebracht; damit könnte sie
wenigstens noch etwas Land tränken. Aber so unmittelbar
über dem Lande ist es immer wärmer, als in den freien
Luftschichten, die in gleicher Höhe über dem Meeresspiegel
sich befinden. Durch diesen Einfluß wird die Luft oben

auf der Hochebene erwärmt und kann nun mehr Wasserdunst tragen; die Wolken, die etwa noch mit hinaufge-
kommen sind, verwandeln sich in Dunst und der Wind
zieht dahin, ohne dem Lande eine Erquickung zu bringen.

So geschieht es auch mit Wolken, die von einem kälteren Meere her in ein wärmeres Land kommen; man sieht
die Wolken daher eilen, man hofft Erquickung von ihnen,
aber plötzlich sind sie verschwunden; die Wärme hat sie in
Dunst' verwandelt.   Der folgende Vortrag wird uns zeigen,
wie oft diese schmerzliche Täuschung der afrikanischen Sahara bereitet wird.

Dies wären nun die wichtigsten Folgerungen, die wir
in Beziehung auf die Terrainverhältnisse der Länder uns
aus den physikalischen Erörterungen des vorigen Vortrags
zur Anschauung bringen mußten, um gleich zu übersehen,
wie diese Folgerungen in den verschiedenen Ländern ihre
Anwendung finden.   Wir können nun gut ausgerüstet
unsere Reise um die Welt beginnen.   Wir begnügen uns
aber heute mit diesem kurzen Vortrage und treten unsere
Reise neu gestärkt im folgenden an.

## Zehnter Vortrag.

#### Ueberſicht der Dienſte, welche die Atmoſphäre als Waſſer-träger den einzelnen Ländern leiſtet.

(Hierzu die Karte.)

——

Der heutige Vortrag ſoll uns nach den verſchiedenen Ländern unſeres Erdballes führen, um an ihren Terrain-verhältniſſen zu erkennen, in welcher Weiſe die waſſertra-gende Atmoſphäre in denſelben ihre Dienſte verrichtet.

Wir verſetzen uns gleich nach **Amerika** und betrachten unſere europäiſchen Verhältniſſe bei der Rückkehr.

Amerika erſtreckt ſich von Norden nach Süden hin durch alle Zonen; ſein Klima iſt daher ein gar mannigfaltiges. Von bedeutendem Einfluſſe iſt aber die hohe Gebirgskette, die ſich auf ſeiner Weſtſeite der ganzen Länge nach durch dieſen Erdtheil hinzieht. Schon an der Südſpitze, vom Cap Horn an, erhebt ſich das Andengebirge und zieht ſich in einer Länge von 2000 Meilen bis zur Behrings-ſtraße an der Nordweſtſpitze. Es erreicht in Chili und bis zum Aequator hin ſeine größte Höhe bis zu 21,000 Fuß, ſenkt ſich jenſeits des Aequators, namentlich auf der Landenge Panama, wo es nur noch eine Höhe von 600 Fuß hat, bedeutend und erhebt ſich dann in Nordamerika, wo es den Namen Felſengebirge annimmt, wieder bis auf 17,000 Fuß. Auf der Oſtſeite liegen ſowohl in Süd- als in Nordamerika auch Gebirge, die aber bedeutend niedriger

ſind, meiſtens nur 2—3000 Fuß hoch, und in ihren Spitzen
kaum die Höhe von 5—7000 Fuß überſteigen. Ebenſo
ziehen ſich an der Nordküſte von Südamerika, in Venezuela
und Guyana, Gebirge von nur mittler Höhe hin, die ſich
nur in einem vereinzelten Theile, in dem Gebirge von
Santa Merta zwiſchen der Mündung des Magdalenen=
ſtroms und dem Maracayboſee, zu der bedeutenden Höhe
von 17,000 Fuß erheben. Auf der Oſtſeite der langen
Andenkette liegen, meiſtens von den gedachten kleinern Ge=
birgen begrenzt, ſowohl in Süd= als in Nordamerika große
ausgedehnte Ebenen, meiſtens Tiefland, die den bei weitem
größten Theil Amerika's einnehmen.

Die Richtung und Lage der Andenkette bewirkt es, daß
Amerika meiſtens ſehr reichlich, reichlicher als jeder andere
Continent, mit atmoſphäriſchen Niederſchlägen verſorgt iſt,
obwohl derſelbe Umſtand einige kleinere Gebiete zu voll=
ſtändigen Wüſten macht. Wir werden dieſe Einwirkung
der Gebirgszüge bei einem Ueberblick über die einzelnen
Länder Amerika's gleich kennen lernen.

Amerika nimmt bei ſeiner weiten Ausdehnung von
Süden nach Norden an drei Regenzonen Theil, zu denen
durch eine ungünſtige Einwirkung des Gebirges noch ein
viertes, regenloſes Gebiet kommt. In der Zone des perio=
diſchen Regens, zwiſchen den Wendekreiſen, liegt der größte
Theil von Südamerika und Centralamerika, in der ſüd=
lichen Zone des veränderlichen Niederſchlags liegt der übrige,
nach Süden zugeſpitzte Theil Südamerika's; in der nörd=
lichen Zone des veränderlichen Niederſchlags faſt ganz
Nordamerika.

Der größte Theil von Südamerika hat ſchon durch
ſeine Lage unter dem Tropenhimmel eine reiche Zufuhr von
atmoſphäriſchem Waſſer; aber dieſer Umſtand allein iſt noch

nicht entscheidend; wir werden sehen, daß ein Theil Afrika's unter demselben Himmel sehr wasserarm ist. Es kommt vielmehr bei Südamerika zu der tropischen Lage noch die günstige Richtung der Passatwinde und der Gebirgszüge zu Hülfe.

Betrachten wir zunächst den nach allen Richtungen hin weit ausgedehnten nördlichen Theil von Südamerika, der zwischen den Wendekreisen liegt. Auf der Westseite ist er von den hohen Anden, auf der Nord= und Ostseite von den viel niedrigeren Gebirgen von Venezuela, Guyana und Brasilien begrenzt. Er enthält auf der Nordostseite das etwa 2000 Fuß hohe Hochland von Guyana und auf der Ostseite das eben so hohe brasilianische Hochland, der übrige Theil bis zu den Anden besteht aus Tiefland. Dieser ganze Theil ist von dem Nordost= und Südostpassat bestrichen, der von dem atlantischen Meere her weht und sich dort reichlich mit Wassergas beladen hat. Er findet wenig Mühe, die auf der Ostseite befindlichen niedrigen Gebirge und Hochebenen zu übersteigen. Doch werden die unteren schwereren Luftschichten, indem sie die Reise über diese Hochländer machen, genugsam abgefühlt, um diesen Ländern einen Theil ihrer Wasserladung als Durchgangs= zoll abgeben zu können. Von diesem Niederschlagswasser tränken sich reichlich das ganze Jahr hindurch die Quellen des Orinoco und mehrerer Nebenflüsse des Amazonen= stroms, namentlich auch des Tocantine, und ebenso andererseits die Quellen des Paranna und Paraguay, welche dann mit dem Uruguay den Rio de la Plata bilden.

Nachdem die mit dem Passate angekommene Luft ihren Durchgangszoll reichlich abgetragen hat, kann sie mit ihrer immer noch sehr reichlichen Wasserladung ungehindert im= mer nach Westen hin über die ausgedehnten Tiefebnen passiren. Endlich aber kommt sie an einen Schlagbaum, wo sie anhalten muß; die Andenkette mit ihren gewaltigen drohenden Riesen legt sich quer vor ihren Weg und ruft ihr ein Halt zu. Hinter ihr drängt nun ankommende Luft nach; so in die Enge getrieben muß sie sich bequemen, das gewaltige oben mit Schnee und Eis bedeckte Gebirge zu erklimmen. Wenn ein Mensch mit ihr hinanklimmte, würde er von der Anstrengung wohl manchen Schweiß= tropfen verlieren; der Luft ergeht es auch so, der Schweiß trieft reichlich in Regen nieder. Nur ist es bei ihr umge= kehrt die große Abkühlung in den hohen kalten Regionen, die sie dazu veranlaßt, die Luft transpirirt nur vor Kälte. Aller Wasserdunst verdichtet sich nun oben beim Erklimmen des Gebirges fast bis auf den letzten Tropfen zu Wasser und tränkt fort und fort die vielen Nebenflüsse des Orinoco, des Amazonenstroms (Marañon) und auch des Rio de la Plata, die auf den Anden ihre Quellen haben. Alle diese Flüsse führen dann reichliche Wasser= mengen durch die ausgedehnten Tiefebnen.

So bewässert das Flußnetz des Orinoco die mehr als 16000 Quadratmeilen großen Ebnen, Llanos ge= nannt, die jährlich überschwemmt werden und dann unab= sehbare Wiesen bilden, die auch den Namen Gras= oder Kräutermeer führen. Der Marañon mit seinen zahlreichen und großen Nebenflüssen führt das Wasser durch eine 146,000 Qu.=M. große Ebne, die mit undurchdringlichen Urwäldern bedeckt ist und darum den Namen Selvas führt; hier ist noch ein ungeheures, fast wie der ganze Continent von Europa großes, überaus fruchtbares Gebiet für späte Geschlechter, welche die Riesenarbeit übernehmen, den Urwald in Ackerland umzuschaffen; bis jetzt sind es fast nur noch die Flüsse, welche als Straßen durch diese

ausgedehnte Waldebne führen, die sich von dem Fuße der
Andenkette bis zum atlantischen Ocean erstreckt. — Hieran
schließen sich dann, zum Theil durch das brasilianische
Gebirgsland davon getrennt, die Pampas des Rio de la
Plata an, die sich noch weit in die südliche gemäßigte
Zone hineinziehen; es sind unabsehbare Grasfluren, baum=
leer und ohne irgend welche Erhöhungen, der Tummel=
platz zahlloser Heerden wilder Pferde und Rinder. So
weit sie noch in der tropischen Zone liegen, auch in einigen
andern Gebieten, haben sie eine üppige Vegetation; die
andern Theile aber sind, wie wir nachher näher sehen wer=
den, dürr und öde.

So ist denn in allen diesen Ebnen des Orinoco, des
Maranon und zum Theil des Rio de la Plata eine
ungeheure Menge Wasser, welches in der großen Hitze des
tropischen Himmels reichlich verdunstet und die Luft das
ganze Jahr hindurch mit Wassergas gefüllt erhält. Wenn
sich dann die Sonne dem Zenith nähert, und dadurch die
Wasserdünste in ungeheurer Menge in die oberen Luft=
schichten geführt werden, beginnt die Zeit des tropischen
Regens, die etwa drei Monate lang dauert und in welcher
der Regen meist in Strömen niederfällt. In der Nähe
des Aequators unterscheiden sich aus oben schon genannten
Ursachen zwei nasse und zwei trockne Jahreszeiten, während
sie sich nach den Wendekreisen hin in eine nasse und eine
trockne zusammenziehen; die Regenzeit dauert dort länger
als drei Monate.

Aber nicht blos diese Tiefebnen, sondern auch die Berg=
abhänge und Hochländer auf der Ostseite der Anden,
wie die von Granada, Ecuador, Peru und Bolivia
haben reichlich Regen und sind sehr fruchtbar.

Steigen wir aber über die Anden nach der Westseite

hinüber, so kommen wir mit einem Mal in ein ganz andres
Klima.  Der Passatwind geht mit uns hinüber, aber was
er an Wassergehalt hatte, hat er Alles auf der Ostseite
mit vollen Händen fortgegeben.  Nun ist er ein armer
Mann.  Die auf der Westseite der Anden gelegnen Theile
von Peru und Bolivia bitten vergeblich um Regen.  Sie
liegen am stillen Ocean, sie haben das Wasser vor Augen
und müssen doch Tantalusqualen erdulden; sie stehen ja
unter der Herrschaft des untern Passatwindes, der von
Osten nach Westen weht  So bringt ihnen kein Wind den
Wasserdunst des stillen Oceans, der ihre Küsten bespült;
die Wolken, die sich dort bilden, treibt der beim Uebergang
über die Anden trocken gewordene Ostpassat fort über das
weite Meer hin.  Nur wo der Zusammenstoß der beiden
Passate einmal einen Wirbelwind erzeugt, wird ihnen ausnahmsweise eine Erfrischung zu Theil.

Ganz regenlos und wüst ist aber der lange peruanische
Küstenstrich vom 5. bis zum 25. Grad südlicher Breite,
worin die Wüste von Atacama ein kleines Abbild der
Sahara ist.  Jahre vergehen, ohne daß auch nur ein Tropfen
Regen fällt.

Daß die Westküsten von Ecuador und Neu-
granada, zu beiden Seiten des Aequators gelegen, besser
mit Regen versorgt sind, haben sie nur dem Umstande zu
verdanken, theils daß sie in der Region der Kalmen liegen
und daher häufig Gewitterregen bekommen, theils aber
auch daß die Andenkette auf der Nordseite des Aequators
viel niedriger wird und so dem Nordostpassate einen Zu-
gang gewährt, ehe er sich noch ganz verausgabt hat.

Reisen wir nun über den südlichen Wendekreis hinaus
und begeben uns nach den Staaten des Rio de la Plata
und nach Chili und Patagonien, so finden wir die

Terrainverhältnisse noch ebenso wie zwischen den Wende=
kreisen, das hohe Andengebirge ebenfalls an der Westküste,
und an der Ostseite desselben ausgedehnte Tiefebnen, die
Pampas von la Plata und die patagonische Steppe. Und
dennoch das Verhältniß der atmosphärischen Niederschläge
ein total andres! Die Ursache davon ist die veränderte
Windrichtung. Der herrschende Wind ist hier der zurück=
kehrende, obere Passat, der hier als Nordwestwind von dem
stillen Ocean her weht und aus heißen Gegenden kommend
reichlich Wasserdunst mit sich führt. Sobald er nun die
Westküste von Chili und Patagonien berührt, muß er
das dort ganz an die Küste gerückte hohe Gebirge er=
klimmen und seinen Wasservorrath abgeben; es stürzen dort
starke Regengüsse herab, besonders im Winter. Kommt
der Wind nun nach diesem Uebergang in die Tiefebnen,
so hat er diesen nichts mehr zu geben; er wühlt nur ihren
Staub auf und führt diesen als ein sehr unwillkommnes
Geschenk den Bewohnern von Buenos=Aires zu, die da=
für den Pampéro, so nennen sie den von Westen kommen=
den heftigen Wind, tüchtig schmähen; wäre es Goldstaub,
den er mit sich führte, so würden sie ihn wohl gnädiger
aufnehmen.

Dieser Wind weht auch oft im Winter und bringt
dann eine scharfe Kälte mit, die um so durchdringender
ist, da er mit außerordentlicher Heftigkeit weht. Seine
Stärke ist so groß, daß er nicht selten die dort so gewandten
Reiter vom Pferde wirft. Zugleich ist er oft von den
furchtbarsten Gewittern begleitet; es wird vollständig finster,
der Südwesthimmel ist ein Feuermeer, der Donner rollt
ohne Aufhören und wird nur noch von dem gewaltigen
Brausen des Pampéro überschrieen. Endlich zieht das
Wetter vorüber, der Wind schweigt, und die liebliche Stille

in der Natur läßt kaum ahnen, daß je ein Wölfchen dieſe Ruhe geſtört habe.

Von der andern Seite her, vom atlantiſchen Meere, kommt dieſen Gebieten nur dann und wann ein ſpärlicher Sommerregen; der untere Paſſat weht ja hier noch nicht von Oſten her, ſondern mehr vom ſüdlichen Eismeere, kommt alſo aus kalter Gegend und hat dort nicht viel Waſſerdunſt mit ſich nehmen können. So entbehren denn dieſe Gebiete in hohem Grade des Regens und ſind in großen Strecken ſehr unfruchtbar. Namentlich haben ſie in neueſter Zeit, im Sommer 1864, von der lange an= dauernden Dürre furchtbar leiden müſſen. In Uruguay, in Entre Rios, in der argentiniſchen Republik und andern benachbarten Provinzen ſind Millionen von Thieren jeder Gattung, namentlich auch Pferde, Rinder und Schafe, theils vor Hunger, theils vor Durſt umgekommen. Die Weiden waren bis zur Wurzel verdorrt. Es wird viele Jahre erfordern, ehe der Viehſtand wieder auf die frühere Höhe gebracht werden kann.

Auf der Südſpitze Amerika's, auf dem Feuerlande und dem Kap Horn iſt des Regens wieder zu viel, und da er noch dazu ein ſehr kalter Gaſt iſt, ſo kann er zur Fruchtbarkeit nichts beitragen. Doch einen Gaſt kann man ihn eigentlich dort nicht nennen, er iſt ja täglich dort und hat alſo daſelbſt ſo recht ſeine Heimath. Es regnet an dieſer Südſpitze Amerika's faſt immer; dazu wehen kalte Stürme, die hier von allen Seiten her zuſammenſtoßen und das Land rauh und unwirthlich machen.

In Mittel= und Nordamerika ſind, wie ſchon be= merkt, die Terrainverhältniſſe eben ſo wie in Südamerika. Mittelamerika mit den weſtindiſchen Inſeln liegt in der heißen Zone und entſpricht der Lage Braſiliens und der im Westen daran angrenzenden Freistaaten. Die Inseln und der Theil des Festlandes, der östlich von den Anden liegt, hat reichlich Regen. Die Westküste dagegen, wohin der Ostpassat erst kommt, nachdem er den Regen auf dem Gebirge abgegeben hat, also namentlich die Westküste der Freistaaten Centralamerika's und Mexico's, sind so dürre wie die entsprechenden Theile Peru's und Bolivia's. Das Nordamerika der gemäßigten Zone würde eigentlich in demselben Verhältniß stehen, wie die Freistaaten des la Plata, Patagonien und Chili. Der herrschende Wind ist ja hier ebenfalls der rückkehrende obere Passat, der hier also als Südwestwind erscheint; er kommt mit reicher Wasserladung vom stillen Ocean, findet aber in dem Felsen= gebirge ebenso wie in Südamerika in den Cordilleren von Chili den Schlagbaum, bei dem er seinen Wassergehalt abgeben muß, ehe er ihn in die ausgedehnten Ebnen des Missisippi tragen kann. Das ganze, weit ausgedehnte Tiefland Nordamerika's, das den größten Theil dieses Continents einnimmt, würde dann so öde sein, wie die Pampas des la Plata und Patagonien; denn der untere, vom nördlichen Eismeere kommende Passat kann wenig Regen mitbringen. Zum Glück aber dringt der atlantische Ocean tief genug zwischen Süd= und Nordamerika ein und bildet im karaibischen und mexikanischen Meerbusen eine Wasserfläche, die groß genug ist, um bei der in diesem heißen Klima reichlichen Wasserverdunstung den darüber wehenden Südwestwind gut mit Wasservorrath zu ver= sorgen. Dieser Südwestwind dringt dann von dort unge= hindert in das ganze Tiefland Nordamerika's ein, um dort allmählig sein Wasser abzusetzen und die Ebne des Missisippi zu befruchten; letztere thut ihre Fruchtbarkeit besonders östlich vom Missouri und Missisippi und am

15*

Ohio in gut angebautem Boden, in Waldungen und ausgedehnten Grasfluren (den Prairien) kund.

Was dieser Wind dann noch etwa an Wasser übrig
behält, muß er an der Ostküste bei dem Alleghany- oder
Appalachengebirge abgeben, damit er von seiner kostbaren
Waare nichts außer Landes führt.

Auf der westlichen Seite des Missouri, wohin der
wassergetränkte Südwestwind weniger dringen kann, sind
die Ebnen theils sandig und kahl, theils mit Rohrwiesen
(Savannen) bedeckt.

Denken wir uns an Stelle des mexikanischen und
karaibischen Meeres und der westindischen Inseln ein zu-
sammenhängendes Festland, so daß der Südwestwind nicht
über Wasser, sondern vom Lande her in die Ebnen Nordamerika's eindränge, so wäre dieses ganze große Gebiet,
das jetzt so viele fruchtbare und aufblühende Staaten enthält, ein so trauriges, dürres Land wie die patagonische
Steppe.

So reichlich freilich bringt dieser von jenen beiden
Meerbusen kommende Südwestwind das Wasser nicht mit,
als wenn er, wie bei dem westlichen Europa, über ein
weites Meer herkäme. Daher ist auch in Nordamerika,
obgleich es eine fast gleiche Regenmenge und gleiche Anzahl Regentage hat als die entsprechenden Theile Europa's,
doch die Luft bedeutend trockner als in dem letztern Festlande. Die europäischen Einwandrer, namentlich auch
unsre deutschen Brüder, die uns verlassen, um in Amerika
eine beßre Existenz zu finden, müssen dies an gar mancherlei
Dingen wahrnehmen.

Die Hausfrauen erkennen bald, daß jedes Ding seine
zwei Seiten hat, und daß sowohl die trockne als die feuchte
Luft Vortheile wie Nachtheile für die Hauswirthschaft

bringt. Wenn sie sich in Deutschland oft ärgerten, daß in der feuchten Luft die Wäsche so schwer trocken wurde, so sehen sie in dem neuen Vaterlande zu ihrer Freude, daß dies so ersehnte Werk dort viel schneller von Statten geht; ist nicht gerade Regenwetter, so können sie nach kurzer Zeit die Wäsche wohlgetrocknet von der Leine nehmen; die durstige Luft ist schnell hinterher, sich den dargebotnen Trunk aus der Wäsche zu holen. Aber haben die Frauen in Deutschland auf dem Lande gelebt und sind von dort= her gewohnt, das Brot in der eignen Wirthschaft zu backen und zwar wie gewöhnlich auf acht oder vierzehn Tage in Vorrath, so werden sie dort mit Schrecken sehen, daß sich in wenigen Tagen schon das Brot in Stein verwandelt hat. „Wer aber ist es, so ihn sein Sohn bittet um Brot, der ihm einen Stein biete! — Die Bauleute haben es freilich in einer Hinsicht wieder gut; ist das Haus aufge= führt, so brauchen sie nicht erst auf das Austrocknen zu warten; sie können ohne Besorgniß für die Gesundheit sogleich die Miether einziehen lassen und so gleich die Zinsen für das angewendete Kapital beziehen. Was sie aber darin an Holz zu Fenstern, Thüren u. dgl. verwenden, müssen sie freilich in sehr ausgetrocknetem Zustande nehmen, sonst trocknet es bald so zusammen, daß es reißt und große Fugen bekommt; auch müssen sie sich dazu eines stärkern Leimes bedienen, als sie in Deutschland gewohnt waren. Selbst auf den Umfang des menschlichen Körpers übt diese trocknere Luft ihren Einfluß aus; wer hier bei uns zu umfangreich ist und wem die Wohlbeleibtheit zu unbequem wird, der kann, wenn ihm Marienbad und Karlsbad nicht hilft, nach Amerika gehn; da kommt das unnütze Fleisch bald herunter, die Magerkeit gehört zu der Eigenthümlich= keit der Nordamerikaner.

Doch wir müſſen unſre Reiſe weiter fortſetzen; nur noch einen Blick auf die Nordweſtküſte und dann hinüber in die alte Welt! Die Nordweſtküſte, das ruſſiſche Amerika, wird von dem Südweſtwinde beherrſcht, der über den ſtillen Ocean kommt; ſo bringt er reichlich Regen und auch Wärme mit und giebt dieſem Gebiete trotz der hohen Breite doch ein mildes und fruchtbares Klima, das namentlich nichts von den großen Gegenſätzen der Temperatur zeigt, wie ſie ſich unter gleichen Breitengraden auf der Oſtküſte von Nordamerika finden.

Wir verlaſſen nun Amerika und richten nur nachher von Afrika herüber noch einige vergleichende Blicke auf dies von der waſſertragenden Luft und durch die günſtige Lage ſeiner Gebirge meiſtens reich geſegnete Land.

In der alten Welt beſuchen wir zuerſt **Afrika**, beſonders weil es zum größten Theil in gleichen Zonen mit Süd= und Mittelamerika liegt und mit dieſem intereſſante Vergleichungen bietet. Ueberblicken wir zuerſt zur Orientirung ein wenig das Terrain! Ein Blick auf die Karte zeigt uns, daß ganz Afrika ein zuſammenhängendes Feſtland iſt, in welches nirgends das Meer tief hineindringt. Das ſagt uns ſchon, daß das Klima ein continentales und daher vorherrſchend trocknes ſein wird.

Zieht man ſich eine Linie von dem Winkel des Meerbuſens von Guinea nach der äußerſten Oſtſpitze, dem Kap von Gardafui, ſo iſt Aſien dadurch in ein Dreieck (den ſüdlichen Theil) und in ein verſchobnes Viereck (den nördlichen Theil) getheilt. Gehen wir aber von dieſer Linie noch weiter nördlich bis zum 15. Grad n. Br. und denken uns hier eine Parallelkreislinie durch ganz Afrika von Weſt nach Oſt gezogen, ſo haben wir ſüdlich von dieſer Linie bis hinunter zum Kap der guten Hoffnung, d. h. in einer

Längenausdehnung von 750 Meilen, lauter Hochland; nur an den Küsten entlang sind schmale Striche Tiefland. Blicken wir nördlich vom 15. Parallelkreis, so breitet sich vor uns bis zum 30. Grad n. Br. ein weites Tiefland aus, das auch die ganze Sahara umfaßt, aber nach Osten hin nicht durch den ganzen Erdtheil reicht, so daß namentlich Nubien und Aegypten nur theilweise Tiefland ist. — Im Norden des 30. Grades n. Br. erheben sich dann wieder fast bis zum mittelländischen Meere hin die Hochländer der Berberei und Barka.

Auch von dem großen südlichen Hochlande ragen in das Tiefland nördlich das Hochland von Habesch, nordöstlich das von Sudan hinein.

Das große südliche Hochland ist nicht ein Gebirgsland, sondern besteht aus einer compacten Masse, die ihre höchste Erhebung an der Ostküste entlang hat und von dort nach der Westküste hin sich allmählig senkt. Einzelne Gebirgszüge darin sind die Drachenberge, das Lupatagebirge und das Mondgebirge. Dieser Gebirgsrand erhebt sich im nördlichen Theile in die Schneeregion und erreicht in einzelnen Stellen eine Höhe von 18,000 Fuß. Nach dem Kap Gerdafui zu wird es jedoch niedriger. Die Hochebne selbst hat eine Höhe von 4—6000 Fuß; in der Mitte aber senkt sie sich bis auf 3000 Fuß.

Dies ganze Hochland liegt nur mit Ausnahme des Kaplandes in der tropischen Zone, also in der Zone des periodischen Regens und zugleich der Ostpassate, die aber, wie schon früher gesagt ist, auf der Seite des indischen Meeres in die alternirenden Monsune übergehen. Die Gegenden beim Aequator haben eine trockene und zwei kurze Regenperioden. Für die Gegenden bis zum südlichen Wendekreise tritt die Regenzeit in unsren Wintermonaten

ein und dauert für die einzelnen Orte etwa zwei Monat;
auf der nördlichen Seite des Aequators fällt die Regenzeit
in unſern Sommer.

Im ganzen Innern des Hochlandes aber iſt dieſer
Regen doch nur ſpärlich; die Waſſerdünſte müſſen ja vom
indiſchen Ocean her zugeführt werden. Wenn nun der
Oſtwind vom Ocean mit ſeiner Waſſerladung ankommt,
ſo muß er den hohen Oſtrand erſteigen und ſetzt dort das
meiſte Waſſer ab; die ſchmale niedre Oſtküſte iſt daher
ſehr waſſerreich und fruchtbar; aber die innere Hochfläche
bekommt nur wenig Feuchtigkeit und leidet daher an großer
Dürre.   Die Weſtküſte liegt am atlantiſchen Meere und
ſeufzt aus demſelben Grunde wie die Weſtküſte von Peru
und Bolivia in Südamerika nach Regen; denn der Oſt=
paſſat führt die Wolken fort über das Meer hin.

Werfen wir nun einen vergleichenden Blick auf Amerika
zurück! Braſilien mit dem waſſerreichen Amazonengebiet
liegt ganz in derſelben Breite wie dieſer Theil von Süd=
afrika; dort ſolcher Reichthum atmoſphäriſchen Niederſchla=
ges, hier in Afrika ſolche Dürre! Aber wie verſchieden
ſind auch die Gebirgszüge! Braſilien iſt dem Oſtpaſſate
geöffnet, Afrika iſt ihm durch den hohen Oſtrand ver=
ſchloſſen. Verſetzen wir in Gedanken in Afrika den Ge=
birgszug nach der Weſtküſte hin, dagegen in Amerika die
Anden nach der Oſtküſte, ſo hat der ganze Zuſtand beider
Continente die Stellen gewechſelt; Braſilien iſt zur Wüſte
geworden, Südafrika dagegen, von den verdunſtenden Waſſer=
fluthen des indiſchen Oceans reichlich getränkt, blüht auf
in der üppigſten Vegetation. So unermeßlichen Einfluß
hat die Richtung der Gebirge in der Verbindung mit der
herrſchenden Windrichtung für das Gedeihen oder das Ver=
derben ganzer Continente.

Der nördliche Theil des Kaplandes liegt auf der Scheide der tropischen und gemäßigten Zone, die an sich schon der Regenbildung ungünstig ist. Es findet sich deshalb dort eine ziemlich ausgedehnte Wüste, Bakalihari=Wüste. Der südliche Theil des Kaplandes, das im Ganzen, in drei Terrassen zum Meere hinabsteigt und in der mittleren Terrasse die Karrao=Ebene enthält, bekommt durch den Einfluß der Monsune und der Seewinde Herbst= und Winterregen; in der Regenzeit ist der größte Theil mit üppiger Vegetation bedeckt, die freilich in der trockenen Jahreszeit abstirbt und dem Lande das Ansehen einer Wüste giebt.

Wenden wir uns nun nach dem nördlichen Theile Afrika's jenseits des Aequators, so finden wir dort zunächst bis etwa zum 15. Grad n. Br. auch noch Hoch=land, das sich in Sudan und Habesch auch noch weiter nördlich erstreckt. Zwischen diesen letztern Ländern und dem Aequator ist jedoch eine Einsenkung von etwa 100 Meilen Breite, die zwar auch noch Hochland ist, aber doch nie=driger als das übrige. Diese Einsenkung dehnt sich quer durch den ganzen Erdtheil aus, und da auch der Ostrand dieser Einsenkung vom Kap Gardafui bis zum Aequator sich nur 1000 Fuß hoch erhebt, so ist dieser ganze Land=strich vom indischen bis zum atlantischen Ocean dem Ost=passate, respective dem Nordost=Monsun geöffnet, so daß es der Atmosphäre gestattet ist, die Wasserdünste des in=dischen Meeres auch in das Innere zu tragen, ohne sie an der Küste schon ganz abgeben zu müssen. Dieser Land=strich gehört daher zu den fruchtbaren; an dieser guten Bewässerung nimmt auch Habesch und Sudan Theil.

Nördlich vom 15. Grad n. Br. breitet sich die große Tiefebene aus, die den nördlichen Theil von Nubien, die

Sahara und den größten Theil Senegambiens um=
faßt. Das letztere Land empfängt an ſeinen Küſten durch
Seewinde vom atlantiſchen Meere her, beſonders aber, da
es zum Theil in den Calmen liegt, durch Gewitterregen
eine reichliche Bewäſſerung, die ihm wohl auch noch zum
Theil von Oſten her, wo ja der ganze eingeſenkte Land=
ſtrich dem indiſchen Meere offen liegt, zugeführt wird.
Aber der Sahara, die eine Ausdehnung von 600 Meilen
Länge und 200 Meilen Breite hat und faſt den fünften
Theil des ganzen Continents einnimmt, und ebenſo dem
Hochlande Aegypten und Nordnubien iſt der Regen
eine ganz unbekannte Sache. Dieſe Länder liegen zum
Theil in der tropiſchen Zone, zum größten Theil aber außer
derſelben, jedoch noch nahe an ihrer Grenze. Der rück=
kehrende, obere Paſſat hat ſich hier noch nicht genug ent=
wickelt, um vom atlantiſchen Meere her dieſen Ländern
Regen zu bringen. Von Oſten her kann ihnen vollends
kein Waſſer zugeführt werden, denn der Oſtwind hat ſchon
über ganz Aſien her wehen müſſen, ehe er vom ſtillen
Ocean zu ihnen kommen kann; auf dieſer langen Reiſe iſt
er ſo trocken und durſtig geworden, daß er gern alle
Feuchtigkeit, die er antreffen möchte, einſaugt, aber gewiß
keine abgiebt. Möchte aber ein Nordwind ſich dieſen Län=
dern freundlich erweiſen und ihnen vom mittelländiſchen
Meere her Waſſer zutragen, ſo wird dieſem ſeine liebevolle
Abſicht durch zwei Umſtände vereitelt. Einmal muß er zum
großen Theil ſeine Reiſe über die Hochlande des Atlas
nehmen, die von ihm einen anſehnlichen Tribut für die
Durchreiſe fordern. Was ihm aber noch bis zur Sahara
durchzuſchmuggeln gelingt, das wird dort leider nicht —
zu Waſſer, das wäre ihnen ſehr angenehm, ſondern es löſt
ſich in unſichtbaren Dunſt auf. Die Reiſe geht ja von

der kältern Zone nach der wärmern, und wir wissen, daß
dieser Umstand der Regenbildung durchaus nicht förderlich
ist, da die Luft mit der Zunahme ihrer Temperatur auch
desto mehr Wasser als unsichtbaren Dunst in sich aufneh=
men kann. Der Boden der Sahara ist aber von Natur
schon sehr heiß und trägt so selber zur Vernichtung der
Wolken, zur völligen Verdunstung ihres Wassergehaltes bei.
Diese Verdunstung geht dort in so ungeheurem Maaße
vor sich, daß die Luft in zwei Tagen schafft, woran sie in
Liverpool das ganze Jahr zu arbeiten hat; stellt man ihr
ein 17 Zoll hohes Gefäß voll Wasser hin — die Weite
ist nach Belieben —, so hat sie es in zwei Tagen bis auf
den letzten Tropfen ausgetrunken. Bei dieser durstigen
Natur der Luft bleibt freilich für das Land kein Labetrunk
übrig. Und wenn auch während der Abkühlung der Nacht,
die freilich in der Sahara so groß ist, daß selbst Eisbil=
dung dort nicht zu den seltenen Dingen gehört, wenn
also auch in der kalten Nacht sich leichte Wolken bilden
möchten, so bekommen diese als dort ganz ungehörige und
regierungsfeindliche Kundgebungen von der aufstehenden,
zornglühenden Regentin des Tages schnell hinter einander
ein Paar „Verwarnungen" und müssen aufhören zu er=
scheinen.

So ist denn mit Ausnahme einiger von Quellen be=
wässerten und dadurch fruchtbar gemachten Oasen die
Sahara eine weit ausgedehnte, schreckliche Wüste, in der
alle Vegetation erstirbt, und die doch — Zeugniß davon
geben die Oasen — so reich und üppig sein könnte, wenn
die Atmosphäre Gelegenheit hätte, ihr einen Sohn des
Oceans als Bräutigam zuzuführen, der sich mit ihr ver=
bände, und so zwischen Trocknem und Nassem, zwischen
Land und Wasser eine gedeihliche Ehe entstände. So pre=

digt uns dieſe Wüſte, daß ein Einzelner oder eine einzelne
Gabe oder Kraft, wie groß und ſtark ſie an ſich auch ſei,
für ſich allein doch nichts Gedeihliches ausrichten, daß erſt
durch das gemeinſame Wirken verſchiedener Kräfte etwas
Großes zu Stande kommen kann.   Wärme und Feuchtig=
keit bedingen die Fruchtbarkeit eines Landes; wo eins fehlt
oder nicht in ausreichendem Maaße vorhanden iſt, muß
das Land verkümmern, wie reichlich auch das andere, wie
hier in der Sahara die Wärme, vorhanden ſei.

Auch Aegypten und Nubien würden ganz demſelben
ſchrecklichen Zuſtande wie die Sahara verfallen ſein, wenn
nicht hier der Wirkſamkeit der Atmoſphäre noch ein anderer
Vermittler zwiſchen Land und Meer zu Hülfe käme.   Die=
ſer Hülfsarbeiter, den die Atmoſphäre ſich angenommen
hat, iſt der Nil.   Die Atmoſphäre meint es ja mit dem
alten Lande der Pharaonen und Pyramiden ſo gut; da
es ihr unmöglich gemacht iſt, das Waſſer vom Ocean un=
mittelbar bis in dies Land zu tragen, ſo trägt ſie es
wenigſtens auf die höchſten Höhen hinauf, die ſie an der
Oſtküſte Afrika's findet, damit es von dort Fall genug
habe, um bis nach Aegypten hinzufließen; der Nil muß
das Geſchäft der Waſſerleitung übernehmen, nachdem die
Luft als Waſſerhebemaſchine fungirt hat.

Dieſe Höhen ſind in dem Lupata= und Mondgebirge
der Kilimandſcharo und Kegnia, die mit ihren ſchnee=
bedeckten Häuptern 18—19,000 Fuß hoch in die Luft ragen
und nur wenige Grade ſüdlich vom Aequator, alſo in der
Zone des periodiſchen Regens liegen.   Das Waſſer des
ſchmelzenden Schnee's vom Mondgebirge und der tropiſchen
Regengüſſe ſpeiſt eine Anzahl von Seeen, die in dieſer
Gegend liegen, und höchſt wahrſcheinlich hat auch der große
Nyanzaſee von dort her reiche Zuflüſſe.   Aus dieſem

See strömt nach den neuesten Entdeckungen der Nil hervor. Schon 1849 hatten die Württemberger Reb= mann und Krapf diese Entdeckung gemacht, die im Jahre 1862 durch den englischen Kapitain Speke bestä= tigt worden ist. Es ist dies übrigens eine Entdeckung, welche schon die Alten gemacht hatten, die aber wieder verloren gegangen war. Schon der griechische Geograph Ptolemäus nennt vor 1700 Jahren den jetzt entdeckten See als einen Quellsee des Nils. Die gedachten kleineren Seeen führen ihr Wasser meistens auch dem Nil zu. In dieser Gegend hat Speke \*) im Jahre 1862 an 233 Ta= gen starke Regengüsse beobachtet. Wenn nun dort die Gewässer anschwellen und reichlich dem Nil zufließen, so kann dieser es in seinen Ufern nicht mehr bergen und läßt es über das 2 bis 5 Meilen breite Nilthal strömen, be= sonders in den Monaten August und September. So wird dies Thal, das das ganze Jahr hindurch keinen Tropfen Regen bekommt, reichlich bewässert und auch mit Schlamm versehen und dadurch so befruchtet, daß es jähr= lich zwei reiche Ernten bringt. Ob übrigens die von Speke angegebenen Nilquellen wirklich die Quellen des Hauptflusses oder nur eines Nebenflusses sind, darüber wird noch gestritten. Aber wie dem auch sei, das steht fest, daß der Nil sein überfließendes Wasser aus der Tro= pengegend von den Gebirgsgewässern empfängt.

In Nubien, wo der Nil meistens nicht gutwillig sein Wasser abgibt, wissen die Einwohner ihm doch einen

---

\*) Dieser wackere Reisende ist leider, nachdem er nach glücklich be= standenen Gefahren in seine Heimath zurückgekommen war, im Sep= tember 1864 auf der Jagd umgekommen, indem, als er über eine Mauer steigen wollte, sein Gewehr losging und er die volle Ladung in die Brust bekam.

Theil durch Kanäle zu entziehen und ihr Land dadurch so zu bewässern, daß es sogar drei Ernten trägt.

So ist es denn doch die Atmosphäre, welche diesen Ländern das Wasser wenigstens auf halbem Wege ent= gegenträgt und es dabei gleich so hoch hinaufpumpt, daß es nachher mit Leichtigkeit weiter fortgeschafft werden kann. Die Theile von Aegypten freilich, bis zu denen diese Bewässerung nicht hinreicht, sind ganz dürr und unfrucht= bar; doch haben die neuen Entdeckungen einige Aussicht eröffnet, durch Fortschaffung etlicher Hindernisse in den Quellgegenden des Nils dem alten Kulturlande noch mehr Wasser zuzuführen und so noch größere Landstrecken be= wässern und fruchtbar machen zu können. So vollendet oder erweitert dann vielleicht noch der Mensch als neuer Mitarbeiter das Werk der Atmosphäre.

Wir können aber Afrika nicht verlassen, ohne erst einen kurzen Besuch auf der 10,000 Q.-M. großen Insel Ma= dagaskar zu machen. Die Insel ist ja in vieler Hinsicht merkwürdig, und die Revolution, die im Juli 1863 dem Kaiser das Leben kostete und dessen Wittwe zur Beherr= scherin erhob, ist ja so beigelegt, daß den Europäern ein Besuch nicht gefährlich ist. Indem wir die Insel besuchen, sind wir eigentlich schon auf dem Uebergange nach Asien; ein Blick auf die Karte weist sie zwar nach Afrika hin, und doch gehört sie mehr zu Asien. Eine starke Strömung, die von Norden her durch den Kanal von Mozambik geht, trennt sie überdies mehr von Afrika, als es sonst den Anschein hat. Und was die Bewohner und ihre Kultur betrifft, so haben diese auch weit mehr Zu= sammenhang mit Asien als mit Afrika.

Eigentlich sind es drei Civilisationen, die hier zusam= menkommen; von Norden her, von Arabien, ist die semi=

tische Bildung und zugleich der Islam eingedrungen; von
Osten her die indische, und später hat die europäische einen
Anlauf gemacht, sich der Herrschaft zu bemächtigen. Ein
Theil der Einwohner auf der Westseite ist afrikanischen
Ursprungs, ebenholzschwarze, wollhaarige Neger. Im Norden haben sich Araber festgesetzt, und den übrigen Theil,
namentlich auf der Ostseite und auf der mittleren Hochebene, bewohnen olivenfarbige Malaien, die den Bewohnern der Sunda-Inseln verwandt sind.

Im Meere gelegen hat das Land natürlich ein insulares Klima, ist aber durch seine Terrainbildung weit stärker bewässert, als dieser Umstand allein bedingen würde.
Das Land hebt sich auf beiden Längenseiten, die eine Ausdehnung von 220 Meilen bei nur 50 Meilen Breite haben,
terrassenförmig aus dem Meere. Der Küstensaum, der im
Osten 2 bis 8 Meilen, im Westen aber zum Theil bis
20 Meilen breit ist, ist flach und niedrig; dann erhebt sich
das Land im Osten mauerartig, im Westen stufenförmig
zu Bergebnen von 4000 Fuß Höhe und zu Bergketten,
welche die Insel von Norden nach Süden in einer Höhe
von 6000 Fuß durchziehen und sich in dem Berge Abo-
tismene bis zu 10,000 Fuß erheben. So bildet diese
Insel vor einem großen Theil der Ostküste Afrika's einen
Wall, auf dem die Ostwinde ihren im indischen Ocean
aufgenommenen Wassergehalt absetzen und so der ganzen
Insel eine reiche Bewässerung geben. Von allen Seiten
fließt das Wasser, auch in vielen Wasserfällen, hernieder
und macht freilich die niedern Küstensäume zu naß, so daß
diese sehr sumpfig und ungesund und die Heimath der
Fieber sind. Die Schweine aber, die fiebersicher sind, befinden sich dort sehr wohl und bewohnen in ungeheuren
Massen die Niederungen. Wenn die Kultur dort erst

weiter gediehen ſein wird, möchte wohl von dort her jähr=
lich ſo viel Schweinefett nach Europa eingeführt werden,
als jetzt aus Cincinnati in Nordamerika. Die Hochebnen
aber ſind geſund und dabei ſehr fruchtbar, ſo daß dort
alle tropiſchen Kulturpflanzen üppig gedeihen können. So
iſt es denn kein Wunder, wenn ſowohl Engländer als
Franzoſen ſchon lange ihre lüſternen Blicke nach einer Inſel
gerichtet haben, die zu einer Colonialwirthſchaft ſo trefflich
geeignet iſt. Wir aber wollen uns jetzt dort nicht nieder=
laſſen, ſondern uns rüſten, um im nächſten Vortrage unſre
Reiſe nach dem Feſtlande von Aſien und Auſtralien fort=
zuſetzen und dann auf unſerm heimathlichen Continente
einzukehren und unſre Wanderungen zu beſchließen.

## Elfter Vortrag.

**Fortsetzung und Schluß des vorigen. Ueberſicht der Dienſte,
welche die Atmoſphäre als Waſſerträger den einzelnen
Ländern leiſtet.**

————

Wir betreten nun **Aſien**, die Wiege des Menſchen=
geſchlechts; dieſer Erdtheil bildet eigentlich mit **Europa**
zuſammen ein einziges Feſtland, weshalb wir es auch in
mancher Beziehung mit dieſem zuſammen betrachten können.
Richten wir unſer Augenmerk zunächſt auf die Gebirgs=
züge, auf die Hoch= und Tiefebnen, weil ja vornehmlich
von dieſen Erhebungen die regenſpendende Thätigkeit der
Atmoſphäre abhängt, ſo zeigt ſich uns in Vergleichung
mit Amerika der merkwürdige Umſtand, daß wie dieſes
ſo auch der alte Continent Europa=Aſien der ganzen
Länge nach von einem Gebirgszuge, doch in gerade entgegen=
geſetzter Richtung, durchſchnitten iſt. Von dem Geſtade des
ſtillen Oceans an der Oſtküſte Aſiens führt von O. S. O.
nach W. N. W. ein langer Gebirgszug, auch faſt in der
Ausdehnung der Anden, mit geringen Unterbrechungen bis
zum Kap Finiſterrä, wo der atlantiſche Ocean die Weſt=
küſte Spaniens beſpült. Derſelbe beginnt mit dem Nan=
Ling in China, ſteigt dann im Himalayagebirge zu den
höchſten Spitzen der Erde auf, ſenkt ſich wieder im Hin=
dukuh (indiſchen Kaukaſus), führt als Paropamiſus am

Nordrande Persiens und im Elburs an dem südlichen Gestade des kaspischen Meeres vorbei, macht dann im Kaukasus und Taurus den Uebergang nach Europa, um sich im Hämus, in den Karpathen, Alpen und Pyrenäen bis zum atlantischen Meere hinzuziehen.

Ein anderer Gebirgszug beginnt ebenfalls von der Ostküste Asiens, aber im hohen Norden an der Behrings=straße, wo Asien nur 7 Meilen von Amerika entfernt ist, und zieht sich von Nordost nach Südwest an der Süd=grenze Sibiriens entlang als Kamm= und Apfelgebirge, da=urische Alpen, Altai, sonjarische Gebirge bis zum Belurtagh, der sich in der Nähe der indisch=persischen Grenze wieder an den vorhergenannten Hindukuh an=schließt.

Zwischen diesen beiden vom Belurtagh nach Osten hin immer weiter auseinander laufenden Gebirgszügen und auf der Ostseite von dem chinesischen Gebirge begrenzt befindet sich, also rings von Gebirgen eingeschlossen, die große östliche Hochebne Asiens, die eine Ausdehnung von 600 und 400 Meilen hat und etwa den dritten Theil von ganz Asien einnimmt.

Verfolgen wir diesen nördlichen Gebirgszug vom Kamm=gebirge an, an der Südgrenze Sibiriens entlang bis zum Belurtagh und von da die Gebirgsreihe entlang bis zu den Pyrenäen, so breitet sich auf der ganzen Nordseite dieses langen Zuges, erst allmählig sich abdachend, dann flacher werdend, durch Asien und Europa hin eine große Tiefebne aus, die nur zwischen den beiden Welttheilen durch das Uralgebirge unterbrochen ist und Sibirien, Turan, Rußland, Polen, Preußen, Norddeutschland, Holland und Nordfrankreich umfaßt.

Auf der Südseite des großen Gebirgszuges, der von

dem Nan = Ling in China über den Hindukuh bis zu den Pyrenäen geht, liegt meistens Gebirgsland, nur von einigen Tiefebnen unterbrochen. Verfolgen wir diese Linie, so treffen wir zunächst auf das Gebirgsland Hinterindien mit seinen großen Flußthälern; dann auf das Hochland Decan in Vorderindien, dessen nördlicher Theil von der Tiefebne Hindostan eingenommen ist. Von dort führt der Weg durch das westliche Hochland Asiens, zu welchem Persien, Armenien und Kleinasien gehören; nördlich davon ist Syrien und Arabien mit Ausnahme einer kleinen Tiefebne meistens Hochland. In Europa setzen sich diese Gebirgsländer in der Türkei, Süddeutschland, Italien, Schweiz, Südfrankreich und Spanien fort.

So haben wir eine Uebersicht über das ganze Terrain und können nun unsern Blick auf die Spenden des Oceans und auf die Atmosphäre als dessen Vermittlerin richten.

Beginnen wir von Osten, so liegt vor der großen östlichen Hochebne das reich gesegnete China, östlich Tiefland, nach Westen hin sich zum Gebirgsland erhebend. Der Ostwind bringt vom stillen Ocean reichlich Wasser mit und tränkt China's Fluren; was er im Lande nicht ab=setzt, das läßt er zurück, wenn er am westlichen Gebirge und zur großen Hochebne hinansteigen muß; hier tränkt er die Quellen der großen Ströme, des Hoangho-und des Jangtsekiang, die sich durch China ergießen. Das Gebiet dieser Flüsse, namentlich in ihrem untern Lauf, ist die an=gebauteste und fruchtbarste Ebne der ganzen Erde.

Gehen wir von China westwärts über das Gebirge, so kommen wir in das große Hochland, das nach der Reise durch die üppigen Fluren China's den allertraurigsten Anblick darbietet. Der Ostwind hat sich verausgabt und kommt als trockner Wind ins Land, der gern noch die

16*

etwa vorhandne Feuchtigkeit einſaugt. Dem Südwinde,
der etwa vom indiſchen Ocean her das Land berieſeln
möchte, iſt all ſein Reichthum ſchon beim Uebergang über
die Rieſenhöhen des Himalaya abgenommen; an eine Zu=
fuhr von Weſten her, vom atlantiſchen Meere iſt gar nicht
zu denken; was könnte ein Wind, der ſchon über Afrika's
Sahara gegangen iſt, noch Gutes bringen, wenn er auch
nicht erſt Gebirge überſteigen und die Hochebne erklimmen
müßte! Von Norden her, aus den Schneefeldern Sibiriens,
kommt wahrlich auch kein Troſt; kann doch ein kalter Wind
an ſich ſchon wenig Waſſer mit ſich führen! Was er aber
noch mitbringen möchte, das ſchenkt er, ehe er den nord=
öſtlichen Gebirgszug zur Hochebne überſchreitet, dem Lande,
das ihm bis dahin den Durchgang geſtattet hat. So
empfängt Sibirien doch einige Regenſpenden, aber das
ganze große Hochland empfängt nichts. Es findet ſich
darin ein weites regenloſes Gebiet, die Wüſte Gobi oder
Schamo und das ſandige Turkeſtan; auch Tibet ge=
hört zum großen Theil noch in dies Gebiet und iſt nur
im ſüdlichen Theil am Himalaya fruchtbarer. Auf
Sibirien haben wir eben ſchon einen Blick geworfen;
es hat ſpärlichen Sommerregen, iſt aber im Süden ſehr
fruchtbar, und auch die ausgedehnten Steppen im Südweſten
könnten durch gute Bebauung in fruchtbaren Acker umge=
ſchaffen werden. Im Norden iſt das ganze Land eine öde,
mit Eisfeldern abwechſelnde moraſtige Fläche.

Schreiten wir vom öſtlichen Hochlande nach dem weſt=
lichen vor, ſo ſetzt ſich aus denſelben Urſachen das regen=
loſe Gebiet noch durch den größten Theil von Perſien
und Arabien fort, um ſich an das ebenfalls regenloſe
Aegypten und die Sahara anzuſchließen. Von Perſien
wird der Regen, den es vom indiſchen Ocean her durch

den Sommer=Monſun bekommen könnte, durch das per=
ſiſche Küſtengebirge abgehalten.    Nur wo der Menſch durch
Bewäſſerungsanſtalten den Dienſt verrichtet, den die Atmo=
ſphäre dieſem Lande nicht leiſten kann, iſt es fruchtbar und
bei der hohen Temperatur dann auch in ſo hohem Grade,
daß es doppelte Jahresernten liefert. — Bei dem ſüdlichen,
namentlich ſüdweſtlichen Theile Arabiens iſt jenes Hin=
derniß nicht; es empfängt ſo viel Regen, um den herrlichen
Mocha=Caffee gedeihen zu laſſen, weshalb es auch von
allen Liebhabern dieſes Nectars als das glückliche Arabien
geprieſen wird.

Die beiden Indien, das geprieſene Eldorado früherer
Zeiten, reichen ſo tief in den indiſchen Ocean hinein, daß
ihnen der Regen nicht fehlen kann.    Vorderindien iſt
in ſeiner Tiefebne Hindoſtan, namentlich im Gebiet des
Ganges, ſehr reichlich mit Regen verſehen; es hat ja das
hohe Himalaya=Gebirge im Norden als Grenzwächter, daß
ihm kein Waſſer nach Tibet hin entführt wird.    In ſeinem
Hochlande Dekan hat es durch die Monſune, die ihm
abwechſelnd im Sommer von der Weſtküſte (Malabar),
im Winter von der Oſtküſte (Coromandel) her den Regen
zuführen, reichliche Bewäſſerung, die nur manchmal tief
im Innern etwas mangelhafter wird.    Die herrlichſten
Produkte geben von dieſer befruchtenden Thätigkeit der
Monſune Zeugniß.

Hinterindien iſt von Europäern noch wenig beſucht,
bekannter nur in ſeinem ſüdlichen Theile, welcher ausge=
dehnte, von mächtigen Strömen bewäſſerte Längenthäler
enthält.    Mit ſeinen drei Gliedern weit in den Ocean
hineinragend iſt es mit atmoſphäriſchem Niederſchlag reich=
lich verſehen.    An Hinterindien ſchließen ſich die ſundi=
ſchen Inſeln an, meiſt große, langgeſtreckte Inſeln, die

von hohen Gebirgsketten durchzogen faſt für ſich ſchon die
Geltung eines Continents in Anſpruch nehmen. In der
tropiſchen Zone gelegen, vom Meere rings umfloſſen, allen
Seewinden offen, kann es ihnen an reichlicher atmoſphä=
riſcher Feuchtigkeit niemals fehlen. Es giebt vielleicht keine
Gegend der Erde, die ſo gut bewäſſert wäre, als dieſer
indiſche Archipel.

Die hohe Temperatur mit der immer feuchten Luft
treibt dann auch eine außerordentlich üppige Vegetation
hervor. Hier wie in den beiden benachbarten Indien er=
heben ſich die Fürſten der Pflanzenwelt, die fächergekrönten
Palmen, zu einer Höhe von 160—180 Fuß und bilden,
indem ſie mit andern Bäumen in Wäldern zuſammen=
ſtehen und ſich über dieſe erheben, luftige Säulenhallen,
welche die Wälder hoch überwölben. Zu dieſen geſellen
ſich faſt als ihre beſtändigen Begleiter und recht um durch
den Gegenſatz ihrer Formen einander zu ergänzen, die
Piſanggewächſe oder Bananen mit ihren niedrigen ſaft=
reichen Stämmen, zwiſchen deren breiten, ſeidenartig glän=
zenden Blättern die rieſigen Fruchttrauben reifen, die den
Bewohnern jener Gegenden ein Hauptnahrungsmittel bieten.
Hier reifen die feurigſten Gewürze, wie der Pfefferſtrauch,
die Gewürznelke, die Vanille, der Zimmt und die Muskat=
nuß. Hier gedeihen die Gewächſe, die, indem ſie alle den=
ſelben cryſtalliſirbaren Stoff, das ſogenannte Caffein, ent=
halten, das Morgengetränk für ganz Europa liefern und
ſich nur untereinander in den verſchiedenen Ländern um
den Vorrang ſtreiten; nehmlich eine Bohnenfrucht, die
Cacaobohne, die hier ihre Heimath hat und von den
Spaniern und Italienern am liebſten zum Frühſtück be=
gehrt wird; dann eine Kernfrucht, der Caffee, der zwar
hier nicht eingeboren, ſondern von Arabien her verpflanzt

ist, aber gut gedeiht und den Deutschen und Franzosen
ihren liebsten Morgentrunk bietet, und endlich ein Blatt-
und Blüthenprodukt aus der Familie der Camellien, die
unsre Stubengärten zieren, ein Produkt, das aus dem benachbarten China herübergewandert hier auch sein Gedeihen
findet und mithilft, den ungeheuren Bedarf zu decken, der
die ganze Welt dem himmlischen Reiche (China) zinsbar
macht, nehmlich der Theestrauch, dessen köstlichem Blätter-
und Blüthenextrakt zum Frühstück am meisten die Engländer und Russen huldigen.

Alles, was hier wächst, zeigt im Saftreichthum, im
Duft und im Glanz der Farbe die Ueberfülle der Fruchtbarkeit, welche diese immer heiße und feuchte Luft erzeugt;
so daß manche Gewächse den übervollen Saft gar nicht
verarbeiten können und ihn zu Gummi verdichten. Die
Vegetation ist so üppig, daß gar nicht jede Pflanze einen
besondern Bodenantheil für sich beanspruchen darf; aus
den Wurzeln und der Rinde der Bäume wachsen die köst-
lichsten Blumen und mannigfache Schmarotzerpflanzen hervor; die Rafflesia klettert an den Bäumen hinauf und
schmückt diese mit Blumen, die vier Fuß im Umfange
haben; an dem gigantischen Feigenbaum erhebt sich schlän-
gelnd die wohlriechende Vanille, und Schlingpflanzen aller
Art bilden Guirlanden von Baum zu Baum, so daß man
in diesem bunten Gemisch nur mit Mühe unterscheiden kann,
welcher Pflanze eigentlich Blätter und Blüthen angehören.

Doch wir müssen von dem entzückenden Anblick dieser
reichen Natur scheiden, um auch die Segnungen, welche
die immer thätige Wasserträgerin unserm heimischen Continente bringt, näher anzusehen. Einen Blick nur, da wir
gerade in der Nähe sind, vergönnen wir uns noch nach
Australien hinüberzuwerfen.

In **Australien** haben wir das Festland und die In=
seln zu unterscheiden; letztere, obwohl meist in der heißen
Zone belegen, haben doch durch den mildernden oceanischen
Einfluß ein sehr mildes und liebliches Klima, und da die
Seewinde ihnen genug Feuchtigkeit zuführen, so sind na=
mentlich die höheren, denen es nicht an der nöthigen Be=
deckung des felsigen Grundes mit Humuserde fehlt, äußerst
fruchtbar.  Das Klima und die Vegetation dieser Inseln
wird von den Seefahrern als überaus entzückend beschrie=
ben, so daß diese Inseln jedenfalls zu den reizendsten Auf=
enthaltsorten der Erde gehören, und man versucht werden
könnte, hier die Stätte des alten Paradieses anzunehmen,
wenn es nicht eben Inseln wären.  Alles, was die tropische
Zone Herrliches liefert, vereinigt sich hier, ohne daß man
die Plagen derselben mit in den Kauf zu nehmen braucht.
Keine giftige Fieberluft schreckt hier zurück, kein reißendes
Thier droht Gefahr, kein giftiges Insekt verbittert den
Genuß.  Die Sehnsucht nach ewiger Jugend, wie sie in
den Mythen der Alten, in den Sagen andrer Völker her=
vortritt, ist hier wenigstens in Beziehung auf die Natur
erfüllt; ein ewiger Frühling mit ewigem Herbst verschmol=
zen läßt hier den offnen Blumenkelch neben der reifen
Frucht prangen.  Die herrlichsten Matten im frischesten
Grün, in reichem Wechsel mit der dunklen Blätterfülle der
blumengeschmückten Wälder, erquicken das ganze Jahr hin=
durch das Auge.  Dort bei jener leicht zusammengefügten
Hütte, welche gegen die geringen Unbilden des Klima's
reichlichen Schutz gewährt, wollen wir uns niederlassen.
Wir sitzen im Schatten eines dichtbelaubten Bananen=
Pisang, der mit seinen breiten Blättertafeln ein schirmendes
Dach über unsre Hütte und deren Umkreis wölbt, und der
uns von seinen Paradiesfeigen einen lieblichen Duft zu=

sendet, um uns zum Genuß dieser trefflich schmeckenden Frucht einzuladen. Um uns her stehen die leicht gepflegten Jamspflanzungen, die mit ihren Brotwurzeln uns an die heimischen Kartoffeln erinnern, und weiterhin der Schilf=wald des Zuckerrohrs, der unter dem dunkelblauen Himmel und der immer strahlenden Sonne in allen Abstufungen des wohlthätigen Grün erglänzt. Der Brotbaum erspart uns die Mühe des Backens, indem er uns seine wie Kin=derköpfe großen Früchte bietet, die nur ein wenig geröstet zu werden brauchen, um im Geschmack gutem frischgeback=nem Brote völlig zu gleichen. Ueber ihn hinweg hebt noch die Kokospalme ihren luftigen Wipfel und bietet uns in ihren großen Nüssen Nahrung und Trank von der er=quickendsten Art.

So kommt uns bei einem gemüthlichen far niente Alles entgegen, was wir bedürfen, und wenn wir den Blick über den leuchtenden Schmelz des schwellenden Rasens, über die buschigen Haine, über die bunte Anmuth und das heilige Dunkel der Wälder hinüberschweifen lassen zu den spielenden Wellen des Oceans, dann können wieder unsre glücklichsten Jugendträume wie tanzende Elfen uns um=gaukeln, oder wir fühlen uns angeregt, über Sein und Nichtsein, über Sichtbares und Unsichtbares, über Ver=gängliches und Ewiges zu träumen und zu sinnen wie die Weisen der Vorzeit unter ihren Feigenbäumen. — Und doch, wie lange würde es uns behagen! Wenn wir nicht Europa's Kunst und Wissenschaft, sein reges Leben und Streben, sein Schaffen und Wirken mit hinüber nähmen, es würde uns bald inmitten all dieser Naturherrlichkeit wie in einem verlornen Paradiese vorkommen.

Der Continent von Australien ist fast nur an den Küsten bekannt. Da das Meer fast nirgends tief in

das Land eindringt, und das Land so von einer Küste bis
zur entgegengesetzten eine Ausdehnung von 4—500 Meilen
hat, so kann man wohl vermuthen, daß das Innere eine
große Wüste bildet, eine Vermuthung, die durch neuere
Entdeckungsreisen auch theilweise schon bestätigt ist. Der
Regen ist auch selbst an den Küsten nur sparsam, und die
Atmosphäre meist trocken mit Ausnahme des nördlichen
Theils, der an dem Klima des indischen Archipels Antheil
nimmt. Für den nordwestlichen Theil bringen die vom
Meere her wehenden Nordwestwinde den Regen, während
die Südostwinde, die über dem dürren Continent her wehen,
Trockenheit bringen. Für den nordöstlichen Theil ist es
natürlich gerade umgekehrt, und die zum Glück meist nicht
lange anhaltenden Nordwestwinde bringen hier, da sie aus
der heißen Gegend kommen und auf ihrer Reise durch das
Land schon alle Feuchtigkeit abgesetzt haben, eine verzeh=
rende Glut mit, die sogleich in rauhe Witterung übergeht,
sobald der aus den Gegenden des südlichen Eismeers her=
wehende Südostwind zur Herrschaft gelangt.

Begeben wir uns nun nach **Europa**! Die Theilung
dieses heimischen Erdtheils in das nordöstliche Tiefland
und das südwestliche Gebirgsland haben wir schon kennen
gelernt. Das letztere ist aber durch mehrere dazwischen
liegende kleine Tiefebnen unterbrochen. Die Linie, welche
vom Kaukasus bis nach dem Westende der Pyrenäen am
biscayischen Meerbusen gehend das Tiefland und Hochland
scheidet, ist keine gerade, sondern krümmt sich namentlich
in Deutschland bedeutend nach Norden; man trifft die
Scheidung in geraden Linien so ziemlich, wenn man eine
Gerade von dem Eingang in das Asow'sche Meer bis zum
Niederrhein, etwa beim Einfluß der Lippe, und von da
eine andre bis zum Winkel des biscayischen Meerbusens

zieht. Innerhalb des Gebirgslandes sind dann noch als
Tiefländer besonders zu merken: die Tiefebne an der untern
und an der mittleren Donau, wozu auch die ungarische
Ebne gehört, und die zusammen etwa 2500 O.-M. um-
faßt. Dann die gegen 700 O.-M. große lombardische
Tiefebne am Po, die Thalebnen des Oberrhein und der
untern Rhone (provençalische Ebne) und die etwa 600
O.-M. umfassende spanische Tiefebne.

Wir haben schon gehört, daß Europa in der Region
liegt, in welcher der Polarstrom und der rückkehrende Aequatorialstrom einander begegnen und in Kampf gerathen, und
daß deshalb Südwest- und Nordostwind die Hauptwinde
sind. Da der Südwestwind vom atlantischen und mittelländischen Meere her nach Europa kommt, so ist er der
regenbringende Wind, und da er abwechselnd zu allen
Jahreszeiten zur Herrschaft kommt, so muß für unsern
Continent die Regenzeit auch auf das ganze Jahr vertheilt sein. Doch herrscht je nach den verschiedenen Gegenden Winter-, Herbst- oder Sommerregen vor, und zwar
in der genannten Reihenfolge, wenn man von Südwest
nach Nordost geht. Die südlichsten Theile, wie das südwestliche Spanien, Unteritalien und Griechenland, haben am meisten Regen im Winter, weiterhin
Spanien, Frankreich, Schweiz, Ober- und Mittel-
italien, Süddeutschland, Ungarn, Türkei und
Großbritannien haben vorherrschenden Herbstregen, an
dem auch Norwegen, obwohl nordöstlicher gelegen, noch
Theil nimmt. Die nordöstlichen Theile, wie Norddeutschland, Dänemark, Schweden, Polen und Rußland,
empfangen den meisten Regen im Sommer. Im Allgemeinen läßt sich auch hiervon der Grund wohl einsehen.
Im Winter ist die Luft auch in den südlichen Theilen so

weit abgekühlt, daß der vom Meere kommende Waſſerdunſt
ſich zu Regen verdichten kann; für die nordöſtlichen Theile
bleibt dann weniger übrig. Im Sommer aber hat die
Luft in den ſüdlichen Theilen ſo hohe Temperatur, daß
der Waſſerdunſt unverdichtet mit dem Winde nach Nord=
oſten zieht und dann erſt in den nordöſtlichen Gegenden
verdichtet wird. In den mittleren Theilen findet der Waſſer=
dunſt im Herbſt ſchon die Temperatur ſo weit geſunken,
daß er als Regen niederfallen kann.

Es könnte nun auf den erſten Anblick ſcheinen, als ob
die ſüdweſtlichen Gebirgsländer, welche der regenbringende
Südweſtwind erſt überſteigen muß, allen Regen vorweg=
nähmen, ſo daß für die dahinter liegenden Tiefebnen nichts
mehr übrig bleibe, wie wir ſolche Fälle mehrfach ſchon in
Amerika, Afrika und Aſien beobachtet haben. Hier aber
treffen mannigfache günſtige Umſtände zuſammen, welche ſol=
chen Uebelſtand verhindern. Zunächſt ſind die Gebirge
großentheils nicht ſo hoch, dann aber auch nicht ſo zu=
ſammenhängend und nicht ſo nach einer Richtung ziehend,
daß ſie den Regenwind nicht mannigfach hindurch= und
hinüberlaſſen ſollten. Zudem aber ſchneidet das Meer
in ſo vielfältigen Buſen und Buchten von allen Seiten
ſo tief in das Land hinein, daß kein Land, ſelbſt in ſeinem
Innern, beſonders fern vom Meere liegt. Wo dies doch
ſtattfindet, wie im öſtlichen Rußland, iſt der Regen auch
allerdings ſehr ſparſam. Und wo ein beſonders hohes
Gebirge ſich vorlagert, muß das dahinterliegende Land
dies auch am Regenmangel empfinden. Wir wollen uns
dieſe Gegenden näher anſehen.

Das auffallendſte Beiſpiel hiervon finden wir in Nor=
wegen. Das 4—5000 Fuß hohe Kjölengebirge zieht ſich
nicht weit von der Weſtküſte entlang und ſteigt dort ziem=

lich steil auf, während es auf der Ostseite sanftere Ab=
dachungen hat. Der Gebirgszug selbst wird desto niedriger,
je mehr er nach Norden kommt. Der vom Meere kom=
mende Südwestwind muß das Gebirge übersteigen und
setzt dabei den größten Theil seines Wassergehaltes ab.
Die Folge davon ist, daß die Westküste Norwegens fast
das ganze Jahr hindurch Nebel und Regen hat; am mei=
sten ist dies im südlichen Theil der Fall, wo das den Re=
genwind aufhaltende Gebirge am höchsten ist. Namentlich
hat die Gegend um die Stadt Bergen einen überaus
reichlichen atmosphärischen Niederschlag, 82 Zoll aufs Jahr,
und der Anblick der unverhüllt strahlenden Sonne wird
dort den Bewohnern nur selten zu Theil. Glücklicher
Weise ist es bei dieser Nässe nicht gar kalt, da die warme
Meeresströmung, die vom Golfstrom bei Mittelamerika nach
Europa hin sich fortsetzt, auch hier an Norwegens Küste
noch ihren wohlthätigen Einfluß übt, und überdies der
Südwestwind an sich schon Wärme mitbringt. Aus diesem
Grunde ist auch selbst im höchsten Norden Norwegens,
ziemlich dem kältesten Theile Europas, wenigstens in Be=
ziehung auf mittlere Jahrestemperatur, dennoch das Klima
mild genug, um im kurzen Sommer noch die Gerste reifen
zu lassen. Die Melville's Insel im nördlichen Eismeere
liegt nur 3 Grad nördlicher als das Nordcap und hat
doch eine mittlere Jahrestemperatur von — $14\frac{1}{2}°$ R.
(Kälte), während die des Nordcaps noch ein wenig über
dem Nullpunkt ist; die mittlere Winterkälte auf der Mel=
ville's Insel ist — $26\frac{1}{2}°$ R., die vom Nordcap nur — $4°$ R.
Und die Stadt Bergen, die beinahe einen Grad nördlicher
als Petersburg liegt, hat doch eine durchschnittliche Win=
tertemperatur von $+ 2°$, während die von Petersburg
— $6\frac{1}{2}°$ ist.

Auf der Oſtſeite des Kjölengebirges nach Schweden hin macht ſich dann freilich der Regenmangel fühlbar; es wird zwar auf dieſer Seite des Gebirges noch ſo viel Regen abgeſetzt, um die zahlreichen Flüſſe zu ſpeiſen, die von hier durch Schweden in die Oſtſee, namentlich in den bothniſchen Meerbuſen, ſich ergießen; aber ſonſt iſt Schweden ein trocknes und kaltes Land, das jährlich nur 20 Zoll Regen empfängt.

Auf der pyrenäiſchen Halbinſel zeigt ſich beſonders der Einfluß der Hochebne; das Innere Spaniens iſt von der alt- und neukaſtiliſchen Hochebne, die beide wieder durch die Sierra Guadarama getrennt ſind, eingenommen. An der Weſtküſte der Halbinſel iſt der Regen ziemlich reichlich; indem aber der Wind zur Hochebne hinanſteigen muß, verliert er ſeinen Regengehalt und läßt dann die innern Theile des allerdings nur 2—3000 Fuß hohen Hochlandes gar oft vergeblich nach Regen ſeufzen; Madrid, das im Mittelpunkt dieſes Plateaus liegt, empfängt nur 9½ Zoll Regen, ſo daß es der trockenſte Ort von ganz Europa iſt. Und doch liegt auf derſelben Halbinſel zugleich der waſſerreichſte Ort dieſes Kontinents. Zwiſchen dem Duero und Tajo zieht ſich, auch noch zum caſtiliſchen Scheidegebirge gehörig, die Sierra Eſtrella nach Portugal hin und umſpannt das Thal des unteren Mondego bogenförmig, ſo daß der Weſtwind, der vom Meere her in dies Thal weht, von dem Gebirgsbogen aufgefangen wird. Dort verdichtet ſich aller Waſſerdunſt zum Regen und fließt zu dieſem Thale, in welchem die portugieſiſche Stadt Coimbra liegt, ſo reichlich nieder, daß die jährliche Regenmenge dort über 150, nach andern Beobachtungen ſogar über 200 Zoll beträgt. — Die andaluſiſche Tiefebne am Guadalquivir steht gegen Westen hin dem Regenwinde ganz offen und gehört zu den fruchtbarsten Ebnen Europa's.

Ferner zeigen auch die Alpen und Apeninen die Er= scheinung, daß sie dem dahinter liegenden Lande einen großen Theil des Regens wegnehmen. Beide bilden einen Halb= bogen, der sich nach Südwest hin öffnet und den von dort kommenden Regenwind auffängt. So ist auf der südlichen, italienischen Seite der Alpen ein reichlicher Nieder= schlag, der in den mittleren Gebirgstheilen, auf denen sich wegen der geringern Temperatur natürlich mehr Regen condensirt als in den tiefern, jährlich 57 Zoll, und im Thal des Tagliamento, wo der Gebirgszug fast recht= winklig nach Süden umbiegt, sogar 90 Zoll beträgt. Im tiefern Lande, in der lombardischen Ebne am Po, be= trägt die jährliche Regenmenge noch 37 Zoll. Die deutsche, nördliche Seite der Alpen muß sich in der Höhe mit etwa 34, weiterhin in der Niederung mit 25 Zoll Regen be= gnügen. — Ebenso zeigt sich dieser Gegensatz bei den Apeninen; in dem großen Bogen, den dieses Gebirge um den Meerbusen von Genua bildet, fallen auf der Süd= seite 64 Zoll Regen, während die Nordseite nur mit 26 Zoll bedacht ist. In Unteritalien, wo das Gebirge eine mehr südliche Richtung annimmt und also die Scheide zwischen West und Ost bildet, verhält sich die Regenmenge der westlichen zur östlichen Seite wie 36 zu 27.

Es sind dies die Gegenden, in denen der Einfluß der Gebirgszüge am auffallendsten hervortritt. Von den übrigen Ländern Europa's ist noch die griechische Halbinsel, die durch eine Menge von Meerbusen wie kein andres Land begünstigt ist, und ferner Großbritannien reichlich mit Regen bedacht. Letzteres ist überall den Seewinden offen; denn das Gebirgsland auf der Westseite Englands ist nicht

hoch und zusammenhängend genug, um einen störenden
. Einfluß ausüben zu können. Die Luft in England und
mehr noch in Schottland und Irland ist fast immer feucht
und zum Regnen geneigt; dabei ist in Folge der vorherr=
schenden warmen Südwestwinde das Klima milder, als es
sonst unter gleichen Breitengraden der Fall ist, und in
Folge des oceanischen Einflusses sind die Gegensätze von
Sommer und Winter nicht sehr schroff. Das immer frische
Grün der englischen Wiesen und Triften giebt von dem
milden, feuchten Klima ein erquickendes Zeugniß, und die
Vorzüglichkeit des dort gezognen Viehes, das auch auf der
Hamburger landwirthschaftlichen Ausstellung im Juli 1863
die allgemeine Bewunderung auf sich zog, bekundet nicht
blos die Sorgsamkeit der dortigen Viehzüchter, sondern vor=
nehmlich auch den Futterreichthum, den das fruchtbare
Klima gewährt.

Die heiteren sonnigen Tage sind freilich nicht vorherr=
schend; häufiger Nebel verhüllt die Sonne und beschränkt
die Aussicht, und jener Engländer mochte nicht ganz Un=
recht haben, als er sagte, in Neapel glänze der Mond so
hell als in London die Sonne. Von der Stärke der dortigen
Nebel haben wir auf dem Continent kaum eine Vor=
stellung; mitunter geschieht es, daß gegen den dichten
Nebel die Gaserleuchtung auf den Straßen Londons ganz
wirkungslos wird, und man sich nicht von einer Laterne
bis zur andern finden kann. Man wendet dann Fackeln
an, um bei deren trüben Schein wenigstens den nächsten
Schritt vor sich sehen zu können. Der Nebel dringt auch
in die Gebäude ein, und an einem rechten Nebelabend ver=
mag man im Theater trotz der starken Gasbeleuchtung
kaum die Gestalten auf der Bühne zu erkennen.

Es bleiben uns nun noch Frankreich und Deutsch=

land übrig, die ziemlich gleich viel Regen, nur in andrer Vertheilung auf die Jahreszeiten, bekommen. Süddeutschland hat mehr Regen als Südfrankreich, Norddeutschland aber weniger als Nordfrankreich; doch ist der Unterschied nicht groß. Auf Süddeutschland kommen 25, auf Südfrankreich 22—23 Zoll, während Nordfrankreich 21, Norddeutschland 19 Zoll hat; letzteres ist auch die Regenmenge für Berlin.

Uebrigens giebt es gerade in Deutschland eine große Mannigfaltigkeit der Regenverhältnisse, besonders in Mitteldeutschland, das von so vielen Gebirgen nach den verschiedensten Richtungen hin durchzogen ist, die bald diesem, bald jenem Winde freien Durchpaß gewähren oder ihn erst tributpflichtig machen; deshalb ist dort auch bald der eine, bald der andre Wind der regenbringende. So ist solche Verschiedenheit namentlich für Schlesien und Böhmen von Dove in der Sitzung der Berliner Academie im Juni 1863 nachgewiesen worden. Der Einfluß der von Nordwest nach Südost ziehenden Sudeten ist hier entscheidend; durch diese wird der Südwestwind seines Wassergehaltes zum großen Theil beraubt, er bringt daher wohl für Böhmen, namentlich für die südwestlichen Abhänge des Riesengebirges, aber nicht für das auf der Nordostseite gelegne Schlesien Regen. So hat Trautenau an der böhmischen Seite des Gebirges 45½ Zoll jährlichen Niederschlags, während Hirschberg auf der schlesischen Seite nur 25 Zoll hat. Für Schlesien bringt der Nordwestwind, der von der Nord- und Ostsee herüber kommt, den Regen. Berlin, welches von Westen her offner liegt als Schlesien, empfängt aus dieser Himmelsgegend seinen meisten Regen.

Für Mecklenburg verschuldet dessen verhältnißmäßig geringe Regenmenge wahrscheinlich der Harz, bei dessen

Ueberſteigen der Südweſtwind noch ſeine letzten Gaben auf beiden Seiten deſſelben zurückläßt, ſo daß er, wenn er endlich nach Mecklenburg kommt, ſich ſchon ganz ver=ausgabt hat. So hat die mecklenburgiſche Stadt Wuſtrow jährlich nur 13 Zoll Regen.

Im Allgemeinen findet in Europa, als dem Kampf=platze des Polar= und Aequatorialſtroms, ein fortwährender Wechſel wie der Winde, ſo auch des feuchten und trocknen Wetters ſtatt, und gerade dieſer Wechſel iſt von dem ſegens=reichſten Einfluſſe für das Gedeihen dieſes Erdtheils. Der=ſelbe könnte weder einen andauernden Polarwind, der ihm nur Kälte und Trockenheit brächte, noch einen beſtändigen Aequatorialwind ertragen, der ihm zu reichlichen Regen bringen würde. Europa iſt nicht warm genug, um einen Ueberfluß von Regen zu verarbeiten; die Luft könnte nicht genug bei ſich behalten, es würde zu viel Näſſe auf den Boden und auf die Pflanzen kommen und letztere in zu großer Feuchtigkeit verfaulen laſſen. Viel Näſſe kann nur ein heißes Land vertragen, wo die Luft alsbald bereit iſt, die überflüſſige Feuchtigkeit fortzunehmen. Sobald daher der eine oder der andre Wind zu lange ſeine Herrſchaft behauptet, ſo iſt dies für Europa oder wenigſtens für die Länder, die beſonders davon betroffen werden, immer gefahrbringend; ſeine Verhältniſſe ſind durchaus ſo ange=legt, daß nur der Wechſel ihm gedeihlich wird. Doch ge=ſchieht es auch, daß, was der einen Gegend nachtheilig iſt, die Fruchtbarkeit der andern erhöht.

So herrſchten in den Jahren 1816 und 1817 die Südweſtwinde in dem Maaße vor, daß in den Ländern des weſtlichen Europa's wegen übergroßer Näſſe die Früchte verkamen und die Ernte eine äußerſt ſchlechte war. Zu=gleich wirkte auch die andauernde Kälte mit zu dieſem

Resultat. Nach den östlichen Ländern aber, Polen, Preußen und Rußland, brachte der Südwestwind, der seine Ueberlast schon vorher abgegeben hatte, noch gerade so viel Regen, daß dort die Früchte vortrefflich gediehen, und diese Länder mit ihrem Ueberfluß den andern helfen konnten. Da zeigte sich recht die Unwahrheit des Sprüchworts, daß aus Polen nichts zu holen sei; dies Land ist überhaupt mit seinem meist immer reichen Getreidegewinn für die Nachbarländer von nicht geringer Bedeutung.

Ebenso besteht auch eine gewisse Wechselwirkung zwischen Europa und Nordamerika; vorherrschende Südwestwinde in dem einen pflegen mit der Herrschaft der Nordostwinde in dem andern zusammen zu treffen, so daß in Folge davon verzehrende Dürre in dem einen Continent gewöhnlich von nasser Witterung in dem andern begleitet ist. Dieser Gegensatz zeigte sich recht auffallend im Jahre 1846, wo die große Dürre in den meisten europäischen Ländern Miß= wachs zur Folge hatte, während eine milde und feuchte Witterung in Nordamerika eine überaus reiche Ernte ge= deihen ließ. Damals brachten die Handelsschiffe zwar nicht Gold von Californien, aber reiche amerikanische Getreide= ladungen nach dem hungernden Europa.

So kann wohl in den Ländern der gemäßigten Zone, welche die Polar= und Aequatorialströme sich zum Kampf= platz auserkoren haben, in dieser und jener Gegend ein totaler Mißwachs vorkommen und — wenn solches Land von allen Verkehrsmitteln mit andern Ländern abgeschlossen wäre — auch eine zerstörende Hungersnoth; im Ganzen aber findet immer eine Ausgleichung statt. Wo dem einen Lande zu wenig gegeben ist, hat dafür das andre Ueber= fluß empfangen, und wenn sie einander aushelfen, so leidet keines Noth. Je mehr daher die Verbindung unter den einzelnen Ländern gefördert, gute Bahnen und schnelle Transportmittel hergestellt und friedliche Verhältnisse gesichert werden, desto weniger wird man von der Geißel früherer Zeiten, von Hungersnoth, von Theurung und Seuchen zu fürchten haben. Aber die Eisenschienen und die Dampfschiffe allein thun es nicht; vor Allem muß der Verkehr der Einzelnen und der ganzen Völker durchdrungen werden von der Liebe, die der Mahnung des Apostels folgt: „Dienet einander, ein Jeglicher mit der Gabe, die er empfangen hat, als die guten Haushalter der mancherlei Gnade Gottes." Das walte Gott!

Buchdruckerei von Gustav Lange in Berlin, Friedrichstraße 103.